山地章夫
山地康夫

United Multiple Management

連邦・多角化経営

ヤマチユナイテッド代表
山地章夫
Yamachi Akio

日本経営合理化協会出版局

まえがき

「毎年成長し続ける儲かる会社にしたい」

「地元で存在感のある誇らしい会社をつくりたい」

「社員をやりがいや厚遇で幸せにしたい」

「採用に苦労しない人気企業にしたい」

「後継者に困らない、幹部が次々生まれる組織にしたい」

「経営も人生もとことん楽しみたい」


こんな思いの経営者は多いだろう。

これを実現する経営モデルが、「連邦・多角化経営」である。

それをひと言でいうと、「幹部や社員の主体性を引き出し、経営に参加してもらうことで、複数の収益事業を、多角的だが一つの会社のように一体感をもって経営し、まるで地域の豪族のように成功すること」だ。

この中堅・中小企業向けの経営手法は、私が駆け出しの経営者の頃から、苦しみ、試行錯誤し、研究実践の末やっとたどり着いた、私にとっては進化しつづける無敵の経営手法である。

１０年前のことであるが、「人生の秘訣は与えることである」という好きな言葉に出会った。そこで自分のミッション、与えるものを考えた時、「世の中の経営者に、私のように幸せになってもらおう」と決心したのだ。それで、成功経営ノウハウを整理し、本にして出版したのである。

結果、以前の私のような経営課題をもつ多数の方々から多くの反響をいただき、それ以来、数多くの講演の機会を得た。勉強会「多角化経営者クラブ」が立ちあがり、前向きな経営者ネットワークも全国に広がっている。

さらに、今現在で第９期生となる「連邦・多角化経営実践塾」を本社のある札幌でおこなうようになった。

これは2カ月に1度、５人程度の幹部とトップが2日間札幌で共に学び実践することで経営改革をおこなう、１０カ月の特別グループコンサルプログラムである。

この塾に参加した社長の目的は、以下のとおりだ。

・自社が低成長から脱皮し業績拡大したいが、組織や人材育成に課題がある。
・自分のワンマン体制から幹部主体の全員経営に変え、本来やらないといけないことに集中したい。
・すでに多角化しているが、あまりうまくいっていないので何とかしたい。
・後継者と幹部がともに学ぶことによるスムーズな事業承継の機会にしたい。
・夢中で経営してきた。会社は大きくなったが、気がついたら会社の仕組みが全然できていなかった。この機会に構築してしまいたい。
・新規事業を次々と生み出す仕組みを学び、実践したい。

今まで北海道から九州までの全国から、社員規模20人から1500人の会社まで、多数が受講され、彼らは劇的に変化し、生まれ変わりつつある。

この塾参加は効率的で効果抜群ではあるが、毎回6社の限定企画であること、やはり、遠隔地から幹部が多数移動するという距離的費用的な面でやむなく断念される方も多い、と思うようになった。

そこで今回、この塾のプログラムのダイジェスト版を公開し、さらに参加された企業の状況を紹介することで、経営者であるあなた自身の手で経営改革を決断し、見様見まねでよいので着手していただくために、この本を企画した。

まずはシステム経営を導入するだけで、社風が少し変わり、収益の向上が見られるだろう。そののちじっくり多角化していけばよいのである。

最後に質問する。あなたの「得たい結果」は何だろうか？

「ずっと続く儲かる良い会社を創ること」

「顧客はもちろんのこと、社員や自分、家族が幸せになること」

だいたいのところ、そのようなことではないだろうか。

それは強権的に、思いどおりに社員を動かして達成できることではない。主体性をもって自分で判断できる頼もしい社員が多数いて実現できることだ。

さあ、これから私と一緒に「連邦・多角化」の山に登りましょう！

２０１８年２月吉日

ヤマチユナイテッド
代表　山地章夫

もくじ

2章 新規事業を立ちあげよう！

3章　多角化で成長する5社の事例

4章 幹部主導で経営計画をつくる

システム経営の三本柱①

5章 幹部に業績管理を任せる

システム経営の三本柱②

6章　成果分配のルールをつくる

システム経営の三本柱③

7章 横のつながりをつくる「連邦経営システム」

装丁　美柑和俊

1章

連邦・多角化で
いい会社をつくろう！

1．多角化で業績を伸ばそう

儲かっている会社は多角化で業績を底上げしている

「あの会社は本業以外の事業に手をだして、いま大変らしいぞ」というのは、経営者ならよく耳にする話である。そのせいか「多角化は失敗するもの、本業に専念するのが一番だ」と、思い込んでいる経営者が少なからずいる。

銀行の担当者も、多角化をすすめる会社の社長に「御社はじつにいろんな商売をやりますねえ…」と、暗に多角化を批判するような言い方をする。

しかし、いま伸びている会社をよく見ると、本業だけでなく、柔軟な発想で絶妙な多角化をすすめ、したたかに業績の底上げをはかっていることがわかる。

たまたま本業が資金の回収に時間がかかる場合、資金繰りを楽にするために、もう一つ回収の速い事業をやるとか、資金を他社に流失させないように多角化をはかりグループ会社内で資金を回すとかは、よくある多角化のパターンだが、なかには経営を複雑にしないために、携帯電話の販売代理店、ビルの掃除、人材派遣など、月額課金の事業に絞って多角化をすすめ、上場した会社がある。

また駐車場、レンタルオフィス、賃貸マンションというように、借りているものをさらに貸すという事業に絞って儲けている経営者もいる。こういう会社は、一見、手掛けている事業がバラバラに見えるが、実は管理を複雑にしないように考え抜かれた、したたかな戦略があるのだ。しかし、このような多角化で儲けている中小企業の話がなかなか表《おもて》に出ないために、未だに多角化のイメージが悪い。

だから、私が講演で多角化の話をすると、参加された経営者から「聞いてよかった。自分のやっていることに自信がもてました」と感謝されたり、「社員から『また社長が新しいことを始めた』と蔭で嫌味を言われてましたが、山地社長の話を聞いて、胸をはって説明できます」と、元気になって帰っていかれる。

私なんかは新しいことをやっていない会社を見ると、逆に「この会社、本当に大丈夫か」と心配になるが、そう思わない人がたくさんいるようだ。

地方豪族が頭角をあらわす時代

私は現役の社長でありながら、多角化をすすめる経営者の応援団長になりたいと思っている。そのために本を書いたり講演をしたり、勉強会を主催したりしているが、地方で事業マインドに溢《あふ》れる社長たちが、多角化によって確実に事業を拡大し、新たな地方豪族として頭角をあらわしつつある。

そういう地方豪族が日本各地に誕生すれば、縮小する地方経済を盛り上げ、ひいては日本経済を土台から支える存在になると信じている。

要するに、多角化は「成功した会社」と多角化に「失敗した会社」があるだけで、多角化それ自体が悪いのではない。

変化の激しい、顧客の多様化がすすむ今のような時代は、その変化に合わせて事業を展開し、「新規事業」と「構造改革」を繰り返す「変化こそ常道」の経営こそ、持続的に成長できる経営スタイルである。

よく言われる「本業に徹する」とか「選択と集中」という考え方は、最後の手段でリストラするときの戦略である。日本経済の実質成長率が1％前後の時代に、本業一つだけやって成長していくのは、下りのエスカレーターを逆に上《のぼ》るようなものだ。

ただし、多角化をすすめるには、経営人材を育てなければならない。また零細企業が集まったようなチマチマした会社や、横の連携がないバラバラした会社にならないために、多角化に適した経営をやらなければならないのだ。

ヤマチユナイテッドのザ100ビジョン

私は父親が北海道で創業した建材商社山地《やまち》商事の二代目だが、もし父親から受け継いだ建材卸を専業としてやり続けていたとしたら、会社は確実に衰退し規模が縮小していただろう。いや、縮小で済むならいいほうで、おそらく北海道拓殖銀行の破綻《はたん》の影響を受けて潰《つぶ》れていたと思う。

現在、山地《やまち》商事は多角化を積極的にすすめていった結果、ヤマチユナイテッドとなり、札幌を中心に17の子会社をもち、約50の事業を手掛け、グループ売上は160億円、従業員数約610名の実質無借金の会社となっている。

2007年には、「ザ100ビジョン」というグループビジョンを掲《かか》げた。

ヤマチユナイテッドの「ザ100ビジョン」とは、

1．100の事業を成功させる

2．100人の経営者を創出する

3．100事業×利益1億円＝利益100億企業になる

4．100年以上続く良い会社を創る

の4つのビジョンが含まれているが、今後もこの「ザ100ビジョン」の実現を目指して、ぶどうの房《ふさ》のように売上数千万円から数億円規模の事業や会社を生み出し、育て、それをあたかも一つの会社のように運営する経営を、社員とともに成長しながら楽しくやっていきたいと考えている。

人生100年時代の多角化

一般的に、多角化をはかるメリットをあげれば、

①規模拡大の近道になる

②事業リスクを分散できる

③社員の成長を促すことができる

④社長業に余裕が生まれる

などが挙げられるが、それに加えて、多角化は人生100年時代に適した経営法だと考えている。

私の父親は現在97歳であるが、今も元気に毎日会社に顔を出す。これといった仕事はないが、毎日会社に来ることが元気でいられる秘訣の一つになっている。

私が父親と同じように元気で長生きできるかどうかはわからないが、専門家の研究では、世界各国の平均寿命が右肩上がりで伸びていて、日本では2007年に生まれた子どもの半数が107歳より長く生きると予想されている。この数字は今も伸びていて、2014年に生まれた子どもは、その半数が109歳より長く生きるという。

まさに日本は、人生100年時代に確実に近づいているのだ。

そして、人生100年時代は、経営者の生き方にも大きな影響を与えるだろう。

第1図は、私が発案した「**オーナー経営者の100倍楽しい経営人生モデル**」である。

この図は、縦軸が「年齢」で、横軸が「仕事のウエイト」だが、たとえば、40歳から50歳にかけては、マネージャーとしての仕事が減って、プロデューサーとしての仕事がメインとなり、スポンサーの役割も少し入ってくることをあらわしている。

人生100年時代に、オーナー社長が楽しい経営人生をおくるためには、年齢が上がるに

第1図　オーナー経営者の100倍楽しい経営人生モデル

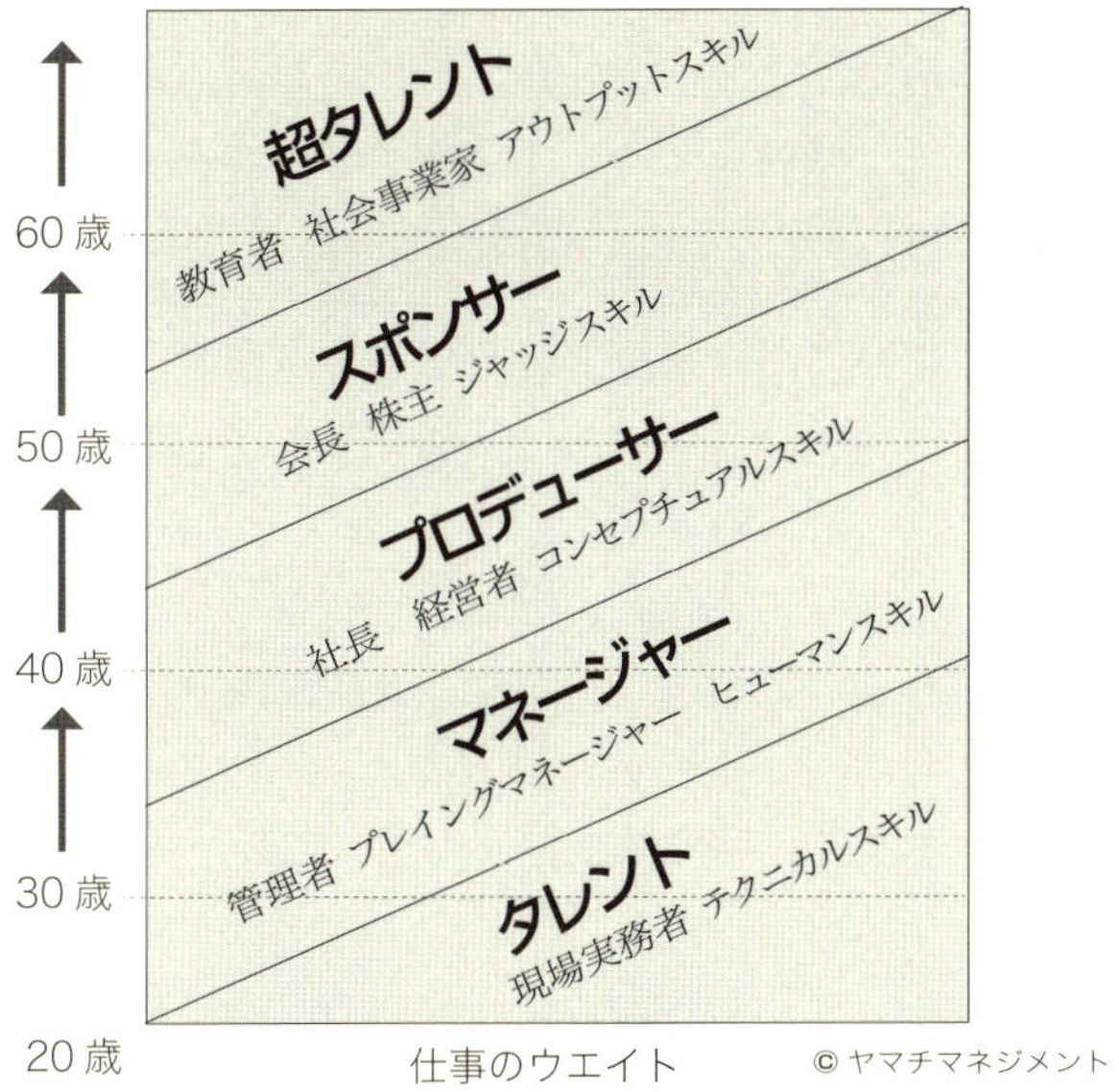

つれて、「タレント」から順に「マネージャー」「プロデューサー」「スポンサー」へとステージを昇っていき、一番上の教育者や社会事業家となる「超タレント」へとステージを昇るのが理想ではないだろうか。

今までオーナー社長は社長職を譲ったあと、会長や相談役になるものの、半ば引退生活に入るのが一般的だった。しかし人生１００年時代になると、社長職を譲った後の人生をより充実させなければ、人生を楽しむことができない。

上のステップに上がっていくためには、オーナー社長はいつまでもトップダウンで経営の指揮をとっているわけにはいかないのだ。

じつはこのことは、社員の人生にも当てはまる。社員も人生100年時代になれば、上のステージへ昇っていくことが豊かで楽しい人生をおくるための条件となる。

じつは、多角化をすすめる会社の社長と社員は、ともに上のステージに昇っていきやすい。私が現役の社長でありながら多角化の応援団長として活動できるのも、仕組みをつくって自分の仕事の大部分を幹部に担ってもらっているからだ。社員も、多角化によって増える経営ポストで仕事をして経営人材へと成長し、ステージを昇っていくことができる。まさに多角化は人生100年時代にも適した経営法といえる。

もちろん、多角化にはデメリットもある。管理が複雑になるとか、チマチマ病、バラバラ病に陥るなどが挙げられるが、私の経験では、多角化に失敗する大きな原因は、つまるところ、人の問題である。

本書では、4章以降で多角化を成功させる「システム経営」について述べるが、多角化のデメリットを最小にし、メリットを最大にする仕組みがあれば、成功の確率が格段に高まるのである。次からは、多角化をすすめてきたヤマチユナイテッドの軌跡を述べるなかで、私が経験したこと、失敗したことを話そう。

2. グレートカンパニーへの道①
強みをつくりだす

新事業ホームセンターの失敗

話は、私が28歳の時、東京で就職したタナベ経営を辞めて、父親が札幌で経営する建材卸の山地《やまち》商事に入社した時から始めたいと思う。

札幌に帰ったのは、あくまでも私の意志である。父親からは一度も「会社を継いでくれ」と言われたことはなかった。経営コンサルタント会社のサラリーマンをやっていたが、自分で経営者をやりたくなり、近道だと思って実家の会社に入社させてもらったのだ。

当時、山地商事の売上は30億円、従業員は30人ぐらいいたと思う。30億円の売上と聞くと、そこそこの規模だが、建材を商社経由で仕入れて販売店に卸すという、流通の5段階の中間で存在価値が低く、営業利益が1000万円以下の年が多い、厳しい業界だった。

驚いたのが、入社した時「この業界は未来がない。回収も手形で得意先倒産のリスクが高い。おまえには何か新しいことをやってほしい」と父親から言われたことだった。

そのあと、山地商事の粗利益率が7％だと知って、その低さにさらに衝撃を受けたことを覚えている。

もちろん父親もこのままでは将来がないから、手形でなく現金で回収できる事業を探し、選んだのが本業の建材も扱えるホームセンターだった。私が入社した時には話が進んでいて、もうすぐホームセンターが完成するという時だった。

そういうタイミングで入社した私は、翌年、ホームセンターの店長に指名された。（自分で自分の仕事を選ばなかったのはこの時が最初で最後である）

私はＤＩＹに興味がなく、ホームセンターの仕事はワクワクするものではなかったが、店長という責任を感じながら毎日夜遅くまで頑張った。しかし大きな赤字をつくって、4年後に撤退せざるをえなかった。父親が着手したとはいえ、私がはじめてかかわった新事業は見事、失敗に終わったのだ。

今思うと、本業とまったく違う業種の事業をその経営ノウハウも知らずに、素人がいきなり始めたことが失敗の大きな原因だった。「小売業は立地がすべて」といわれる業種なのに、立地も悪かったし、ホームセンターとしては規模が小さすぎた。

この失敗の経験を今も教訓としている。まったく知らない業種の新事業を始める時は、まずはフランチャイズに加盟したり、代理店になって経営ノウハウを学ぶことから始めるのだ。

衝撃を受けたアメリカのライフスタイル

しかし、私には本業に徹するという選択は残されていなかった。

じつはホームセンターの店長を務めながら、私は私で新事業を探していて、アメリカの住宅建材を輸入して販売する貿易事業をやってみようと、少しずつ準備していた。

それには、一つの衝撃的な経験があったからだ。

大学時代、カナダとアメリカを3カ月間、計画を立てずに一人旅をした時のことだ。

行ってすぐにホームシックにかかった私は、日本食が恋しくて日本食レストランに入った。たまたま隣に座っていた現地の夫婦と仲良くなって、「ノープランの旅なら、うちに泊まりにおいでよ」と親切に言ってくれたのをきっかけに、夜行バスに乗って100キロ離れたその夫婦の住む町まで行き、1週間ほど泊まらせてもらった。衝撃を受けたのは、その家族のライフスタイルの圧倒的な豊かさだ。

その家族の主人は私の父親と同じ、中小企業の社長だったが、家は豪邸で室内には暖炉、屋外にはプールがあり、子どもは高校生の男の子と大学生の女の子の2人、そして大型犬1

匹を飼っていた。

驚いたことに、高校生の息子は自分の車を2台も所有していた。家族でとるディナーは、暖炉で薪が燃える広い部屋で、照明をおとし、落ち着いた、いい雰囲気の中で家族全員でとる楽しい食事、まさにアメリカ映画に出てくるようなシーンだった。

私は到着早々、「すごい！ なんて豊かな生活なんだろう！」と感動し、この時の衝撃がアメリカの住宅建材を輸入する貿易事業、そして翌年、その輸入建材を使って住宅を建てるジョンソンホームズの創業につながっていくのである。

現在、ジョンソンホームズはヤマチユナイテッドの中核事業会社に成長している。もし私が32歳の時にジョンソンホームズを創業していなかったら、今のヤマチユナイテッドはなかったと思う。

番頭経営からの脱却

ジョンソンホームズの創業は、建材部の得意先販売店のそのまた先の得意先で、ツーバイフォー工法が得意だった工務店が倒産したことから始まる。

倒産した工務店で働いていた若い社員の7人は、自分たちをまとめて採用してくれる受け皿を探していた。

ある会社の経営者が「山地さんなら雇ってくれるかも」と言ったということで、7人は私のところにやってきた。

話を聞いて最初「私が住宅を建てたら、取引先と仕事がぶつかるなあ」といったんは躊躇《ちゅうちょ》したものの、「いや、アメリカから輸入した建材と彼らを組み合わせれば、あの夢のようなアメリカの家が建てられるかもしれない！」と、ビビッと閃《ひらめ》いた。

7人はツーバイフォー工法に詳しかった。ツーバイフォー工法はアメリカの工法なので、アメリカの輸入建材と組み合わせると、アメリカの住宅を建築できるというわけだ。ジョンソンという名前は、輸入先の社長の名前をお願いしていただいた。

しかし住宅会社をつくったものの、私には住宅メーカーの経営ノウハウがなく、貿易事業の仕事も忙しかったので、ジョンソンホームズの経営は大手ハウスメーカーで働いていた人をスカウトして常務として経営を任せた。しかし半年後、その常務の不正が発覚する。

その人には辞めてもらい、忙しくても私が経営の指揮をとることにした。この時の反省は、採用したばかりの人物に、仕組みもなしに経営を丸投げしたのが悪かった。管理の仕組みや知識もなく、いわゆる人頼りの番頭経営をしてしまったのだ。

私が指揮をとるようになって、手ごたえは感じていたものの、ジョンソンホームズは3年ほど赤字だった。父親や役員に「もうやめたら」と言われたが、「いや、これから伸びますから見ていてください」と明るく答えて、実際、翌年から業績が伸びだした。

私にはこの事業はこれから伸びるという確信みたいなものがあったが、なによりもアメリカの住宅を日本で建てたい！　という情熱があったので、少々のことではめげなかったのだ。

よく経営者に新事業の見つけ方を聞かれるが、最初は理屈で考えるよりも、情熱を傾けることができる事業がいいと答えている。新事業を始めると、必ず目の前にいくつもの壁が立ちはだかる。情熱がなければ、その壁を突破する前に諦《あきら》めてしまうからだ。

（ただし、経営資源を活用できない、まったくの異業種に進出する場合は話は別。その後、私は10回以上異業種進出を経験しているが、異業種の場合、正直なところ情熱だけでは厳しかった）

限界を感じたマンパワー経営

その後、ジョンソンホームズは北海道で知られるようになっていった。輸入住宅という差別化ができており、誰もやっていない事業で貿易がからむから、他社がなかなか新規参入できなかった。

輸入住宅が伸びるにつれて、輸入建材の販売も絶好調になっていった。業績が順調に伸びていく期間が8、9年続いた。好調の波に乗った私は37歳のとき地元の札幌青年会議所に入り、公私ともにますます忙しくなっていったのである。

この頃の私の経営スタイルは、基本的にトップダウン型だった。会議では、目標通りに数字がいかない部下に「なんでできないの？」と問い詰めるタイプの経営者だった。

私は本業の建材卸の仕事、貿易の仕事、そしてジョンソンホームズの経営を一人で見ていて、まさにモグラ叩きの生活で、まったく心の余裕がなく、部下のやることを「ダメだ」と言ってよく怒っていた。

幹部との関係はけっして悪くなかったが、お互いに深く信頼しあっているわけではなかった。過度の権限と責任の集中の圧力で押しつぶされそうになっていたが、弱音を吐けない。一人孤独だった。もっと余裕がほしい、でも毎日忙しい……。

妻から「私は未亡人のようです」と泣かれたのはこの頃のことだ。さすがに反省して、日曜日は家族とともに過ごすように心がけたが、仕事に追われる生活は変わらなかった。

心身ともに疲れて、もっと楽になりたいと思うようになっていった。どうしたらいいかわからなかったが、社員のモチベーションを上げようと人事評価制度をつくってみたり、持株会社が解禁されるや会社をホールディングス組織に変えてみたりしたが、形だけ変えても中身がともなわないので何も変わらない。

自分でも、このままだと身がもたないし、会社も絶対良くならないこともわかっていた。社長一人のマンパワーで管理しなくてもいい仕組みが何かないか、本を読んだり、セミナーを聞きに行ったりして、まさに経営のやり方を模索していた時期である。

当時は、中小企業が権限や責任を社員に委譲するとか、仕組みで人を育てるなんてことは、一般的ではなかった。だが少しずつだが、ベンチャー企業などで全員経営だとか、給料は自分で決めるだとか、今までにない経営スタイルが出始めていた。

そして、たまたま参加したセミナーで聞いた講師の話に衝撃を受ける。講師は会計事務所や経営のコンサルティングなどを手広く手掛けている大手の代表者である。

彼の話は、次のようだった。

「みなさん、社長業を楽しんでますか？　人生も楽しんでますか？　仕事にふりまわされて余裕のない生活をおくっているのではないですか？　社長一人のマンパワーで経営していたら続きませんよ」

私はすぐに話に引きこまれた。

「社長業を楽しむには、ボトムアップとトップダウンのミックス型の経営に変えましょう。社員が経営に参加し、決定にも参加する。これが新しい経営スタイルです。そして社長に集中している権限と責任を思い切って社員に分担させましょう。経営計画もチームメンバーにつくらせて、自分で管理させましょう」と、これまで聞いたことがない経営のやり方を具体的に話されたのだ。

本当に驚いた。これではまるで丸投げではないか。自分が今までやってきたマネジメントとはまったく違う。でも「本当にこういう経営ができたらいいだろうなあ」と本気で思った。しばらくのあいだ「現実にこんな経営ができるのか?」と、頭が混乱していたことを覚えている。

そのとき私は山地商事に入って12年、40歳になった私は経営のやり方を変える岐路に立っていた。

【私が得た教訓】

・**戦略の失敗は戦術やヤル気では取り戻せない。早々に撤退したほうがよい**

・**経営ノウハウのない新事業は、FCに加盟するか、代理店になって経営ノウハウを学ぶことからスタートする**

・**いい新事業はないか常に考えていると、あるとき閃《ひらめ》くことがある**

不思議なことにアンテナを張り巡らせているとキーマンと出会える。

・**新事業をやるなら、情熱のもてる事業がいい**

楽しいと思えるビジネスでないと、成功するまで頑張りきれない。情熱が困難な壁を乗り越える原動力となる。

・**人頼りの番頭経営で多角化をすすめると失敗する**

権限を決めて管理する仕組みがないまま人任せにすると失敗する。

・**社長には余裕が必要**

余裕のない社長は正しい判断ができず、良い成果を出せない悪循環に陥る。

3. グレートカンパニーへの道②　任せる経営へ舵《かじ》を切る

経営改革に乗り出す

その講演は私の頭からずっと離れなかった。

本当にそんな経営ができるのかわからなかったが、このままトップダウンの経営をしていたら、指示待ち社員が増えるだけで、この先、会社を発展させることも存続させることも厳しくなることは目に見えていた。何もしないで悪循環に陥るぐらいなら、新しい経営にチャレンジしてみようと決意した。

まずは数人の幹部に胸のうちを明かした。

「経営のやり方を変えて、社員が育つ、いい会社にしたい。そのために経営のやり方を全員が経営に参加するボトムアップとトップダウンのミックス型に変えたいと考えている」と。

これからは私一人がやることを決めて、それを部下にやらせるのではなく、幹部と話し合って決めて、一緒に経営改革をすすめる必要があった。さらに社員にも仕事に対して思っていることを聞くために、全員と面談した。それによって思ってもみなかった課題がいくつか出てきた。いかにこれまで社員の話を聞いてこなかったかと反省した。

まずは社員が不満に思っていることで、確かにそれは解決すべき課題だというものを選び、一つ一つ改善しながら、全員が成長し、より高度な仕事に取り組める仕組みの「システム経営」をつくっていったのである。

ここでは、「システム経営」によって経営の方向性をどう変えたかを簡単に示そう。

第2図を見てほしい。私が今までの経営をどういう方向に変えようとしたかが、おわかりいただけると思う。

ところで、システム経営を実施するには、2つの前提条件がある。

ひとつは、**「経営数字をオープン」にすること**。

よく経営者から「山地さんの経営には興味がありますが、うちは数字をオープンにしていないんですよ。オープンにしないとできませんか?」と質問されるが、それについては、「経営人材を育てたいなら、会社の損益構造や目標利益、そしてPLやBSをオープンにしてください。目標を達成するためにどれぐらいの売上と営業利益が必要か、原価や経費はどれぐらいか、あるいは失敗した場合はどのくらいの営業利益の損失になるのか、それを取

第2図　経営を変えていった方向性

項　目	従来型経営	システム経営
経営主体	トップダウン型経営	トップダウン&ボトムアップミックス型経営
管理形態	トップによる全体経営管理	トップは最終経営責任、幹部は計画実行管理責任、一般社員は作業改善責任に責任分化
社員の経営参加度	会社依存、受動型労働力による参加	当事者意識、能動型知恵による参加
会計の仕組み	制度会計中心（税務会計·財務会計）	管理会計中心
組織の形態	縦割りピラミッド型集権組織	横連携水平型分権組織（会議・報告・委員会制度）
業績評価	トップによる業績管理と評価	自主目標➡自主管理➡自主評価➡自主分配
人事政策	年功型人事中心（年齢・勤続）	実力・能力型人事中心（若手も積極登用）
経営公開度	クローズド又はセミオープン経営	フルオープン経営

り返すのにどのくらいの売上が必要か？　など、自分がやった仕事が経営に対してどのくらいのインパクトになるかを、自分で計算できるようにしておかないと、経営人材は育ちません。数字がわからない経営者なんていないでしょ」とお答えしている。

もうひとつは、**「管理会計」をおこなうこと**。

システム経営では、社員が自分で目標を立て、自分で管理し、自分で評価して、自分で成果を分配する。そうするためには管理会計が必要になるのだ。

世の中には、売上イコール利益だと思っている社員が多い。また利益がすべてキャッシュで残っていると思っている。間接費や設備費も考えない。これでは社員による自主目標、自主管理、自主評価、自主分配はできないのだ。

当社の場合は、私の父親が経理に強く、父親の代から一定の管理会計を入れていた。またPLやBSの数字は幹部にはオープンにしていたので、そういう意味では、仕組みをつくりやすかった。

まさかの拓銀の破綻

システム経営に着手して2年が過ぎた1997年、北海道経済を支えていた北海道拓殖銀行が破綻した。

その影響は大きく、大口の取引先がいくつも倒産した。

部下から「1億円ひっかかりました」「今度は3000万円」「次は2000万円」…と、次々と回収不能の報告が上がってきて、殴られてはまた殴られる、まさにサンドバッグ状態になった。

不良債権は回収できる見込みはほとんどなかった。住宅着工数もその年は3割も減って、翌年さらに3割減り、最大のピンチに陥った。

さらにその年社員から上がってきた経営計画案を見ると、赤字の計画で、「こんな赤字の計画なんてありえない！　やり直し！」と言って、また出てきた計画も赤字。しかしそもそも主要な取引先が倒産して、着工数も激減しているなかで新規開拓もできない。そんな状況で、黒字の計画を立てること自体困難だったのだ。

それでどうするか、私は追い詰められた。考えても考えても打開策が出て来ない。やりたくないがやれることはただ一つ、会社の規模を縮小するリストラだけだった。

リストラを始める前に、父親に「社長を降りてください。これからリストラをするので、大変な思いをしますから」と説得して、このタイミングで社長職を譲ってもらった。父親は私が入社して5年後にはほとんど会社に出て来なくなっていたが、「ずっと社長をやる」方針で、社長の椅子をなかなか譲ってくれなかった。だから、この時がチャンスだと思ったのだ。

社長になった私は、グループ会社含め支店などの出先はすべて閉鎖し、泣く泣く人員を半分以下にした。経営非常時のセオリー「選択と集中」をおこなったのである。

今思うと、リストラの実行のスピードが速くて助かった。それができたのは、システム経営の効果が出始めていて、幹部が成長していたからだ。私が方針を出すと、幹部たちが手分けして次々と実行していってくれた。もし私一人でやっていたら、リストラに時間がかかり、途中で精神的にまいっていたと思う。

幹部たちと力を合わせて、素早いリストラを完結したことによって、翌年はV字回復することができた。このとき経費に占める人件費は大きく、売上に応じた人員でやれば赤字になりにくいので、必然的に利益が出ることを身をもって知ることになった。

そしてなによりも、実行してくれた幹部たちに心から感謝した。昔のように、相談する相手もなく、一人孤独感にさいなまれずに済んだのは、成長した幹部たちがいたからだ。

しかし、私は深く反省した。

輸入住宅がヒットして業績が伸びていた8年から9年の間に、事業リスクの分散をしておけば、これほどまでに痛い思いをすることはなかったはずだ。私は調子にのって、その間、海外でバイヤー、住宅のデザイン、マーケティングなど、楽しくて自分が得意なことばかりをやっていた。

本来、社長は新規事業の開発、経営の勉強、人脈の構築、人材採用、財務改善、構造改革などをやるべきなのにやっていなかったのだ。それでも倒れずに済んだのは、2年前から取り組み始めていたシステム経営の効果のお蔭だった。

未来を見せられない辛さ

リストラでV字回復はしたものの、会社の組織はボロボロ。ひと安心はしたものの、社員のモチベーションは下がったままだった。

始めていた委員会制度(7章で解説)も中止、毎年おこなっていた新卒採用も数年中止せざるをえなかった。

昔聞いたあるメーカーの話で、経営に行き詰まりリストラした社長が、将来建てる素晴らしい自社工場のイラストをプロに描いてもらい、社員に「これが私たちの未来の工場だ。○○年までにこの工場を建てる。協力してほしい」と宣言するや、社員の意識が変わり、明るい未来に目を向けて仕事をするようになって、後に本当に夢だった自社工場を建てたという。

この頃、私はおカネの苦労より、社長として社員に未来を見せられないことが一番辛かった。

それでウソでもいいから、新規事業をぶちあげようと思い、アンテナを張り巡らせて、すぐにできる住宅会社のチラシ制作代行などをやってみたが、うまくいかなかった。

シナジーで新たな事業を生み出す

もう失敗は許されない。リストラの2年後、大型の新規事業を企画した。

当社で多角化している輸入貿易、建材商社、輸入住宅建築、住宅パネル製造メーカー、インテリアショップなどのグループ会社の力を結集して、新しい住宅ブランド「インターデコハウス」をつくったのだ。

日本中どこにもないデザイン、仕様、性能、価格、販売システムをグループ総力で知恵を絞り、素晴らしくバランスのとれた商品が出来上がった。オシャレなヨーロッパのデザインで、部材は世界中から集め、夏は涼しくて省エネ、冬は暖かく地震にも強い構造で、しかもカーテンや照明器具がついて坪単価が安い。

札幌で発売した「インターデコハウス」はすぐに人気に火がついた。

さらに「インターデコハウス」を全国で販売するために、住宅のフランチャイズ本部を始めた。これまでの日本の住宅は地元の建築会社が建てるのが常識で、顧客が飛びつくようなオシャレな住宅をつくることができなかった。それで全国区の大手ハウスメーカーが地方に進出して、割高な住宅を建てるというのが住宅産業の構造だった。

私は「インターデコハウス」の資材とノウハウを地方の建築会社に提供して建築してもらうフランチャイズ方式を考え出したのだ。これが大成功した。この成功によって、当社がはじめて全国区の会社になったのだ。

社員にとっても私にとっても「インターデコハウス」の成功は、まさにリストラのあとの焼け野原の夜空に輝く大きな星となった。

この成功で学んだのは、やるならその分野で一番優秀な人材を投入すること。優秀な人材は仕事をたくさん抱えているのが普通だから、その一部を部下に分担してもらい兼務でプロジェクトに参加してもらうこと。

フランチャイズシステムをつくるのにも専門コンサルタントと契約し、一流の設計士にも参加してもらって、グループ横断で最強のプロジェクトチームをつくった。

こういうことができたのも、多角化によって増えた事業部や会社がそれぞれ専門の道を究め、グループ会社のシナジーを活用できたからだ。

当時、住宅市場が縮小していたので、社内の人材は余り気味で人材を捻出《ねんしゅつ》しやすかったことも幸運だった。

拓銀破綻の影響で落ち込んだ業績も、「インターデコハウス」の成功でこのあと右肩上がりで伸びて、委員会制度、そして新卒採用も復活し、着実にシステム経営も会社に浸透していった。

人が育っていくことに比例して、カナダの企業と事業提携して高性能でデザイン性の高い環境にやさしい樹脂でできたサッシの製造工場をつくったり、インテリアショップ「in ZONE with ACTUS」をオープンしたり、次々と新事業が立ちあがっていき、売上も100億円へと拡大していった。

しかし私には、次に乗り越えなければならない試練が待ち受けていた。

【私が得た教訓】

・現場は部下に任せて、社長はより高度な仕事をする

業績が順調な時はとくに注意。油断して自分が楽しい仕事ばかりをやっていると、まさかの時に後悔する。好調な時にしか準備できないことがあるからだ。

・結果は時間差でやってくる

新事業を始めたり、経営改善を始めてもすぐには望んだ結果が得られない。だからといって止めてしまうとそれで終わる。改善を繰り返し、継続することが大事。

・社長が落ち込んだ時に気持ちを前向きにさせる方法

「この状況のポジティブな点は何か？」とプラス発想をする。

・社員のモチベーションを上げるにはビジョンが必要

とくに厳しい状況にある時は、希望の星となるビジョンを見せることが大事。

・プロジェクトを成功させるポイント

その会社で一番優秀な人材を投入すること。

4. グレートカンパニーへの道③ 連邦化でさらに強く

突然起きたクーデター事件

2004年、私は48歳になっていた。

各社のトップを兼務し、経営は権限と責任を明確にした上で事業責任者に任せて、私は各社の経営会議に出席し、私でなければ解決できないことだけに注力するという統括マネジメントをおこなっていた。ピーク時は会議をハシゴすることもあったが、このやり方がいいと思っていた。

3月に、私は商品を発掘するためにスタッフと共にヨーロッパへ出張した。ドイツやイタリアの建材を発掘したかったからだ。

ヨーロッパの仕入先と交流し、新規仕入先候補と商談、住宅デザインの開発と、思っていた以上の成果を出して、意気揚々と帰国した。札幌に帰ると、大きな事件が起きていた。

私の叔父が経営する工務店の社員が全員辞めると言い出したのだ。全員が辞めると、会社は整理か倒産に追い込まれる。倒産したくなければ、経営権を渡せという。そんなクーデターを成立させてはいけないと思い、私が社長になり、全員が辞めても会社を倒産させないことにした。

それでその会社に乗り込んで、まず全社員と面談し、一人一人に不満の理由を聞き、残るように説得した。しかし、新しい会社の設立も終わっていて、幹部たちは辞めるタイミングを計っていたのだ。

ただその中で、5人の社員と1人の新卒新人が辞めずに残ってくれて、私と一緒に、いったんは規模を縮小したものの、何とか事業は継続することができた。

私は幹部や主力社員が全員抜けた状態で、得意先と仕入先、銀行へ説明に行き、社員の採用、戦略の立案、資本政策など、次々と手を打っていったが、ほとほと疲れてしまった。

のちに再建できたこの会社をM＆Aしてジョンソンホームズと合体させたが、この会社を建て直すなかで、私は縦割り組織の弊害を強く感じた。

同じグループ会社になったとはいえ、コミュニケーションがなさすぎた。お互いに助け合うという組織風土もなかった。各社の事業責任者は同じグループであっても他社のことには無関心だったのだ。

それで、グループの縦割り組織を変えることにした。

すぐにグループの事業責任者を集めて話し合い、各社各事業をあたかも一つの会社のように運営することに決めた。

皆でグループの合計の業績を上げていき、市場に大きな影響を与える企業規模を目指そうと、毎月2回の執行役員会でグループ各社の業績発表のほか、グループの経営課題を解決する仕組みをスタートさせたのだ。

ちなみによく経営者から「社員に事業を任せたら、ノウハウと顧客をもって独立したりしませんか?」と質問されるが、私は、

「確かに、社員は成長して実績を出せるようになると、自信をもちます。ただそれイコール独立して起業するということにはならないと思います。そもそも経営を任せているといっても、権限や管理のルールも決めずに丸投げするわけではないんですよ。事業責任者が経営しやすいように、さまざまなサポートもするので、そういう経営の実態がわかればわかるほど、起業することの難しさやリスクを理解するようになります。会社という組織の中で事業のトップをしているほうが自分に合っていると考える人が圧倒的に多いと思います。そもそも社員が独立するという話は、どの会社でもあることです。それより一人の番頭さんを信用

して、その人に経営のすべてを任せるという人頼りの経営のほうがよっぽど独立のリスクが高いのではありませんか？　いずれにしても、社員が独立することを恐れて、情報公開せず、仕事を任せないということでは、社員が育たず、会社にとってはマイナスでしょう」と答えるのが常だ。

連邦化の狙い

さて連邦化の話に戻ると、各社各事業をあたかも一つの会社のように運営すると決めて、過去にやったことで活用できたのが、ホールディングスである。

私は１９９７年に持株会社が解禁になるや、早くもホールディングスにしたものの、しばらくは活用できていなかった。それがここにきて、うまく機能させることができたのだ。

第３図は、ヤマチユナイテッドの連邦化をあらわした図である。

山地ユナイテッド㈱を母体とするホールディングス体制で、１００％子会社が山地ユナイテッド㈱の下にぶら下がっている。それら子会社の業績を管理し、さまざまな経営のサポートをおこなうのが、ヤマチマネジメントという会社である。

詳しくは7章で解説するが、システム経営では各社に横串をさすような、グループ全体で

第３図　ヤマチユナイテッドの連邦化の狙い

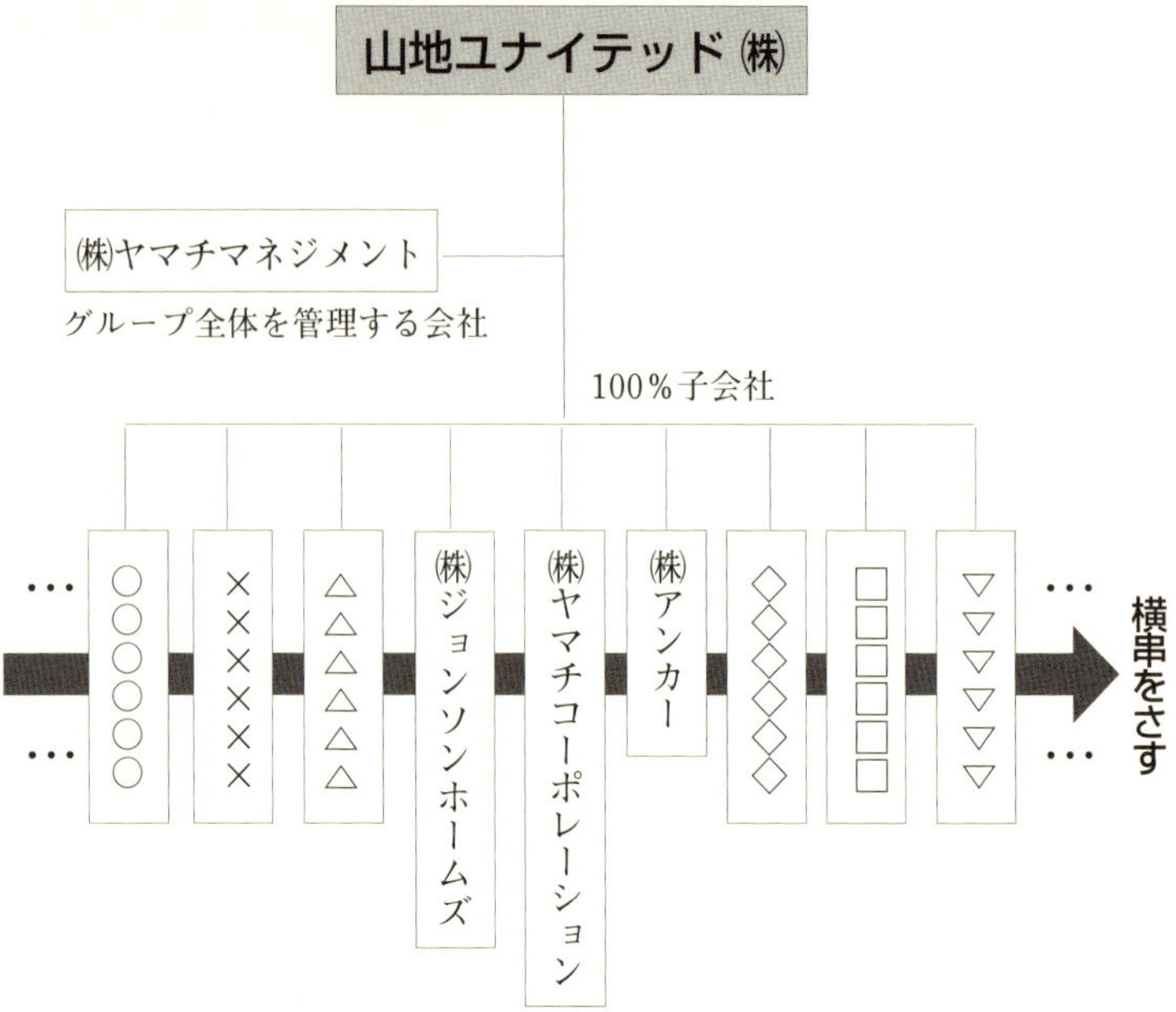

※もともとの母体は山地商事㈱。ホールディングにするために、山地商事㈱を山地ユナイテッド㈱に社名変更し、社員を㈱ヤマチコーポレーションに転籍、土地、建物などの資産は山地ユナイテッド㈱に集約した。

※会社は主要な３社の社名だけをあげ、他は省略した。

※各社の横串をさす仕組みは、７章で解説。

取り組む仕組みをいくつか導入した。

まずは私がグループ代表として「これからは会社が違っても同じ大きな一つの会社である」と宣言し、そのあと基本となる共通の規則や規程を整備していった。

横割りの会議を設け、私と各社の事業責任者を中心とする「グループ経営推進会議」や各社の総務経理責任者が参加する「総務幹部会議」をスタートさせたり、経営計画もグループ全体で発表をおこなう「キックオフ」を始めた。

さらにグループのロゴもつくり、採用もグループ採用に変え、新人教育や経営理念も統一していった。これによってグループ各社のシナジーを最大にし、かつ会社がバラバラ病に陥るリスクを軽減したのだ。

2008年には、先にあげた「ザ100ビジョン」というグループビジョンを掲げた。ザ100ビジョンを実現しようという夢に、グループの全社員を巻き込みたかったからだ。

その後、グループの業績は50以上の事業で売上160億円へと伸びていったのである。

現在の私の活動

現在、グループ各社の経営については、システム経営の報告の仕組みによって、毎月私のところにあがってくるが、それとは別に、もし私が業績や総務に関連することで知りたいことがあれば、グループ全体を管理しているヤマチマネジメントの責任者に聞けばわかるし、営業については各社の事業責任者に聞けばわかるという、とてもシンプルな形になっている。

私が出る会議は、グループ役員会、グループ経営会議などいくつかあるが、各社の経営会議には出ていない。また会社の規模が大きくなって、会社や支店などの拠点が分散されて、私がいるヤマチユナイテッドの本社のフロアー以外の朝礼に出ることもやめた。

私の今のおもな仕事は、100の事業をつくるということに加えて、グループ全体のブランディング、そして新卒採用のために社長として会社をアピールする仕事、そして採用した新卒社員を1年かけて「フレッシャーズキャンプ」と称して教育することに力を入れることである。

新入社員研修で、BSやPLを教えている会社は少ないだろう。現場の仕事は配属された会社の先輩からOJTで教わるから、私は数年後に彼たち彼女たちがチームリーダーとなって必要になるスキルやチームマネジメントを、興味がわくように楽しく勉強してもらっている。

とくにBSなどは新入社員は必要ないが、チームリーダーになった時に思い出してくれればいいと考えている。私は新入社員であっても経営というものに関心をもってもらいたい。だから新入社員の研修から、将来の経営人材を育てる教育を始めているのだ。

私の社外の活動としては、多角化をすすめる経営者の応援団長として、セミナーで講演したり、本を書いたり、「連邦・多角化経営実践塾」の塾長も務めている。多角化によって大きく成長する企業がどんどん増えれば、日本のとくに地方が元気になると信じているからだ。

困ったことは、社員のみんなと顔を合わせる機会が減ったことだ。それで私は Facebook を毎日アップすることにしている。

私が出会った人、考えたこと、読んだ本のこと、ひらめいたこと、出張先でのスナップなど、内容は多岐にわたるが、これが社員スタッフ、あるいは取引先や顧客との効果的なコミュニケーションツールとなっている。

久しぶりに会った社員から記事の内容について話しかけられるとうれしいものだ。他社の経営者や幹部の人たちもたくさん読んでくれていて、スタッフだけでなく、多くの人たちと交流できる Facebook は、社長やリーダーなら使わない手はないと思う。

それこそ今の私がどういう活動をしているかは、この Facebook を読んでいただくとリアルタイムでおわかりいただけるだろう。

Facebookを読んだ多くの経営者から「山地さんはいつも楽しそうで羨《うらや》ましい」とよく言われるが、今は本当に社長業を楽しめるようになっている。昔のように毎日仕事に追われ、まったく余裕のなかった日々がウソのようだ。

グレートカンパニー大賞を受賞

連邦化によるグループ経営を推進して7年後、中核会社ジョンソンホームズが、船井財団が主催する「グレートカンパニー大賞」（2015年度）を受賞した。

船井財団は、経営コンサルタントで大きな業績を残した船井幸雄氏の遺志を継ぎ、社会に貢献が期待できる法人および個人を支援し、社会の進展に寄与することを目的として設立された財団だが、その活動の一つとして、「グレートカンパニーアワード」を開催し、社会性、教育性、収益性を兼ね備えた企業を表彰している。

グレートカンパニーに必要な条件は、

1. 持続的成長企業であること
2. 熱狂的ファンをもつ、ロイヤリティーの高い企業であること

３．社員と、その家族が誇れる、社員満足の高い企業であること
４．自社らしさを大切にしていると思われる、個性的な企業であること
５．地域や社会からなくてはならないと思われている、社会的貢献企業であること

の５つだが、ジョンソンホームズが選出された理由は、住宅購入につきまとう顧客の不安を払拭する住宅販売手法の実践、提案型の営業手法、自主性を尊重する社風をベースに「私たちは素晴らしい家を造ることよりも、お客様に幸せになってもらうために存在する」というミッションを体現しつつ業績を伸ばしていることが認められたようだ。

実は、みんなで「グレートカンパニー」になろうと、経営努力してくれたのは、ジョンソンホームズの事業責任者である。彼は新卒採用でジョンソンホームズに入社し、２９歳のときに私が事業責任者に抜擢した。その後ぐんぐんと経営人材へと成長し、現在はグループすべての業績責任者も務めている。

その彼にずっとジョンソンホームズの経営を任せ、もちろん重要事項の決定はしてきたものの、私はほとんどジョンソンホームズに行っていなかった。それでも会社の内容が良くなり、顧客にも強く支持されて業績が伸びていったのだ。

グレートカンパニーアワードの表彰式は、私が代表として大賞のトロフィーを受け取ったが、彼がいなかったら、こんな栄誉ある賞を受賞できなかっただろう。とても感謝している。

以上が、私の多角化の歩みである。多角化で成功するパターンはいろいろだが、多角化をすすめて失敗するパターンはだいたい決まっていると思う。私の数々の失敗を教訓としてみなさんの経営に活かしてほしい。

【私が得た教訓】

・事業責任者を選ぶポイントの第一は、業績を上げている人

リーダーに必要な人間力は、システム経営の中で、その人が社員を率いることができる人かどうか、わかる仕組みがある。人間力があるとわかった上で重視するのは、やはり業績を上げられる人かどうかである。

・オーナーであっても決めたルールに従うこと

業績が好調だった2003年、調子に乗って私は中国ラーメン事業に投資した。資金を提供するだけの投資だったので、役員会議にかけずやって失敗した。大事なことは合議で決めるというルールを破って失敗したのだ。

・部下は委縮させるより調子に乗せること

任せる経営をすると、会議でときどき苛立つことがある。感情的に怒りそうになった時は、「自分の器の大きさを試されている」と思うようにして抑えるようにしている。

・会議で社長の意見は最後に言う

トップダウンとボトムアップのミックス型の経営ではとことん話し合って決めたほうが、魂も入るし成功の確率も高まる。

・いい会社をつくるには、会社の仕組みを常に改善していく必要がある

同時に社長の仕事のやり方も改善していく必要がある。秘書の採用やタイムマネジメントツール、SNSの活用など、社長も生産性を高める改善をすすめるべきだ。

2章

新規事業を立ちあげよう！

1．本業が順調なうちに始めよう

柱となる3つの事業をつくる

読者の中には、すでに多角化をすすめている人も多いかと思うが、まだ1つか2つの事業しか手掛けていない場合は、柱となる3つの事業をつくることをおすすめする。

多角化を積極的にすすめてきた当社の3本柱は、「住宅関連事業群」と「介護事業群」、そして「イベント事業群」の3つである。この3つで売上の8割を稼いでいる。

現在これらの3事業群は「ジョンソンホームズ」「ヤマチコーポレーション」「アンカー」という3つの法人組織にしているが、規模が小さいうちは、一つの会社の中で事業部として管理すればいいだろう。

ところで、なぜ3つなのかというと、最小の数で安定するのが3本柱であるからだ。日本で一番高い建物は、高さ634メートルの東京スカイツリーだが、3本の足で立っていることをご存じだろうか。3本足は凸凹したところでもきちんと立つという特徴があるのだ。

事業も同じで、利益の出る事業が最低3つあれば、業績が安定し、事業のリスクも分散できて多角化のメリットが得られる。さらに10事業ともなれば、増えた経営ポストで社員が育ち、より強い会社へと成長していくだろう。

よく「多角化をやりたいんですが、本業でもっと儲かって余裕ができたらやります」とおっしゃる方がいるが、そういう経営者は多角化を始めることはほとんどないだろう。余裕ができたらできたで安心してやらないし、本業が落ち込んだら、多角化どころではなくなってしまうからだ。

だから、多角化を始めるタイミングは、「これはいけそう！　という事業に出会った時がベストタイミング」だ。

これまでの経験でいえば、成功した事業は、キーマンとの出会いがあり、チャンスを逃さず、すばやく動いたことが成功に繋《つな》がっている。いわゆる頭のいい人は、動かないでじっくり考えるが、考えれば考えるほどリスクがクローズアップされて動けなくなる。

私自身、現在50ほどの事業を手掛けているが、それ以上の数の失敗を経験している。しかし失敗の経験はけっして無駄にはならなかった。

たとえば、1章で話した住宅「インターデコハウス」のフランチャイズ販売が成功したのも、それ以前に別の事業でフランチャイズに失敗した経験があったからだ。

ビジネスの構造やリスクは、外から眺めているだけではわからない。実際に動いてやってみて、はじめてわかることのほうが多いのである。

そもそも新事業を軌道に乗せるには、2、3年かかる。だから思い立ったら、すぐにスタートする。早く結果を出すには、それ以外に方法はないのだ。

ただ、たんなる思いつきや人から儲かるよとすすめられたままやると失敗する。売上予測や投資回収期間などもしっかり計算して、失敗しても大きな痛手とならないように、小さく始めるのが成功の秘訣である。とくに異業種に出る場合は要注意だ。

社長の悩み

新事業を立ちあげたいが人材がいない。これも多くの経営者の悩みである。

しかし悩んでも仕方がない。人材がいないのはどの会社も同じだ。経営者から見たら、どの社員も力不足に思える。それは当たり前だ。

その中でどうやって新規事業を手掛け、人材を育てるかを考えるべきである。人が育ってからやろうと思っていたら、いつまでたっても始められない。

少なくとも社長一人がやって大失敗することは避けなければならない。フォローしてくれる人が必要だ。社長一人でやって大失敗すると、社長は新規事業に対してトラウマをもつし、部下も育たず、結局、何も得るものがなく終わってしまうからだ。

だから部下が育っていない場合は、部下に求める期待レベルを思い切って下げて、最初は自分の10分の1でも仕事をやってくれればいいと割り切って、そこから部下の能力を引き上げることに執念を燃やせばいい。そのために、

・部下に任せる仕事をつくる
・難しい仕事は、分解して任せられる大きさにする

そうすれば、部下が失敗してもすぐにカバーできる。

要するに、新規事業を立ちあげていく中で、仕事を任せていくしかない。いうなれば、新規事業を始めるのと、人を育てるのは同時なのだ。

すべてお任せではダメ

仕事を部下に任せていく時のポイントは、相手のレベルや状況を見て、仕事の投げ方、投

げる内容、投げる大きさを変えると同時に、その仕事の責任と権限を決めておくことだ。
それらを決めずに「すべてお任せ」にすると、任せたほうの責任がないので、任されたほうとしては、「任せるなら口出しするな」となってしまう。「放任」も任せたほうが責任を放棄する形となって、とんでもない結果になってしまう。

かつて「すべてお任せ」でやって、私は何度か痛い目にあった。責任と権限、さらに報告や管理をどうするかを予め決めて任せるべきだった。要するに、仕事を投げたほうも投げられたほうも、ともに責任と権限があるという考え方で仕組みをつくる必要があったのだ。

仕事を投げられた部下は権限を活用して責任ある仕事をおこなって成長する。報告責任を果たす。仕事を投げたほうは、投げた相手を見守り、ギリギリまで待つ。限界に近づいたら、自分が出ていって解決することもあるが、逆にあえて手を出さないで、失敗させることもある。

そのためにイライラすることもあるが、仕事の任せ方が仕組みとして機能しはじめると、会社は大きく進化しはじめる。そうなると、

・投げられたほうが育つ

・業績が向上する

・投げたほうに余裕ができる
・できた余裕を使って、戦略を練る、構造改革をすすめる、人脈を開発する、アイデアを探しに海外視察に行く

など、好循環が生まれるのである。

ダメな社員はいない

私の場合、既存の部署から人材を捻出《ねんしゅつ》して新規事業チームをつくっていった。通算20回以上このやり方で新規事業を立ちあげている。

前章で、拓銀破綻後の危機の話をしたが、当時は住宅産業のウエイトが大きかったため、既存事業の人員が余り気味になった。そのため既存事業は少ない人員で回して、余った人員で多角化をすすめていった。そのときのコツは、

・既存事業の中で優秀な社員に新規事業を担当してもらう
・人件費が一番のコストなので、新規事業の成果が出るまで兼任でやってもらう
・兼任でやるためには、仕事の一部をその部下の後輩にやってもらう。その中で後輩に

も成長してもらう

・新規事業のめどが立ってきたら、社員を新規採用する

というやり方だ。

社員の能力は仕事を任せることで磨かれていく。だから経営者は「社員はみんな能力をもっている。経営者がそれを引き出すかどうかだけだ」という信念をもつことが大事だ。

基本的にダメな社員は存在しない。ダメな社員は上司がつくっている。ダメな社員が多いのは、社長がダメだと思っているからなのだ。

2. 社員を新規事業に巻き込む

仕事を任せる順序

そうはいっても最初は社長のトップダウンで、部下を2人ほど選んで新規事業をスタートする会社が多いと思う。私もそうだった。その場合は、頼りになる部下をまずは1人か2人、社長自ら育てる必要がある。

もちろん仕事の意思決定も責任もすべて社長だから、部下の行動も完全に管理しなければならない。しかしいつまでもこのようなトップダウンをやっていると部下が育たない。新規事業を立ちあげる過程で、先に述べたように、部下の能力に合わせて仕事を任せていく。これが第一段階である。

次に、任せる範囲をさらに大きくしていくと、社長がいなくても指示されたことはきっちりできるようになっていくが、この段階ではまだ意思決定を任せることができないので、報告はきっちりさせて、社長がすべて指示を出す。この第二段階では、まだ管理と責任が社長に集中しているので、体は少し楽になるけれど目を離すことができず、気を緩めることができない。

次の第三段階では、部下に意思決定に参加してもらうことを考える。そのほうが部下もやりがいを感じて仕事をするようになる。部下に責任の一部を分担してもらい、社長はさらに楽になるが、報告はしっかり受け、大事なところは社長が出ていかなければならないので、まだ忙しさから抜け出せない。この段階で経営内容を公開していれば、部下は数字を見ながら、自分で考えて仕事をするようになって、さらに頼もしく育っていくだろう。

最後は、部下に意思決定に参加させ、行動も部下の考えたようにさせる段階である。ほぼ丸投げで、権限も責任も分担させることにより、社長に余裕ができ、社長はより重要な仕事に取り組めるようになる。

この段階までくると、社長がアイデアを出した新規事業を立ちあげる時でも、必ず2、3人の部下と一緒に動き、そのうちの誰かが「やりたい！」と自ら手を挙げるように仕向けていくことが大事だ。会議でも「この案件はみんなどう思う？」から入り、トップとしての意見は最後に言うようにして、部下の意見を多く引き出すことがポイントである。部下は委縮させるより調子に乗せること、これが一番だ。

こういうやり方は、トップダウン経営に比べて、意思決定が遅くなるという理由で嫌う人がいるが、長い目で見ると確実に人が育つのだ。
ただし最終段階では、権限と責任の分担ルールや管理と報告の仕組み、加えて社員による自主目標・自主管理・自主評価・自主分配の仕組みなど、4章以降で解説するシステム経営が必須となる。

任せる時のポイント

部下に仕事を任せる時に、次のポイントを事前に確認するようにすると失敗が少ない。

①ゴール

どんな結果を出したいかをしっかり話し合い、理解を共有する。数字で書けるものは数字で書き、議事録やメモに残したほうがいい。相手の考え方がぶれていないか、念のため確認する。

②目的

その仕事が会社のビジョンや目標にどう繋《つな》がるか、部下と話し合い、共通の理解をもつようにする。そうすることで、部下はその仕事の価値を認識し、モチベーションがあがる。

③ルール

部下が目標を達成するために何をやってもいいというわけではない。会社の価値観や社内のルールをきちんと理解したうえで取り組んでもらう。

④権限の範囲

その仕事をするための予算、人事権などを伝えておく。

⑤報告

仕事のプロセスの報告がいるのかいらないのか事前に決めておく。報告なしはやめたほうがいい。メールで報告するか、ミーティングするのか、報告の方法も確認する。

私の場合は、この5つの中のとくに「目的」をしっかり話すように心がけた。またゴールについての打ち合わせで、期日をはっきり伝えないで「なるべく早く」と言って後悔したことが何回かある。「早く」といっても、人によって受け取り方が違うのだ。

しかし辛抱強く、部下とこの5つを確認し合って仕事をしていくと、徐々に部下のほうから「この仕事で得たい成果は○○です。期日は○○でどうでしょうか」と言ってくれるようになってくる。

誰をリーダーにするか

よく経営者から「子会社やチームのリーダーをどう選んでいるのか」とご質問をいただく。当社は人材の層が厚くなっているので、今は人材に困るということがなくなったが、基本的にリーダーにする条件は、業績を上げている人で、かつ部下を率いることができる人である。

業績は数字でわかるし、リーダーシップは若い人であれば、委員会制度の取り組み方を見ているとだいたいわかる。またすでに部下をもっている人であれば、モラールサーベイの調査によって、その人が部下から信頼されているか、そうでないかがはっきりとわかるので、リーダーシップの有無がわかるのだ。

しかし人材の層がまだ薄いうちは、そんなことはいっていられない。まずは人材の層を厚くする取り組みをしなければならない。4章以降で解説するシステム経営の中に採用や教育の仕組みがあるので参考にしてほしい。

私の経験では、責任者の下にサブリーダーを2人ほどつけて、3人で重要なことを決めるようにすれば、３人のうちの１人が抜けても安心だ。

またリーダーの実力が未知数の場合は、重い役職につけないほうがいい。重い役職につけるとプレッシャーになったり、大きな失敗をして役職を下りることになった時、辞めてしまうことがあるので、実力がわかるまでは、軽い役職名にとどめるほうが無難である。

また同じぐらいの実力で、どちらをリーダーに選ぶか迷った場合は、年の若いほうを選ぶのがいいだろう。私もこのケースで悩んだことがあったが、若いほうを選んで結果的に良かった。若い分だけ成長の余地があるし、成功体験が少ないぶん、人の話を素直に聞いて実行するからだ。

既存のチームに外から№２を採用したケースもあったが、成功率は５０％だ。他社でのキャリアと実績だけで判断しないほうがいい。どの会社にも社風というものがあって、社風が変わると活躍できなかったり、とくに大企業で実績を上げてきた人は、中小企業のインフラが整っていない環境ではパフォーマンスを落とすことがあることを知っておくべきである。

新しい事業にチャレンジする社風をつくる

新事業の発想についても、徐々に社員からもアイデアが出るように仕組んでいくといいだろう。

「新しい事業にチャレンジすることに価値はある」という社風を根づかせると、会社に活気が出てくる。

次に当社が２０１７年夏におこなった取り組みを一つ紹介しよう。

新規事業開発プロジェクト「ＹＡＳＩＮ《ヤシン》」と題して、社員から新規事業のアイデアを募集した。「ＹＡＳＩＮ《ヤシン》」とは、ヤマチ・サクセス・イノベーションの略である。

どうすれば積極的に社員から新規事業アイデアが出るようになるか、幹部と話し合っていろいろ工夫をした取り組みである。

募集テーマは、「グループの強みを生かした事業」で、グループ１名から５名でメンバーを編成してもらい、新規事業のアイデアを規定のアイデアシートに記入して期限までに提出してもらう。

一次審査を通過したら、当社が経営するレストランのディナー食事券や高級ボールペン、ワインセット、フルーツ詰め合わせ、加湿器など参加者全員にプレゼントする。基本的に、一次審査はよっぽどひどい内容でないかぎり通過する仕組みになっている。今回は７０のグループが一次審査にパスした。その中には、入社して数カ月の新入社員のグループもいた。

そして一次審査をクリアしたグループは、ＹＡＳＩＮ《ヤシン》カレッジで、新規事業の事業化のやり方を数回にわたり社内講師のもとで勉強する仕組みになっている。

さらに、二次審査を通過したグループには研修費３０万円を支給する。賞金については個人に渡すのではなく、新規事業の調査費用として出張旅費やコンサル費用、参考図書の購入費などに充ててもらう。

このあと最優秀アイデア賞を発表する予定になっているが、最優秀アイデア賞として認定されたチームには１００万円の研修費を支給する。これもコンサルや海外視察、研修旅行などに使ってもらうことにしている。

以上ざっと説明すると、お金やモノで社員のアイデアを釣っているように思われるかもしれないが、目的は、新規事業を成功させるというよりも、全員で新規事業にチャレンジするという社風を根付かせることにある。継続は力なりで、この取り組みをやり続けていけば、次第に社風になっていくと考えてのことである。

というのは、私が社員に「新規事業のアイデアを出して！」と呼び掛けても、なかなか出てこなかった。またシステム経営の「委員会制度」という仕組みで、若い社員に新規事業を探して提案してもらったこともあるが、社風に根付くというところまではいかなかった。

そのうち少しずつ幹部社員からアイデアが出るようになって、いくつか事業化できたものの、配置転換で新規事業を担当することになった社員は、やらされ感たっぷりだった。やはり上から降《ふ》ってきた仕事では、社員がワクワクして仕事をするということにはならなかった。

私としては10年前に「THE 100 VISION」というグループビジョンを打ち立てた以上、もっとボトムアップで新規事業アイデアが出るような、全員で新規事業に挑戦する社風にしたいのだ。

それでアイデアを出す側の社員の立場から考えて、どういう仕組みにすれば、アイデアを出しやすいか、社員がワクワクするかを考えてつくったのが、新規事業開発プロジェクト「YASIN《ヤシン》」である。

もちろん、このあと決まる最優秀賞を受賞した新規事業アイデアは、事業化するつもりでいる。今後「YASIN《ヤシン》」からぞくぞく新規事業を誕生させ、ボトムアップからの新規事業立ちあげを増やしていきたいと考えているのだ。

社員が考えてアイデアを出し、自ら手を挙げて立ちあげる。それによって社員も成長し、会社も成長するという好循環の風土が、多角化をすすめるうえで重要だ。

アイデアを出した人は情熱があるから、自分のこれまでの仕事はほとんど部下に投げて、仲間を巻き込んで新規事業に打ち込む。そういう流れで社員が育っていくのだ。

全員が共感できるビジョンを掲げる

私が多角化をすすめる上で実践してきたリーダーシップは、「社員が共感できる夢を提案し、その夢の実現に向かって、全員が心を一つにし、リーダーも社員もともに成長して、会社を強く大きくする」という、ボトムアップとトップダウンのミックス型のリーダーシップである。

ひと昔前までは、「俺についてこい、悪いようにしないから」と言って、目標や目的に向かって強引に引っ張っていくトップダウン型が主流だったが、それでは若い社員がついてこない。

今の若い人は、食べることに不自由した経験がなく、生活費を稼ぐために働くというよりも、社会的意義や共感できる夢やビジョンに賛同して仕事をしたいという人が多い。とくに優秀な人ほどその傾向が強いようだ。

だから、多角化をすすめるうえで「何のために新規事業をやるのか」——経営者は社員が共感し納得できるビジョン（ミッションを含む）を示す必要がある。できれば、ビジョンは社会的意義があり、大きなものがいい。

2006年、当社がグループビジョンとして、「THE 100 VISION」を打ち立てたのもそのためだ。全社員に共感してもらい、そのビジョンを実現していく中で社員一人一人の夢も叶《かな》えてほしいと考えている。

ただし、共感できるビジョンを掲《かか》げれば、すぐに社員が共感してくれるかというと、そんな単純なものではない。

ビジョンを掲《かか》げると同時に、社員満足度を上げるための経営改革もおこなう必要がある。そうすれば、社員のモチベーションが上がり、より強く共感して仕事に取り組んでくれるようになる。

そのためには、社長自ら全社員と面談して社員の率直な意見に耳を傾け、あるいはモラールサーベイ(従業員意識調査)を実施して、改善すべき経営課題を見つけ、それを経営計画に落とし込んで一つ一つ改革しなければならない。

要するに、共感できるビジョンのもとで、全員で新規事業をつくっていこう！　という元気溢《あふ》れる社風をつくっていくことが大切だ。

3. 新規事業の発想法

新規事業・新商品を考える時に便利なフレームワーク(枠組み)

ヤマチユナイテッドの中核会社ジョンソンホームズの創業から今日までの軌跡については前章で述べた。

現在、ジョンソンホームズは、注文住宅事業に加えて、リフォーム事業、インテリアショップ事業、レストラン・カフェ事業、保険事業、住宅フランチャイズ事業、ライフスタイル倶楽部事業など、7つの事業をおこなっている。それらを図に示したのが第4図である。

ご覧のとおり、事業もブランドも多岐にわたるが、どういう発想で新規事業を展開していったのか、ジョンソンホームズの事例を中心に発想法を紹介しよう。

その前に、便利なフレームワーク(枠組み)を説明しておきたい。それは、戦略経営の父と呼ばれるイゴール・アンゾフが『多角化のための戦略（Strategies for Diversification)』という有名な論文で提唱した製品市場マトリクスが元になっているが、それを私流に改良して、新規事業を発想するために使っているのが第5図だ。

第４図　ジョンソンホームズが展開する事業とブランド

ジョンソンホームズ

- **注文住宅事業**
  個性あふれる５つの新築住宅ブランドを提案
  - インターデコハウス
  - ナチュリエ
  - inZONE DESIGN LABO
  - アメカジ工務店
  - COZY
- **リフォーム・エクステリア事業**
  家族が安心して、自分らしく暮らすためのリフォームを提案
  - COZYの中古住宅専門店
  - M＋(エムプラス)
  - ナチュリエリフォーム
  - ガーデンライフ
- **インテリアショップ事業**
  テイストの異なる２つのインテリアショップを展開
  - Naturie Studio
  - inZONE with ACTUS
- **レストラン・カフェ事業**
  暮らしをトータルコーディネートするインゾーネが、食と時間をもっと楽しむために作ったお店
  - inZONE TABLE
  - ナチュリエカフェ
  - POP　SPOON　CAFE
- **保険事業**
  住まいと暮らしのプロが一緒に考えるほけん屋さん
- **住宅フランチャイズ事業**
  住宅にたずさわる人を幸せに。もっと愛される会社をつくるFC
  - COZY
  - インターデコハウス
  - ナチュリエ
- **ライフスタイル倶楽部**
  ジョンソンのオーナーさんに、楽しい暮らしのきっかけづくりを提供

第5図　新規事業発想マトリクス

	現在の市場(顧客)	違う市場(顧客)
現在の事業(ノウハウ)	第1象限 **「細分化」による多角化**	第3象限 **「市場開拓」による多角化**
違う事業(ノウハウ)	第2象限 **「商品開発」による多角化**	第4象限 **「飛躍」による多角化**

縦軸に「事業（ノウハウ）」、横軸に「市場（顧客）」を取り、それぞれを「既存」と「新規」の2つに分けて、4つの象限のマトリクスとした図である。

アンゾフは、もっと複雑な図も書いているが、われわれ経営者は学者とは違うので、新規事業を発想するには、この4つの象限マトリクスで十分である。

では、第1象限から第4象限まで順に説明しよう。

〔第1象限〕細分化による多角化

マトリクスの第1象限は、今ある事業（ノウハウ）**と今と同じ市場（顧客）で売上増大をはかる戦略である。**

この第1象限の戦略で新規事業を発想する場合は、

・市場（顧客）をもっと小さくして分けてみる

・専門化してみる

	現在の市場(顧客)	違う市場(顧客)
現在の事業 (ノウハウ)	**第1象限** **「細分化」による多角化** ジョンソンホームズ 基本事業＝注文住宅	第3象限 「市場開拓」 による多角化
違う事業 (ノウハウ)	第2象限 「商品開発」 による多角化	第4象限 「飛躍」 による多角化

の２つのポイントで考えればいいだろう。

わかりやすい例を一つあげれば、寿司屋やうなぎ屋のメニューによくある松・竹・梅である。

同じ売りものでも、グレードと値段の違う３種類を用意して顧客に選んでもらうというやり方だ。

アップルのアイフォンやアイパッドも、色や大きさ、容量の違った数種類を販売している。時代が変わっても、顧客は複数のものから、自分に合った好きなものを選択したいという心理を潜在的にもっているのだ。

ジョンソンホームズの事業の例でいうと、同社の基本事業は注文住宅事業である。顧客は住まいと暮らしにこだわりをもつ人たちである。

そのジョンソンホームズが、この第１象限の戦略で展開したのが、さらに住まいと暮らしにこだわりをもつ顧

	現在の市場(顧客)	違う市場(顧客)
現在の事業（ノウハウ）	第１象限 「細分化」による多角化	第３象限 「市場開拓」による多角化
違う事業（ノウハウ）	**第２象限 「商品開発」による多角化** ・リフォーム事業 ・インテリアショップ事業 ・レストランカフェ事業 ・保険事業	第４象限 「飛躍」による多角化

客を細分化して、住宅の種類を増やしていくことだった。

たとえば、「インターデコハウス」というブランドは、ヨーロッパのデザインの住宅ブランドある。「ナチュリエ」は自然木材にこだわった住宅。住まいにお金をかけずにちょうどいい住宅を提案する「COZY《コーズィ》」、当社が経営するインテリアショップ「inZONE with ACTUS（インゾーネウイズアクタス）」で家具を買ってくださった顧客に家具にあった家を提案する「inZONE DESIGN LABO」、ガレージライフを楽しめる定額住宅「アメカジ工務店」というように、市場（顧客）を細分化して5つの住宅ブランドを立ちあげていったのだ。

〔第2象限〕商品開発による多角化

マトリクスの第2象限は、**今と同じ市場（顧客）に、違う事業（ノウハウ）を展開することによって売上増大をは**

かる**戦略**である。

この第2象限の戦略で新規事業を発想する場合は、

・トータルパックにできないか？
・追加で買ってもらえるものは？
・商品を変えてみたら？
・商品の意味を変えてみたら？
・顧客にとっての価値を上げるには？
・品質を変えてみたら？
・価格を変えてみたら？
・工程を変えてみたら？
・顧客にとってより深いニーズは？
・顧客の面倒なことを代行できないか？
・顧客のやるプロセスで何か改善できないか？

などを自問自答して考えると、自社にとってどういう新規事業がいいかが見えてくるだろう。

ジョンソンホームズの事業の例でいうと、この第2象限にあたる新規事業の1つ目は、ジョンソンの家を購入してくれた顧客にリフォームを提案するリフォーム事業である。

ジョンソンの「COZY《コーズィ》」というブランドの家を買ってくださった顧客には「COZY《コーズィ》の中古住宅専門店」、「ナチュリエ」は「ナチュリエリフォーム」、さらに40歳以上の未婚のキャリアウーマンには「M+(エムプラス)」というマンションリノベーション、ガーデニングが好きな家族には「ガーデンライフ」というオシャレな庭を提案するリフォーム事業を立ちあげた。

加えて、インテリアショップ事業と、そのインテリアショップで販売している家具を配したレストラン・カフェ事業、さらに家を購入された顧客に提案する保険事業も始めた。

いずれも、ジョンソンホームズで家を買ってくださった同じ顧客に利用していただけるものである。最近はインテリアショップで家具を買ってくださった顧客がその家具に似合う家が欲しいということでジョンソンホームズで家を建てる人が増えている。

また当社のレストランやカフェを利用して、お店のインテリアに興味をもった人が当社の

	現在の市場(顧客)	違う市場(顧客)
現在の事業 (ノウハウ)	第１象限 「細分化」 による多角化	**第３象限** **「市場開拓」による多角化** ・住宅フランチャイズ事業 ・マンション不動産仲介業
違う事業 (ノウハウ)	第２象限 「商品開発」 による多角化	第４象限 「飛躍」 による多角化

インテリアショップで家具や雑貨を購入する場合もある。このように事業間のシナジー効果が確実に得られているのだ。

〔第３象限〕市場開拓による多角化

マトリクスの第３象限は、今ある事業（ノウハウ）**を違う市場（顧客）で展開することによって売上増大をはかる戦略**である。

この第３象限の戦略で新規事業を発想する場合は、

- **市場を変えてみたら？**
- **商品の用途を変えてみたら？**
- **素材を変えてみたら？**
- **販路を変えてみたら？**
- **川上、川下に行けないか？**

	現在の市場(顧客)	違う市場(顧客)
現在の事業(ノウハウ)	第１象限「細分化」による多角化	第３象限「市場開拓」による多角化
違う事業(ノウハウ)	第２象限「商品開発」による多角化	**第４象限「飛躍」による多角化** ・家具、建材の製造 ・デイサービス事業 ・英語の保育事業 ・ホテル事業

※上記の事業はジョンソンホームズではなく別のグループ会社で展開しています

・FC本部化できないか？

・一歩上の価値で売れないか？（例コンサルティング）

などを自問自答して考えていくといいだろう。

ジョンソンホームズの事業でいえば、住宅を個人ではなく、違う市場（顧客）の法人に対しても販売できないものかと考えたのが、フランチャイズ事業である。

前章で、住宅「インターデコハウス」のフライチャイズの話を述べたが、住宅のノウハウを、住宅建築会社という法人に販売して成功したＢtoＢ事業である。

またマンション不動産仲介業も、当社の住宅を、新築を希望される顧客ではなく、中古を購入する顧客や賃貸を希望される顧客に対して展開した事業である。

〔第４象限〕飛躍による多角化

マトリクスの第４象限は、**違う事業（ノウハウ）を違う市場（顧客）で展開することによって売上増大をはかる戦略**である。いわゆる異業種へ進出するケースである。

この第４象限の戦略で新規事業を発想する場合は、

・不動産を活用してみたら？
・異業種をやるとして違和感がない事業は何か？
・ＦＣに加盟するとしたら？
・追加で買ってもらえるものは？

などを自問自答して考えていくのがいい。

この第４象限の事例としては、たとえば、グループ会社のヤマチコーポレーションが手掛けているデイサービス業の「きたえるーむ」があげられる。高齢化がすすむ中で、異業種ではあるが、以前からやってみたいと考えていた事業だった。

「きたえるーむ」は短時間で、スタッフが高齢者について歩行訓練やストレッチなど機能訓練をおこない、さらに今までのデイサービスにはない、柔道整復師などの国家資格取得者による専門的なマッサージを提供している。じつはこの専門的なマッサージを付け加えたことが成功につながった。

きっかけは、経営者仲間とゴルフをしていた時、私が「今度、デイサービス事業を始めようかと考えているんだ」と話したら、仲間の一人が「マッサージをする機能訓練で繁盛している接骨院を知っているよ」と教えてくれたことだ。

直感的に「それはいい！」と思って、すぐにその接骨院の経営者に会いにいって、「一緒にやりませんか」と単刀直入に話をした。その経営者は最初乗り気ではなかったが、諦《あきら》めずにお願いして、コラボレーションで、かつフランチャイズで全国展開することでスタートした。

現在、全国で１２７店（２０１７年９月現在）となっているが、専門的なマッサージのノウハウは当社にはないので、ノウハウをもっている会社とコラボレーションし、すでに当社にあったフランチャイズのノウハウと組み合わせてつくった事業である。

さらにオリジナルのソファをつくる事業の「ブロッコ」は、当社がM&Aした老舗家具メーカー沼田椅子製作所が設立したブランドである。

M&Aする前は、製造したソファを家具店に卸していたが、ブロッコを立ちあげて、はじめて小売りに挑戦している。顧客の体型やニーズに合わせてつくるソファは人気で、現在直営5店舗で展開している。

先にも述べたが、ノウハウがない異業種の新事業をやる場合は、大きなリスクを避けて、まずはノウハウを学ぶことから始めることが重要だ。

たとえば、

①FC（フランチャイズ）に加盟する
②代理権を取得する
③コラボレーションする
④M&Aで時間とノウハウを買う

などで、必要なノウハウを学んだり、買ったりすればいいのだ。

私は、海外の見本市や展示会に出かけて、日本でも売れそうな商品やサービスを見つけて事業を立ちあげることがあるが、そういう海外の商品やサービスの場合は、まず日本の総代理店になって日本で売ってみることから始めることにしている。

売れなかったら、在庫を処分して撤退すればリスクが少ないし、逆に売れれば、ライセンス料を払って自社でつくれば利益が増えるのである。

また私の知り合いには、ノウハウを知っている人のところに訪ねていって、直接まとまったお金を渡して教えてもらうというヤリ手の経営者もいる。

私も初めて行ったお店で気になるものがあった時は、そこの経営者に「こんにちは、ステキなお店ですね。私は北海道から来た者ですが、利益率はどれぐらいなんですか」と悪びれずに聞くことにしている。

今までの経験では意外と教えてくれたりするものだ。「遠い北海道からわざわざ来た」というのが、親切にしてもらえる理由の一つだと思う。


以上、４つの戦略のマトリクスに沿って新規事業の発想法を解説したが、それ以外に、

・見せ方を変えてみたら？

・営業方法を変えてみたら？

・収益源を変えてみたら？
・人を変えてみたら？
・複合化してみたら？
・連携（コラボ）してみたら？
・徹底して真似する相手は誰か？（創造的模倣）
・経由会社をつくれないか？
・地域代理店になれないか？
・M＆Aするなら、いくらで、どんな事業？
・予期しない偶然の出会いは？
・既存事業の中で予期しない成功は？
・他社の予期しない成功は何か？　その成功を事業部化できないか？　強化できないか？
・業界で予期しない変化はないか？
・気になる業界で予期しない変化は何か？

という問いも、発想に役立つだろう。

第6図　多角化ワーク　発想を変える質問集

事業(業種)　　　　　　　　　　date　　　　name

	変えてみる着眼点	常識的に	非常識に
(1)細分化による	1. 市場をもっと小さく分けられないか？		
	2. 専門化してみたら？		
(2)商品開発による多角化	3. トータルパックにできないか？		
	4. 追加で買ってもらえるものは？		
	5. 商品を変えてみたら？		
	6. 商品の意味を変えてみたら？		
	7. 顧客にとっての価値をあげるには？(価格無用)		
	8. 品質を変えてみたら？(ほどほど品質)		
	9. 価格を変えてみたら？（半額、3倍)		
	10. 工程を変えてみたら？		
	11. 顧客にとってより深いニーズは？(事情)		
	12. 顧客の面倒なことを代行できないか？		
	13. 顧客のやるプロセスで何か改善できないか？(不動産を見つける、ワンストップ)		
(3)市場開拓による多角化	14. 市場を変えてみたら？		
	15. 商品の用途を変えてみたら？		
	16. 素材を変えてみたら？		
	17. 販路を変えてみたら？		
	18. 川上、川下に行けないか？		
	19. FC 本部化できないか？		
	20. 一歩上の価値で売れないか？(コンサル)		
	変えてみる着眼点	常識的に	非常識に
(4)飛躍による多角化	21. 不動産を活用してみたら？		
	22. 異業種をやるとして違和感がないのは？		
	23. FC に加盟するとしたら？		
	24. 追加で買ってもらえるものは？		
	25. その事業を止めたらどうなるか？		
(5)その他の質問①	26. 見せ方を変えてみたら？		
	27. 営業方法を変えてみたら？		
	28. 収益源を変えてみたら？		
	29. 人を変えてみたら？		
	30. 複合化してみたら？		
	31. 連携(コラボ)してみたら？		
	32. 徹底して真似するのは誰か？(創造的模倣)		
	33. 経由会社をつくれないか？		
	34. 地域独占代理店になれないか？		
	35. M&Aするならいくらで、どんな事業？		
(6)その他の質問②	36. 予期しない偶然の出会いは多いか？		
	37. 既存事業の中で予期しない成功をあげよ		
	38. 他社の予期しない成功は何か？…その成功を事業部化できないか？強化できないか？		
	39. 業界で予期しない変化はないか？		
	40. 気になる業界で予期しない変化は何か？		

以上、新規事業を発想するうえで大切な考え方を述べた。

第6図「多角化ワーク　発想を変える質問集」は、先に挙げた発想のための問いを一枚のシートにまとめたものだ。

このシートの質問に答える形で、自分が発想したことを書いていくと、徐々に自社の多角化戦略が見えてくるだろう。

なお第6図には直接記入できないので、第6図の拡大版を巻末に収録した。それをさらに141%に拡大してA3の用紙にコピーすると書きやすいだろう。

4．自社の多角化を考える

〔1〕自社の強みを「強みシート」に書きだす

継続的に利益を出している会社の幹部数人に、「御社の強みは何ですか」と訊ねて、返ってくる答えがバラバラで驚くことがある。

会社の強みとは、「他社と差別化ができていて、顧客にとって魅力的で、自社の利益に貢献しているもの」である。

孫子の「彼《かれ》を知り己《おのれ》を知れば百戦殆《あや》うからず」の言葉どおり、戦いに負けないようにするには、相手のことも自分のことも知らなければならない。

多角化も同様、自社の強みを活かして新規事業をつくるほうが成功の確率が高くなるのだ。

どの会社も必ず強みがあるはずだ。まずは社長と幹部で自社の強みを出しあってほしい。出てきた強みが絞れてきたら、第７図の「強みシート」にまとめ、それを全員で共有していただきたい。

第７図　強みシート

ヒト（経営、社員、協力業者）
モノ（商品、技術、不動産）
カネ（使用可能金額、調達力）
情報（情報源、人脈）
ブランド（信用、約束の範囲）

※巻末に拡大版を添付しています。Ａ３用紙に 141% 拡大コピーしてご記入ください

〔2〕顧客ニーズを見つける

次に、顧客のニーズを洗い出していただきたい。洗い出す時に、次の質問に答える形で考えるとわかりやすいだろう。

・顧客が日頃もらしている不満ニーズは何か？
・なぜ顧客は当社で買ってくれないのか？
・顧客の成功とは何か？
・自分の家族に不評なサービスや商品は何か？
・なぜこの事業は繁盛しているのか？（真似できるか？）
・新規事業導入セミナーを聞く（気づかないニーズを見つけることができるかも）
・専門外の成功経営者に聞く
・面白いことをやっている会社はないか？

〔3〕社員のニーズを聞く

・社員の◯◯したい！　というニーズを聞く

・社員の困りごと、不満ニーズを聞く
・社長・幹部が考える顧客ニーズに対して現場の社員の意見を聞く

〔4〕市場規模を予測する

市場規模は大きければ大きいほどいいと思いがちだ。しかし大きな市場なら、大企業が放っておくはずがない。だから、大きければいいというものではないのだ。中小企業はニッチな市場で他社と差別化できるもので多角化をはかるほうが有利だ。

・自社のテリトリーでどれだけの市場があるか？
・ＭＡＸどれぐらいの売上が得られるか？
・利益率、収益率、投資回収率などをシミュレーションしてチェックする

〔5〕魅力度

・その事業をやって自分も社員も楽しいか？
・既存事業との一貫性があるか、なければどうクリアするか？

・従業員を確保できるか？
・事業目的がビジョンに合っているか？
・事業の成長性、存続期間を予想する
・ペルソナ（想定する顧客像）を設定する
・顧客から見た差別化を意識する

〔6〕多角化戦略シートの作成

以上、「自社の強みシート」を完成させ、「多角化ワーク 発想を変える質問集」に沿って考えをまとめていくと、新規事業のアイデアが徐々に絞られてくると思う。

それを第8図の「多角化戦略シート」にまとめてさらに戦略と戦術を絞り込んでいく。

記入するにあたって、第9図の記入例を参考にしてほしい。

第9図はジョンソンホームズの多角化をモデルとして作成したものである。

なお第8図も第9図も拡大版を巻末に収録している。「多角化ワーク 発想を変える質問集」と同様、さらに141％に拡大してA3の用紙にコピーすれば書きやすい。

氏名：

⑧ビジネスモデル：(誰に何をどのように売るか)
(1) 誰に・・・
(2) 何を・・
(3) どのように売るのか・・・
(4) 集客方法・・・
(5) 広告や販促・・
(6) 収入源 + コスト構造・・・
(7) 販売、提供方法・・
(8) 商品・サービス構成・・
(9) 商品価格・価格設定・・・
(10) 流通経路・・・
(11)WEB の活用方法・・

※マーケティング (市場性の確認、売れる背景、市場環境) :
(1) 顧客の有無・・・
(2) マーケット調査・・・

⑨ビジョン：(事業の未来の姿、理想像、事業の完成形)：
(1) 売上・・・
(2) 営業利益・・・
(3) 社員数・・・
(4) 客数、事業所数など規模・・・
(5) 社風など・・・
(6) 社会的評価・・・

⑩ 3 カ年事業収支計画

	初年度 年計画	2年目 年計画	3年目 年計画	備　考
売上高				
粗利益				
粗利率				
人件費				
他経費				
他経費合計				
営業利益				
営業利益率				
人員数				
1人当営業利益				
1人当人件費				
労働分配率				

⑪投資回収見込み

(1) 初期投資額：

(2) 投資回収年数：

第８図　多角化戦略シート（新規事業開発・既存事業革新）

（※①～⑬の順番に記入する）

⑫事業名：

⑬キャッチフレーズ：

①コンセプト：
(1) この事業はこうである･･･
(2) 顧客が得たい結果･･･

②ミッション：
(1) 社会的使命･･･
(2) 会社のミッション (整合性チェック)･･･
(3) 私達がやる意味･･･

③事業に使える自社固有の強み (独自資源)：
(1)
(2)
(3)
(4)
(5)

④連携や提携の可能性先：
(1)
(2)
(3)
(4)
(5)

⑤ペルソナ (代表的な顧客像、ターゲットを１人に絞る):
(1) 氏名･･
(2) 年齢･･･
(3) 職業･･･
(4) 家族構成･･･
(5) 収入など･･･
(6) ライフスタイル･･
(7) 趣味、ライフワーク･･･
(8) 生活信条･･･
(9) 好み･･･

※ペルソナ（顧客）ニーズ：

⑥他社との差別化の核（顧客からの目線で）：
(1) 差別化１･･･
(2) 差別化２･･･
(3) 差別化３･･･

⑦顧客に提供する魅力（自社を選ぶ理由）：
(1) 機能的な魅力･･･
(2) 経済的な魅力･･
(3) 感情的な魅力･･･

氏名：

⑧ビジネスモデル：(誰に何をどのように売るか)

(1) 誰に･･･豊かなライフスタイルを求めている人
(2) 何を･･･食事、空間(時間)
(3) どのように売るのか･･･トレンドをつかんだメニュー開発で、発信を拡大し、あたたかく丁寧な接客でリピーターをつくる
(4) 集客方法･･･ＳＮＳ、系列インテリアショップの既存顧客への発信
(5) 広告や販促･･･ファンの口コミ、リピーター特典、ＷＥＢ広告媒体
(6) 収入源 + コスト構造･･･売上：飲食代金、コスト構造：(原価 30%･人件費率 32%･家賃10%～ 13%)＋その他経費
(7) 販売、提供方法･･･店内での料理提供、オードブルやケータリングの販売
(8) 商品･サービス構成･･･ストウブ料理がメイン、ランチ、スイーツ、ディナー、オードブル(ディナータイムはお酒も提供)
(9) 商品価格･価格設定･･･ランチ客単価 1,300 円、ディナー客単価 3,300 円　貸切&パーティープラン (4,000 円～)
(10) 流通経路･･･直営
(11)WEB の活用方法･･･インスタ、Facebook、ＨＰ、LINE@、飲食専門 WEB 媒体
(inZONE ショップ WEB 発信との連動も行う)

※マーケティング (市場性の確認、売れる背景、市場環境)：

(1) 顧客の有無･･･インゾーネインテリアショップ既存顧客：約３万人、円山エリア25 歳～ 49 歳：約３万５千人
(2) マーケット調査･･･インゾーネインテリアショップ既存顧客の８割が女性。　円山に住む人口の男女比は女性 100 対男性34。インゾーネの既存顧客、おしゃれな街円山に住む人という「ライフスタイルに関心が高い女性」がメインターゲットとなる。

⑨ビジョン：(事業の未来の姿、理想像、事業の完成形)：

５年後ビジョン

(1) 売上･･･600,000 (千)／年
(2) 営業利益･･･70,000 (千)／年
(3) 社員数･･･約 100 名 (アルバイト含む)
(4) 客数、事業所数など規模･･･札幌市内 10 店舗の展開
(5) 社風など･･･スタッフ一人ひとりの意見を反映し、「みんなでつくるお店」を追求する
(6) 社会的評価･･･札幌で随一のライフスタイルカンパニーが行っている、幸せな暮らし提案を実現している飲食店

⑩３カ年事業収支計画

(単位＝千円)

	初年度	２年目	３年目	
	2018年計画	2019年計画	2020年計画	備　考
売上高	40,000	43,000	45,000	※1 店舗あたり
粗利益	27,200	29,240	30,600	
粗利率	68.0%	68.0%	68.0%	
人件費	13,500	13,500	14,500	
他経費	10,000	10,000	10,000	
他経費合計	23,500	23,500	24,500	
営業利益	3,700	5,740	6,100	
営業利益率	9.3%	13.3%	13.6%	
人員数	12 人	12 人	12 人	
1 人当営業利益	308	478	508	
1 人当人件費	1,125	1,125	1,208	
労働分配率	49.6%	46.2%	47.4%	

⑪投資回収見込み

(1) 初期投資額： 30,000 (千)

(2) 投資回収年数： ５年

第９図　多角化戦略シート記入例

⑫事業名：　inZONE TABLE（カフェ＆ダイニング）

⑬キャッチフレーズ：「心地よいあったかさ届けます」

①コンセプト：美味しい料理と素敵なインテリアのある空間で、心地よさとあたたかさがある「暮らし」の体感。
(1)　この事業はこうである･･･飲食を通じて、幸せな「時間」と「体感」を届ける。
(2)　顧客が得たい結果･･･「モノ」の提供だけでなく、「ライフスタイル」の発信と提供を拡大していく。

②ミッション：
(1) 社会的使命･･･大切な人と時間を共有し、「豊かなライフスタイル」を感じられ、自分らしくいられる楽しい場所を創ること。
(2) 会社のミッション (整合性チェック)･･･私たちは、いつまでも続く自分らしい幸せな暮らしをお届けします。
(3) 私達がやる意味･･･「モノ」の提供だけでなく、「ライフスタイル」の発信と提供を拡大していく。

③事業に使える自社固有の強み (独自資源)：
(1)　inZONE のインテリア
(2) グループ各事業部の既存顧客
(3) マーケティング室
(4) ライフスタイルクラブでのイベントノウハウ
(5) ショップを通じた集客力

④連携や提携の可能性先：
(1) 家具や雑貨の物販
(2) ワークショップやセミナーの開催
(3) 撮影場所としての貸スタジオ
(4) お土産ブランディング化(焼き菓子、シュークリームなど)
(5) オリジナルグッズ(マグカップ、エプロンなど)

⑤ペルソナ (代表的な顧客像、ターゲットを１人に絞る):
(1) 氏名･･･長谷川ちはる
(2) 年齢･･･33 歳
(3) 職業･･･主婦
(4) 家族構成･･･夫(38 歳)、娘(4 歳)
(5) 収入など･･･世帯年収 600 万円
(6) ライフスタイル･･･ファッションや飲食の雑誌をよく読む。週末は家族と過ごす。友達が多い。母親とも仲が良い。
(7) 趣味、ライフワーク･･･スマホいじり (SNS)、TV を見る事、ファッション
(8) 生活信条･･･おしゃれで楽しいこと。
(9) 好み･･･シンプルなファッション(特に水色が好き)。雑貨。家族はもちろん、友達との時間も大切にしたい。

※ペルソナ (顧客)ニーズ：「おしゃれで楽しい時間を家族や友達と共有したい」そんな願望はあるが、現状の生活はどこか普通。自分らしさを感じられるライフスタイルを発見したい。

⑥他社との差別化の核（顧客からの目線で）：
(1) 差別化 1･･･inZONE のインテリアをつかった上質で心地よい空間。
(2) 差別化 2･･･食器やカトラリーにもこだわった、おしゃれだけど気取らない創作料理。
(3) 差別化 3･･･あたたかさと親しみのある接客。

⑦顧客に提供する魅力（自社を選ぶ理由）：
(1) 機能的な魅力･･･お家の心地良さを感じられる「一軒家カフェ」
(2) 経済的な魅力･･貸切やパーティー利用などでは臨機応変な対応を行う。(予算に応じた料理内容など)
(3) 感情的な魅力･･･おいしい料理と、おしゃれで楽しい時間の実感と満足。

5. 新規事業のアンテナを立てよ

私が実践していること

多角化をすすめる経営者の重要な仕事は、近い将来の種まき、新規事業の開発である。

もともと私は新しいビジネスを考えるのが好きで、時間が許すかぎり、おもしろそうな展示会やセミナーを見つければ、海外でも出かけていき、流行っているお店があれば、行って商品を買ってみたり、食べてみたりするようにしている。

また、気になった経営者やコンサルタントがいれば、まず著書があるかどうかを調べて、あれば買って読み、インターネットでも調べたりするが、しかしそれだけでは新しいアイデアやノウハウは取り込めない。

やはり本人に会って直接話を聞くほうが、何倍もの情報を得られる。やはり自分のほうから会いにいき、五感を研ぎ澄まして話を聞くと、アイデアがより深く、より大きく膨らむような気がする。

簡単なことでは、私はセミナー終了後の懇親会には必ず出て、講師のそばを陣取って、さらに話を聞くように心がけていた。思いがけないヒントを得ることができて、セミナー代金の元を十分に取った。

最近は私自身が講師になることが多いのでやらないが、昔はセミナー終了後に、講師を誘って飲みに行き、顔と名前も覚えてもらい仲良くなって、公開の場では聞けなかった話をたくさん聞き出した。それぐらいの図々しさとフットワークの軽さが必要だ。

あるいは、ノウハウをもっている人を講師として招聘《しょうへい》し、話をしてもらう手もある。仲間の経営者数人で話を聞けば、一人当たりの講師料は安くて済む。

世の中には、ほんとうにいろんな人がいて、アンテナを立てて新しいビジネスを探していると、不思議なことに、ひょんなきっかけでビジネスのキーマンに出会える。

「あのときにあの人に出会ったから始まった」「あのときあのセミナーに出て講師と意気投合して飲みに行ってから始まった」「あのとき書店で偶然手に取って読んだ本から始まった」など、すべて新しいビジネスは出会いから始まっている。

そういう経験を何度もしてきたので、「ビジネスは出会いがすべて」と自信をもって言える。

会社に閉じこもっていてはチャンスをつかめない。どんどん人に会いに行こう！

多角化に成功している経営者

多角化に成功している経営者に共通する特徴は、他社の事業を自分流にアレンジすることがうまいことだ。

私はドラッカーにならって「創造的模倣」と呼んでいるが、既存事業をベースに、他社の成功事例を模倣して取り入れることによって、顧客に新しい商品やサービスを提供するやり方が、多角化をすすめる早道だ。

ただ何のアレンジもせず、そのまんま真似るのはさすがにいただけないが、創造的模倣であれば、世の中に新しい価値を生み出すことになるので大いにやるべきだ。

ひとつ注意してほしいのは、ビジネスの情報交換をする時に、相手から一方的に話を聞き出すのではなく、自分がもっている情報もオープンにしてほしい。質の高い情報は積極的に情報を発信する人のところに集まるものだ。あくまでも、ギブアンドテイクが交流のルールであり、交流を深めるコツでもある。

出会いは待っていても来ない。チャンスはその場でつかまないと逃げてしまう。自ら積極的に飛び出していくことだ。

※

次章で、多角化に成功している5社の事例を紹介する。

5社とも多角化の目的も手法も違っていて、多角化をすすめている人もこれから始める人も参考になるだろう。

3章

多角化で成長する5社の事例

1. 創業社長を育てるための多角化

社員の独立を支援する

不動産建設会社の㈱リヴは、1998年、波夛野《はたの》賢《さとし》社長が30歳の時に京都市西京区で創業した会社である。

その5年前、波夛野《はたの》氏は京都で不動産仲介会社をすでに経営していたが、友人が社長をしていた工務店が倒産して、その工務店をM&Aする形で新たにリヴを創業したのである。

じつは、それは波夛野《はたの》社長の望むところでもあった。というのは、それまで建売住宅の販売をおこなっていて、その質の悪さを問題視していたからである。倒産したとはいえ工務店をM&Aして、自社で家を建てられる建設会社として新たにスタートすることは、波夛野《はたの》社長の夢の一つだったのだ。

どこの会社でも、創業時はトップダウンのワンマン経営である。創業時の経営はそれが当たり前、リヴの場合も波夛野《はたの》社長が部下に細かい仕事の指示を出し、会議は最初から最後まで社長一人が話して、社員はただそれを黙って聞いているという典型的なワンマン経営であった。

そんな波多野《はたの》社長の手腕のもとでリヴは順調に成長していったが、次第に、建設期間中に仮住まいするための賃貸物件の仲介や、完成した自宅に似合う家具やインテリアのコーディネイトなど、いわゆるお客様が家を建てるところから引っ越しまで、そしてその後の修理やリフォームまで、さまざまな不動産周辺のビジネスを取り込めないかと考えはじめた。

これは、事業の上流と下流を狙う、典型的な多角化戦略の一つであるが、波多野《はたの》社長の特徴は、上流と下流のビジネスを取り込んで、子会社としてリヴが支配するのではなく、社員を次々に独立させていったことである。

現在、リヴから巣立っていった元社員が構成するリヴグループは１２社。グループ全体の売上は３０億円、全グループ従業員数約１３０人になっている。

波多野《はたの》社長の夢

以前、私は波多野《はたの》社長に、「子会社にしなかったら、リヴさんのメリットがないのでは?」と訊《たず》ねたことがあった。

波多野《はたの》社長は「じつは私も25歳で独立する時に、働いていた会社の社長に支援してもらったんです。私もそうだったように、不動産業界はいつか一旗揚《ひとはたあ》げてやろうと一攫千金《いっかくせんきん》を狙って入ってくる人が多い業界です。自分がそうだったように、いつか独立して自分の会社をつくりたいという社員の夢を後押ししてあげたい。そこのところは山地さんと考え方が違っています。しかしそれはリヴにもメリットがあって、リヴが子会社からいくらかの経営指導料や役員手当をもらうよりも、独立した社員の会社から家を建てたいお客様を紹介してもらうほうがはるかにメリットが大きい。

そうはいっても、昔一度、100%子会社をつくったことがあります。社員を社長に据えましたが、残念ながら、社長といっても名ばかりで、うまくいきませんでした。それ以来、100%子会社をつくって、リヴが支配するというやり方はやっていません。

じつは、私の夢はリヴから創業社長を21人つくることなんです。今のところはまだ12人で、資本関係がある所とない所がありますが、社員が独立する時、資金が足らなければ、リヴから提供します。そして毎年10%ずつ株を買い取ってもらって、はやく50%を超えて、社員がオーナーになるよう促しています。

リヴグループでは結束を固めるために、12人の社長でグループの理念をつくりました。経営計画書も12人が毎年一緒に合宿してつくり、12社合同で経営計画発表会を開いています。さらにリヴグループの役員会と称して、月に1度、会費制で会議を開いて、グループが年4回発行する情報マガジン『リヴぐる』の企画や、今後どのようにそれぞれの会社を成長させるかについて話し合っています。

一応、私がグループの代表ということになっていますが、経営はあくまでもそれぞれの社長が采配《さいはい》をふるい、私が支配することはありません。

なぜこういう形にしたかといえば、長くこの業界で仕事をしてきて、社員が独立する際に、お客さんを取った、取られたで、オーナーとモメて喧嘩別れするケースを多く見てきたからです。

加えて、これまでトップダウンで経営をやってきて、その弊害を強く感じるようになっていました。ワンマン経営を続けていたら、経営者的人材が育ちません。私は今年50歳ですが、将来、私の代わりに会社を率いる人がいなくなって会社がなくなるようなことにでもなれば、家を建ててくださったお客様に迷惑をかけてしまいます。息子に会社を継がせる考えはないので、会社の継続性を真剣に考えた時に、この先はワンマン経営ではダメだと思ったのです。

そういったことを一人で悩んでいる時、たまたま取引先の人に『波多野《はたの》さんがやりたいことをすでにやっている社長の講演会があるよ』とすすめられて、山地社長の講演を聞きに行きました。今でもあの日のことは忘れません、講演の当日、すごい大雨で、やっとのことで開始時間ギリギリに間に合った私は、一番前で山地社長の話を聞いて、『私が求めていたのはこれだ！』と思い、鳥肌がたちました。そのあとすぐ日本経営合理化協会主催の『連邦・多角化セミナー』を申し込み、山地さんが多角化実践塾を開講すると知って、第1期生として参加させていただいたのです」

シムテム経営の導入を始める

現在、グループの中核会社である波多野《はたの》社長率いるリヴがシステム経営の導入をすすめている。

波多野《はたの》社長の考えでは、まずはリヴで成功させて、他のグループ会社が望めば、導入してもいいという判断のようだ。

ただ社員の委員会活動については、グループ内の社員の交流を促すために、新人歓迎会や忘年会、社員の家族を招待しておこなうグループ交流会、さらに年2回のグループの結束を固めるキックオフを開催している。

会社が別々だから、会社をまたいで強制的なことはできないが、グループの社長だけが交流するのではなく、グループの社員も交流したほうがいいという判断でやっているようだ。

そして2017年12月に、リヴは本社ビル「SU・BA・CO」を完成させた。

私も一度見学に行ったが、「SU・BA・CO」という名前が示すとおり、リヴから多くの人が巣だってほしいという波多野《はたの》社長の夢を実現した、素晴らしい西日本初の地上5階建ての木造大型商業ビルだった。

2階にリヴの本社事務所があり、1階には地域子育て支援NPO法人をテナント誘致している。隣には、地域の住民も利用できるお洒落なカフェスペース、そして50名収容できる多目的の明るいバンケットルームをつくり、4階には、独立した社員や一般の起業家が利用できるシェアデスクの賃貸スペース、3階、5階は賃貸オフィス、さらに屋上は、ガーデンパーティーが開けるルーフガーデンなどがある。

次々と自分の夢を形にしていく波多野《はたの》社長だが、あと10年もすれば、そろそろ次世代に経営をバトンタッチしなければならない年代にさしかかる。

波多野《はたの》社長は、「私もあと10年で60歳です。グループ社長の中にも同じ年代の社長がいますが、私たちが引退する年齢になった時にそれぞれ後継者がいなければ、グループ内で合併するかもしれません。あるいはホールディングスにする可能性もあります。そういうこともすべてグループの社長全員で話し合って決めていきたいと思っています」と。

世の中は常に変化していく。変化する状況に応じて、会社を分けたり、あるいは合わせたり、柔軟に会社の形を変えていけることが、多角化のメリットの一つである。

2．1人1事業による多角化

後を継いだ高橋社長の迷い

長野市アスク工業の高橋聡《そう》社長とはじめて会ったのは、2010年である。

私が2008年に出版した『年商100億の社長が教える、丸投げチームのつくり方』を読まれ、その後、札幌まで会いにきてくれたのが最初である。

聡《そう》さんはその時はまだ社長に就任されていなかったが、アメリカの大学で経営学とコンピュータを学んだあと、著名な外資系総合コンサルタント会社で働き、28歳の時、お父さんの会社に入社したということだった。

聡《そう》さんがお父さんの会社に入って驚いたのは、会社の財務内容は良かったが、手掛けていた6つの事業が互いにシナジーがなく、バラバラだったことである。

聡《そう》さんはコンサルタントとして大手通信販売会社や政府機関の仕事をしていたので、自社が経営の教科書に書いてある「経営の選択と集中」のセオリーに反していることに驚くとともに、自分が後を継ぐなら何かの事業に絞りたいと思ったのは当然のことだろう。しかし、現実には難しかったという。なぜなら６つの事業の売上と利益が、ほぼ均衡していたからである。

そのうえアスク工業が手掛ける６つの事業「スポーツ資材事業」「半導体事業」「小型レーザー加工事業」「健康食品事業」「ゴム・スポンジ化成品事業」「リードフレーム用マスク事業」はあまりにニッチすぎて、絞って深掘りしたところで、今以上の拡大は望めない状況だった。

たとえば「スポーツ資材事業」の主要製品「アスナーシート」は、聡《そう》さんのお父さんが独自開発した衝撃力を吸収するゴム製品で、薄くて軽く、接着性も優れていて、世界のスキー、スノーボードメーカーの約５０％に使われている。ニッチな製品だからこそ世界シェア５０％を占めているのだ。

私は、アスク工業が６つの事業を手掛けるようになった経緯を訊《たず》ねてみた。

そもそも長野で、聡《そう》さんの祖父がブラシのついたローラーで製品を磨くバフ（ＢＵＦＦ）製造業を営んでいたが、お父さんはその仕事を継がず、研磨剤の商社を始めたのがアスク工業の始まりである。長野にはスキーメーカーが多く、聡《そう》さんのお父さんはスキーメーカーに研磨剤を卸していたが、お父さんは物理が得意で、スキーメーカーの技術者の相談にのっているうちに、独自に「アスナーシート」を開発したそうである。

お父さんは経営のやり方も独自で、社員1人につき1事業を目指し、全員兼任で常に新事業にトライするという経営スタイルを貫かれた。

なんとこれまでにトライした新事業は200、アイデアだけでトライしていない事業を含めるとさらに200あるという。新事業を手掛ける時の初期投資は多くても300万円、少ないのは数万円でスタートしたものもあるという。実際に200トライして残った事業が、現在の6事業。驚くのは、社員10人とパート社員で6事業を手掛けているのである。

その中に製造業もあるが、基本的にファブレスで、付加価値がつくところだけ、社内で製造する。そのため同社は、固定資産は少ないが、流動性、柔軟性の高い、財務がしっかりした会社に成長した。そしてなによりも、アスク工業には、「新事業は失敗するもの。そうであってもトライし続ける」という社風がしっかり根付いていたのである。

聡《そう》さんは、子供の時お父さんの会社に連れていかれるたびに、会社に置いてある機械やモノが違っていて、お父さんはいったいどういう仕事をしているのかわからなかったという。後を継ぐと決まった時、お父さんから「この会社には固定資産はほとんどない。あるのはお金と人。おまえにはこれを使って新しい事業をつくってほしい」と言われたそうである。

リーマンショックの時も黒字

聡《そう》さんが会社に入って3年、今後の方向性について迷っていた時に、あのリーマンショックが起きた。

ご存じのとおり、リーマンショックが日本のメーカーに与えた衝撃は大きく、アスク工業の半導体事業の売上がゼロになってしまった。その他の工業製品事業も軒並み売上が激減した。聡《そう》さんが会社に入ってはじめての異常事態となった。

しかしその年、健康食品事業が伸びて、半導体などの凹《へこ》みをカバーして、その年の決算は営業黒字をなんとか確保できた。これを見て聡《そう》さんは、バラバラの事業をやることは悪いことだけではない、リスク分散という点で大きなメリットがあるということを身をもって知ったのである。

さらにその頃、私の著書『年商100億の社長が教える、丸投げチームのつくり方』を読んで、「売上1億円の会社を100社つくれば、100億円企業もつくれる」と、将来の目指すべき方向性が見えたのである。

そして2010年、社長に就任した聡《そう》さんは、将来のビジョンとして「100事業の成功」を社員に宣言した。しかし残念なことに、「100事業なんてできないでしょ」というのが、大方の社員の反応だった。そこで聡《そう》社長は「100事業を目指す意味を社員にわかってもらえない。どうしたらわかってもらえるのか」、「今後どういう方向性で事業を増やしていけばいいいか」について、私のアドバイスを求めに札幌まで来られたのである。

私は聡《そう》社長に「うちもザ100ビジョンを目指しているから、一度、社員を連れて見学に来ればどうだろう。うちの会社を見て、なにかしら刺激を受けると思うよ。事業の増やし方は、シナジーがどうのこうのと頭で考えるより、まずは聡《そう》社長が『これをやりたい！』と思ったものの中で、成功率の高いものから始めればいいんじゃないかな。とにかく柔軟に考えるのがいいよ。御社は今まで社内から新事業を起こしてきたようだけど、社外の人と組んでやる事業、たとえばフランチャイズなんかをやってみるのも一つの手だよ」と答えた。

そのあと、聡《そう》社長は私が札幌でやっている多角化実践塾に、社員数人を連れて参加された。システム経営のやり方を学んで、社員は大きく変わったという。細かい指示がなくても自発的に進んで仕事をするようになって、聡《そう》社長が出張のため長野本社に月に4日しかいない状況でも、会社が滞《とどこお》りなく回るようになったという。

それは聡《そう》社長が打ち出した「100事業の成功」が夢物語でなく、現実のものとして社員が理解できるようになったからだろう。

全員が兼任で新事業にトライする

現在（2017年8月）アスク工業はこれまでの6事業に加えて、聡《そう》社長と聡《そう》社長の弟さんが新たに、「小規模企業のM&A仲介事業」「太陽光発電事業」「コメダ珈琲のFC事業」「中国語教育事業」の4事業を立ちあげ、全部で10事業となって、売上利益も伸びている。

2017年には、アスク工業を4社に分社して、ホールディング体制にした。

今も「1人1事業」体制で、全員で毎月2つの新事業アイデアを出しあっている。おもしろそうならば、少しの初期投資でまずは兼任で1人でやってみる。撤退のルールはなく、兼任で新事業を手掛けるので、芽が出ない事業は自然と消滅し、芽が出てくれば、当然忙しくなるので、その仕事がその人のメインの仕事となっていく。そして安定すれば、その仕事を他の人に任せていって、また新たな事業にトライする。現実にはいろんなことが現場で起こるが、基本はこの繰り返しである。

今も昔も同社では、新事業は失敗するもの、ということが前提だから、失敗しても評価が下がるということはない。初期投資も少額なので、会社の屋台骨がおかしくなることもない。失敗から学んで、また次に挑戦するということを繰り返しやっていくのである。

聡《そう》社長の課題は、事業を増やすためにたくさんの経営者を育てなければならないことだ。

100事業を成功させるには、単純に100人の経営者が必要になる。さらに増えていく事業をどう管理して統括するか。この課題は、多角化をすすめる会社すべてに共通する課題である。

同社では、システム経営の導入がすすんでいる。管理会計はお父さんの代からやっていたようだが、新卒採用については私の会社のやり方に準じたら、応募者が増えたという。今年の新卒採用社員はわずか1名だが、新卒2年生も参加してフレッシャーズキャンプをおこなっている。会議の管理、委員会制度にも取り組んでいる。

聡《そう》社長の弟さんもグループ内で、コメダ珈琲のフランチャイズを手掛けている。やはり軌道にのってきたら、経営を他の人に任せ、また別の事業を立ちあげることになっている。聡《そう》社長いわく「兄弟だから感情的になることもあるが、別々にいろんな事業をやっているのでやりやすい」ということである。

聡《そう》社長はまだ40歳になったばかり。兄弟2人が力を合わせて、人を育てながら新事業づくりを加速していけば、100事業もけっして夢ではないと思う。

3．事業領域を深掘りする多角化

本物を伝えたい

ＪＲ新大阪駅から歩いて１０分ほどの所に本社を構えるドクター・リセラ㈱は、「美容」「健康」「地球環境」の３つを事業領域とするビジネスを手掛けている。グループ売上は５５億円、従業員数２７０名の会社である。

創業者の奥迫哲也《おくさこてつや》社長は、島根県出身で、薬学関係の専門学校を卒業後、薬局チェーンに就職。独立して自分の薬局を開業するために、５年間毎朝、中央市場でアルバイトして開業資金を貯め、１９９３年２９歳の時に、大阪の茨木市に、漢方を専門とする相談薬局を開業した。

しかし、主婦がスリッパを履いて、買い物かごをさげて歩くような下町で開業した奥迫《おくさこ》社長のサロン風の薬局は、まったく流行《はや》らず、閑古鳥が鳴く日々が続いた。悪いことは続くもので、故郷の島根で大工をしていた父親が腰をいため、父親の借金１０００万円、そして親戚の借金の連帯保証１０００万円、加えて開業資金の借金１０００万円の計３０００万円の借金を独立直後に背負うことになってしまった。

奥迫《おくさこ》社長は、薬局の留守番を妹に頼み、自分は外に営業に出かけて、仕入れたアメリカ製のダイエット食品をいろんなお店に売りにいった。それが次第に軌道にのって、5年後にはすべての借金を返済するとともに、さらに数年で3000万円の事業資金をつくり、有限会社をつくって次のビジネスを模索したのである。

最初は、貯めた資金で何か自社のオリジナル商品をつくろうと、いろんな人を訪ねて話を聞いてみたが、これというものがなく、結局、アメリカの肌再生プログラムの代理店となって、肌再生の化粧品をエステに卸すビジネスを始めた。

そもそも奥迫《おくさこ》社長が漢方の相談薬局を開いたのは、「結果を出して喜んでもらいたい」という、こだわりがあったからだ。だから、アメリカの肌再生プログラムの化粧品を扱っていたが、やはり自社で本物の商品をつくりたいという思いは強く、2001年、100%ナチュラル成分にこだわった「アクアヴィーナススキンケアシリーズ」を開発、2年後には「ADSシリーズ」を発売して、たちまち「結果が見える化粧品」と評判を呼び、今では全国2601店舗のエステティックサロンで使われている。

3つの事業領域を深掘り

この頃から奥迫《おくさこ》社長は、自分がやりたいのは「美容」「健康」「地球環境」の3つの事業領域であると意識し、これらの3つをカラダの外からも内からも極めようと、事業の深掘りを始めた。

2004年、故郷の島根に、奥迫《おくさこ》社長の弟さんが中心となってグループホーム「ひのき」を開所、のちに「ひのき」は㈱コンティアとして分社。これは地方のお年寄りが健康で暮らすためのホームであり、人と地域社会に役立つ事業として立ちあげた。この事業はさらに発展して、同じ島根で認定こども園を開所するに至っている。

2013年には、奥迫《おくさこ》社長の妹さんが中心となって、こだわりのハチミツやショウガ、青汁をつくる農業生産法人リセラファームを設立。

2015年には、こだわりぬいた食材を料理するビューティーレストラン「リセラリナーシェ」を大阪の福島にオープン。自然の環境の中で放牧で育てられた牛肉や、無農薬のBLOF《ブロフ》農法でつくられた栄養価の高い野菜を使った料理は、美容プロのドクターリセラがこだわってつくったレストランとして、とくに女性に人気となり、2店舗目のブラッスリーリナーシェも大阪の堀江にオープンさせた。

そして同年、私の会社が本部運営する「きたえる〜む」のFCにも参加された。これはお年寄りの健康を増進するための事業であり、同社の社員が責任者となって現在8店舗運営している。その同じ社員の発案で、お年寄り以外の世代の健康も支援しようと、24時間営業のフィットネス事業も始め、これも15店舗になっている。

奥迫《おくさこ》社長は4人兄弟の長男で、兄弟全員が、同じグループで仕事をしている。連邦・多角化のメリットの一つは、親子、兄弟が同じグループの一員として、共通の価値観、同じビジョンの実現を目指すことができるところである。

現在も事業領域の深掘りによる新プロジェクトや新事業の開発は進行中で、本書が出版される頃には、さらに新しい事業がスタートしていることだろう。

奥迫《おくさこ》社長いわく「私は多角化をはかろうと思って、いろんな事業を始めたのではなく、事業領域にこだわりをもって仕事をした結果、振り返ると多角化になっていたというのが正直なところです。今までは、出会った人とのご縁を大切にして新しいことに挑戦してきました。また故郷の島根に貢献したいという思いが強く、島根でも事業を興してきました。最近はうれしいことに、社員からこういう新しいことをやりたいから、話を聞いてほしいと言ってくるケースが増えました。社員のプレゼンを聞くと、当社の理念にそって目的が明確で、事業計画もしっかりしている。今後は社員発案の新事業が増えていくと思います」と。

100人の経営者がいれば、100通りの経営があるように、「振り返れば多角化」という経営もあるのだ。

全員がやり甲斐をもって働ける仕組み

私と奥迫《おくさこ》社長との出会いは、私が書いた本『年商100億の社長が教える、丸投げチームのつくり方』がきっかけである。この本を読まれて、その内容に興味をもたれたという。

引き寄せの力が働いたのか、ある人の紹介で、私は奥迫《おくさこ》社長とお会いすることになった。

その後、奥迫《おくさこ》社長は社員を連れて、「多角化実践塾」に参加され、システム経営を学ばれたのである。奥迫《おくさこ》社長は塾に参加された理由を次のようにおっしゃっている。

「結果的に多角化になっていた自分の会社の運営を今後どうするか。みんながやり甲斐をもって仕事ができる仕組み、グループとしての強みを発揮する運営の仕方が知りたかった。とくに、社長になった人への報償の出し方、どこまで権限を委譲すればいいのか。そのへんのさじ加減が知りたかった」

その後さっそく、これまでやってきた早朝勉強会と啓蒙活動に加えて、委員会制度、フレッシャーズキャンプに取り組み、社内に教育部もつくった。２年前から一人当たりの生産性を基準にした管理会計も導入していて、成果分配はいよいよ今年から始める。管理会計を入れてから、社員が割り掛けられる経費に敏感になったという。

ただし、奥迫《おくさこ》社長は社員に数字を意識してもらう会計制度を導入したからといって、数字を目的とする経営は今後もしないだろう。

仕事を通じて、人様のお役に立つことを第一に考えている同社では、「売上」のことを「お役立ち」と呼んでいる。去年より今年の売上が上がったら、それは去年より今年のほうが人様のお役に立てたからという解釈である。

ゆえに「売上」はあくまでも結果、奥迫《おくさこ》社長にとって管理会計を含むシステム経営の導入は、「幸せの輪を広げる」ためのものである。

ドクター・リセラは従業員の７割が女性。多くの女性社員を率いる奥迫《おくさこ》社長は、

「女性は本当に優秀ですよ。女性に長く働いてもらうために社内に託児所などを設置して、結婚出産後も女性が働きやすい環境を整えています。会議室も里山をイメージして、緑が多い水の流れる空間にしています。仕事は女性であろうが男性であろうが、いい提案をした人には、思い切って仕事を任せます。私が細かい指示を出して、その人のヤル気を削《そ》ぐのはよ

くないと思っています。社員が自分で考えて、自分で行動して成功するのが一番です。任せることによって、人が育ちますから」と笑顔で話された。

包容力と思い切りのよさを兼ね備える奥迫《おくさこ》社長、その存在自体が社員に良い影響を与えているのであろう。

4. 地元住民の生活をより良くするための多角化

多角化は失敗するものと思っていた

大分県豊後大野市で葬祭業を手掛ける㈱大の葬祭は、2021年に創業50年を迎える会社である。3代目の川野晃裕《かわのあきひろ》社長は、27歳のとき父親から事業を受け継いだ。

川野社長は大学卒業後、保険会社の名古屋支店で働いていたが、父親が本業以外のビジネスに力を入れはじめ、肝心の本業の業績が下がりはじめたので、急遽《きゅうきょ》呼び戻されて、予定よりも早く大分に戻ることになった。

そのせいか、父親の会社に入った当初は、会社がこういう状態になったのは「本業を疎《おろそ》かにして、他のビジネスをやるからだ」と、多角化に対して悪いイメージをもっていた。正直なところ、多角化は失敗するものだと思っていたそうだ。

それから10年、川野社長は本業の建て直しからスタートして、見事V字回復を果たし、その後、新しい会員制度をつくった。

先代の時も会員組織があったが、それは入会金3000円を支払えば、葬儀費用を割引でまかなえるというものだった。

川野社長が始めた会員制度は入会金が5万円と高額だが、たんに葬儀費用が割り引かれるだけのものではなく、会員になった家族全員が使えるカードを発行し、地元の提携店162店で割引で買い物ができたり、相続の問題を専門家にいつでも相談できるサービスを提供した。また、地元の提携店を集めた抽選会を開催したり、「心の灯」というイベントでは、ロウソクにメッセージを書き、亡き人を偲ぶ時間をつくった。とにかく会員家族の生活がより良く、より便利になるようなサービスを提供している。現在の会員数は1万1千人。川野社長が社長になってから10年間で、売上は2億円から5億円に伸び、社員は40名に増えた。川野社長は今後、会員にさまざまなサービスを提供する事業を増やしていきたいということで、昨年、ホールディング会社をつくった。

10年前は多角化に対して否定的な考えをもっていた川野社長だが、いろんな課題を乗り越えて、結果的に連邦・多角化経営を推進する形となったのである。

地元大分が大好きな兄弟

ここまでの話なら、父親の事業を受け継いだ3代目が本業をV字回復させ、さらに新しい成長軸を見つけた、めでたしめでたし、というところだが、現実にはここに至るまでの経緯があり、川野社長もずいぶん迷われた時期があった。社長であれば誰もが経験することである。

私が川野社長と初めて会ったのは2016年のことで、私の著書『連邦・多角化経営の実践』を読まれて、「どうしても山地さんに会いたい、大分から札幌まで行くから、会わせてほしい」と電話をかけてこられたのが最初である。

川野社長は男ばかりの4人兄弟の長男である。子供の頃から仲のいい兄弟で、性格が4人とも違っているという。長男の川野社長は数字に強く、成長意欲が旺盛、副社長の次男はロジックと分析に強い参謀型で、葬祭事業部の責任者を務めている。三男は人づきあいがうまい営業向きの性格で、先代が新事業として始めた、地元で浄化槽保守点検サービスをおこなう会社を引き継いで社長を務めている。一番下の弟は、海外留学から戻って昨年会社に入ったばかりである。兄弟4人とも地元大分が大好きで、地元に貢献し、地元を良くしたいという強い思いをもっているという。

社長だけのために書かれた手づくりの実務書

出版物のご案内

日本経営合理化協会　出版局

兄弟で話し合って出した結論

本業がV字回復し、川野社長が将来のビジョンを模索しはじめた頃の話である。

当時、別会社であった浄化槽保守点検の「ぶんご総合管理」の社長である三男の弟が、会社の将来の方向性が見つけられなくて悩んでいた。本業の大の葬祭とは業種も違い、お客さんも違い、社員の意識もまったく違う会社である。

長男の川野社長と次男の副社長、三男の3人が将来について、真剣に話し合った。出した結論は、「このままではいけない、合併して一緒にやろう。ただそれは『ぶんご総合管理』を縮小するのでなく、一つの通過点として、大の葬祭の中に事業部としていったん取り込むが、ともに成長できる道を探そう」ということだった。

このタイミングで、川野社長は私が書いた本を思い出したそうである。兄弟3人で私が出した本すべてを読み、DVDも見て、私にどうしても会いたいと電話してきたのである。

そして川野社長は札幌の私の会社までお越しになった。川野社長は、まったく違う業種の会社を、大の葬祭の中に取り込んで、どうやればうまく経営できるのか、どうすればともに成長できるのか、について悩んでいた。

私自身、業種業態の違う会社をいくつも経営してきて、どうすれば一つの会社のように経営できるのかと、あれこれ考え、試行錯誤してつくったのが「システム経営」である。

だから川野社長に「システム経営を入れればいいよ。良かったら、塾に参加してみたらどうだろう。今なら6月から始まる塾が1組空いているよ。塾は幹部や幹部候補社員を連れて参加するのが決まりだけど…」とすすめてみた。

川野社長はその場で参加を決め、次男の副社長と三男とともに、約1年間「システム経営」を学ばれた。

塾終了後、川野社長は、「幹部と一緒に参加したのが、すごく良かった。システム経営の理解と導入スピードが早くなったと思います。そして山地先生の経営と資本を分けるという話が、今後の経営を考えるうえで大きなヒントになりました」とおっしゃった。そしてなによりも川野社長を含む3人の兄弟が、塾でシステム経営を学ぶ過程で、自分たちの進むべき方向性を明確にすることができたようだ。

地元大分が大好きな川野兄弟は、地元住民のゆりかごから墓場まで、生涯にわたる生活サポートを会員組織を通してやっていきたい――そういうビジョンの中で、現在の葬祭業と浄化槽保守点検業を、いろいろあるサービスの一部と位置付けた。そして多角化を学ぶことで、シナジーを生む中での業態内多角化にチャンスを見出したのである。

まずはひとつの会社の中で、葬祭事業と浄化槽保守点検事業の2つの事業を手掛けながら人を育て、徐々に会員に提供するサービス事業部を増やしていって、規模が大きくなったら、分社する可能性もある。

今は川野社長の弟2人が2つの事業部の責任者をそれぞれやっているが、仕事が回るようになったら社員に任せて、別のサービス事業を立ちあげる。社員にも将来、事業を立ちあげてもらいたい。

約1年間、システム経営を学ばれた川野兄弟は、自分たちが目指す地点を見つけたのである。

2025年物語

現在、大の葬祭は、兄弟が力を合わせてシステム経営に取り組んでいる。

採用と教育は、川野社長の弟の嘉之《よしゆき》副社長が専任で担当している。ご家族の方の死をご家族とともに見送る葬祭業だけに、社員の心の教育にはとくに力を入れている。

高校を卒業したばかりの新入社員にも、「なんのために生きるのか」という根本的なことから、働く意味や心がまえを引き出す独自の教育をおこなっている。そもそも大の葬祭に入社してくる人たちは、そういう人の生死にかかわる問いを向けられても、はじめから自分の答えをもっている人が多いという。

そして、川野社長は幹部で話し合って「2025年物語」を完成させて発表した。

2025年に自分たちがどうなっていたいのか、はっきりとイメージしたビジョンである。このビジョンを現実のものとするために、2025年から逆算して、8年前の2017年は何をしよう、7年前は何をしよう…と、具体的な計画を立てている。また2021年には創業50年を迎え、その記念すべき年の催しも計画している。2022年には、子会社5つと5人の社長が誕生しているという計画である。

さらに、もっと大きな夢をもっている。大分県で葬祭業№1、顧客満足度№1、社員満足度№1のトリプル№1を獲得できたら、次はアジアに進出しようという夢である。

川野社長は24歳で大の葬祭に入社した時、経営のことでよく父親と喧嘩したという。それが自分が社長になってみて、父親を理解できるようになり、今は会長の父親と2人で、会社の将来について、よく話をするそうである。

夢やビジョンがなければ、経営者も社員も生きがいをもって仕事をすることができない。多角化は夢をかなえる手段の一つである。私は大の葬祭が地元経済になくてはならないグループ企業となることを願っている。

5．日本式M&Aによる多角化

グループの総合力で業績を伸ばす

三重県桑名市にある印刷事業を中核とするアサプリグループは、不況業種といわれる印刷業界で、売上・利益を毎年更新し続けている優良企業グループである。

松岡祐司《ゆうじ》社長が率いる同グループは、現在（2017年8月）7社の子会社・関連会社をもち、グループ売上は52億円、利益2億円、社員244名となっている。

2005年には、中核の印刷会社㈱アサプリを会社分割して、持株会社の㈱アサプリホールディングスをつくり、ホールディング体制に移行した。

私は1996年に、山地ユナイテッドを設立して、会社組織をホールディングにしたが、その目的は、私がホールディング会社の経営に専念し、子会社の経営は執行役に任せる形にして、資本と経営を分離したかったのがおもな理由である。

それに対して、松岡社長は、資本と経営を分けるというよりホールディング会社に自社株を集中管理して、後継者に過度な負担をかけずに株式を承継させるためのようだ。

ここで第10図を見てほしい。

アサプリグループの現時点（2017年8月）での組織図である。

ご覧のとおり、これまで松岡社長がM＆Aした100％子会社は5社、新事業で次男が新会社を立ちあげた関連会社は1社、同グループは合計で6社のグループ会社から構成されている。

同グループの経営で異色なのは、中小企業としては珍しく、早くからM＆Aに取り組み、M＆Aによって子会社を増やしていった点である。

松岡社長が手掛けるM＆Aの大きな特徴は、欧米企業がやるようなドライなM＆Aではなく、買った会社の社名も変えず、旧経営者も旧社員も活かして、一緒に良い会社をつくっていくという、良い意味での日本的なM＆Aである。そして松岡社長はM＆Aしたどの会社も成長させている。その手腕は私も参考にしたいところだ。

そもそもグループ中核の印刷会社アサプリは、松岡社長がお父さんと2人で創業した会社である。お父さんはもともと三重県桑名市で鋳物副資材の商社を経営されていたが、鋳物の仕事が厳しくなり、印刷業への転業を図ろうした。そのために長男の松岡さんは、大学を卒業後、2年間ほど他の印刷会社で修行し、その後、お父さんと一緒に共同創業者として印刷

第10図　アサプリグループ

㈱アサプリホールディングス
グループ総合力を牽引する
マネジメントカンパニー

- **㈱アサプリ** グループの中核
  広告を考える印刷屋
  あらゆるニーズにきめ細かく対応
- **㈱プリンター** 2002年M&A
  集客・販売促進を実現する
  折込チラシのプロフェッショナル
- **㈱オリエンタル** 2005年M&A
  印刷から情報価値創造企業へ
- **㈱サンブレイン** 2005年M&A
  広告企画制作会社として、30年
  以上の歴史をもつ
  2010年、㈱プリンターへ吸収合併
- **㈱バロック** 2012年M&A
  広告・SPの企画・デザインから制作
- **㈱ナナメ** 新事業関連会社
  映像を軸にした企画と制作
- **昭和印刷㈱** 2017年M&A
  印刷とその他メディアミックス

会社を始めた。

時代は高度経済成長が続いている時で、昼間、営業に出かけ、夜、印刷機を回すという、小さな町の印刷屋さんとしてスタートされた。

手探りのM&A

松岡さんが37歳のとき代表取締役社長に就任、その時点で、会社の売上は4億円、社員数は30人になっていた。

そのころから松岡社長の頭の中には、M&Aで会社を伸ばそうという考えがあったという。当時はM&Aという言葉さえなかった時代だが、当時も人手不足が社会問題となっており、印刷会社をM&Aすれば、設備と人を同時に手に入れることができると考えたからだ。

この松岡社長の発想は時代の一歩先を行くもので、まだ大企業も銀行もM&Aを活発にやっていなかった頃の話である。

松岡社長は、売りたい会社を探すために、取引しているインクや紙の卸会社に、「売ろうとしている印刷会社があったら、ぜひ声をかけてほしい」と頼み、そのツテで2002年、松岡社長が42歳の時に、名古屋の印刷会社㈱プリンター（売上10億円・社員80名）のA社長と出会った。

A社長は、高額な輪転印刷機を借金して導入した半年後に、後継者であるご子息を亡くされ、自分一人で会社をやっていく気力を失ったということで、儲かっているうちに会社を売りたいということだった。

松岡社長は以前から同社のことを知っていて、「プリンターという会社はどうしてあんなに安い価格で印刷できるのか」と注目していた会社だった。A社長に会って話をしてみると、経営に対する姿勢も共感でき、すぐに買うことに決めた。しかし問題は、当時のアサプリの売上は8億円。片や、プリンターの売上は10億円。松岡社長にとって自分の会社よりも大きな会社を買うことになる。

A社長の出した条件は「銀行の個人保証をはずしてほしい」「社員の雇用を守ってほしい」「取引先に迷惑をかけたくない」ということだった。これらの条件はクリアできるものの、のれん代を含むM&Aの費用は、負担が大きかった。

それで松岡社長は腹を割って、「私が最初にお支払いできる金額はこれだけです」と金額を率直に提示し、「そのかわりM&Aしたあとも、社名は変えずに社員もそのまま残って働いてもらいます。A社長にも5年間会長として、さらにその後2年間顧問として残っていただき、役員報酬も退職金も出しますから、そういうお金も代金の一部としてお考えいただけないでしょうか」と交渉し、めでたく縁組が整ったのである。

松岡社長いわく、「当時はM&Aの代金はそれほど高くなかったので、私でも買うことができました。それにしてもA社長に残ってもらって、本当に良かった。私とは違った視点と経験豊富なA社長から学ぶことが多かった」ということである。

松岡社長はプリンターを買ったあと、合併することも考えたようだが、名古屋と桑名では物価や給料水準も違い、また社風も違っていたので、合併せず子会社にした。

その後2年間、松岡社長は朝早くに名古屋のプリンターに出社し、夕方、桑名のアサプリに戻って仕事をする生活を続けて、プリンターは翌年から売上を伸ばしていった。

一方、アサプリの経営は、次第に右腕の専務に任せる形になっていった。任されたことによって、専務は経営者として大きく成長したという。

このように、多角化のメリットの一つは、経営者のポジションが増えることである。経営者のポジションで仕事をすることで、人が見違えるように育つのだ。

火中の栗を拾うM&A

M&Aの成功は地域で評判となり、3年後、地元の地銀が債務超過に陥った三重県№2のオリエンタル印刷の再生依頼を松岡社長にもち込んできた。

しかしその3カ月後、オリエンタル印刷は民事再生に至らず、破産してしまった。同社は三重県№2の印刷会社だけに、その影響は大きく、何社か関連倒産が起きる可能性もあった。

2005年、松岡社長は周りが猛反対する中、東京の企業再生専門の敏腕弁護士とともに、破産したオリエンタル印刷の再生に乗り出すことになった。

当時は再生のための法律スキームが整っておらず、倒産したオリエンタル印刷のB社長と一緒に、2000人近い債権者を訪ね、オリエンタル印刷に残っている6000万円分の仕掛りの仕事を完成するために、オリエンタル印刷の社員をアサプリの契約社員として再契約して仕事を継続してやってもらい、仕事の代金はアサプリに払い込んでもらって、そのお金で仕掛り債権を返済し、社員に給料を払うという再生案の了承を取り付けるために、一件一件頭を下げて回った。

松岡社長は当時を振り返って、「債権者にどなられる毎日で本当に大変でした。私利私欲だけだったら、やりきれなかったと思う。それが一件一件回っていくうちに、ある日、映画の『十戒《じっかい》』に出てくるシーンのように、海が2つに割れて、向こう岸に渡れる道が拓けるという奇跡が起きたのです。しかし同じ経験は二度としたくないです」と。

その後、オリエンタル印刷はアサプリの子会社となり、いい会社に生まれ変わった。今ではオリエンタル印刷の不要になった工場跡地に、太陽光発電の装置を取り付け、ストックビジネスも手掛けている。

さらに同年、債務超過になったアサプリのお客様であったデザイン会社の㈱サンブレインをM&Aした。サンブレインは規模が小さいので後日プリンターに吸収合併した。2012年は大阪のデザイン会社、㈱バロックをM&Aした。

㈱バロックはクリエイターが多いだけに、M&A後1年間で半分くらいの社員が退職したが、バロックのE社長はそのまま会長として残ってくれ、得意とするデザイン力と営業力を発揮して、年間に数億円の印刷の仕事を取ってくるという好循環のシナジーをグループにもたらしてくれた。

一般に、クリエイティブ系の会社をM&Aした場合に、その会社の強みである創造性を潰《つぶ》してしまっては元も子もない。E社長と松岡社長は、身に着ける洋服も乗る車もまったく違うようだが、相手を自分のカラーに染めず、自分にはない相手の個性や良いところを上手に活かすことが大切だ。

松岡社長は「もともと私が採用面接したら、バロックの社員たちは採用しないタイプです。しかし、そういう人たちも同じグループの一員として一緒に仕事ができるのが多面的でいいですね」とおっしゃっている。

変化の激しい今、人材の多様化はますます重要なことになってくる。多様な人材をグループに取り込むM&Aは、今でいうオープンイノベーションの一つといえるだろう。

次世代を担う後継チームを育てたい

ところで、私が松岡社長に初めて会ったのは、3年前、日本経営合理化協会で主催した「連邦・多角化セミナー」の会場だった。

松岡社長はこのセミナーのパンフレットを見た時に、ビビッときたという。講演プログラムの内容が自分がやってきた経営ととても似ていたからである。セミナーには自分の経営が正しいかどうか確認したくて参加したという。

その後、後継者であるご子息と将来後継者を支えるであろう若手社員数人を、私が主催する多角化実践塾に派遣し、連邦多角化経営をすすめるための「システム経営」を学ばれた。

派遣の理由は「息子というのは概して親爺の言うことを素直に聞きません。だから、経営の考え方が似ている山地さんに、後継チームの師となって指導してほしいと思ったのです。山地さんの人を巻き込んで新しいことに挑戦させる力はすごいから」ということだが、同グループは、「システム経営」の9割方を、形は違えども独自の仕組みで導入済みで、私から新しく学ぶことはないかと思うのだが、後継チームが塾で学んだあと、フレッシャーズキャンプを新たに導入したり、従来のやり方をリニューアルしたりしているようだ。

管理会計については、すでに松岡社長が社員一人一人が採算意識をもって仕事をするための独自システムを全グループに導入しており、印刷子会社では夜の11時にはその日の日次決算がアップされ社員に公開している。松岡社長はこの管理会計システムを入れれば、絶対に潰れない会社にする自信があるという。

また社員がヤル気になるユニークな仕組みも導入していて、たとえば、社員50人の子会社だったら、1カ月間の利益目標プラス50万円（社員の人数×1万円）を達成したら、25日の給料日前の20日に全社員に1人1万円の現金を支給する。

さらに働き方改革にも取り組んでいて、3カ月間で、残業を対前年10％削減したうえで利益目標をクリアしたら、給料のほかに1人2万円を全社員に現金支給している。全員で協力して残業を減らすために、残業60時間を超えた社員は赤のストラップがついた社員カード、80時間を超えた社員は黒色のストラップを首から下げて、残業時間の見える化をはかっている。

今後もM&Aで成長したい

59歳になった松岡社長の元には、今も月1、2件のM&A案件がもち込まれている。2017年6月には、昔お世話になった会社で債務超過に陥った、昭和印刷㈱をM&Aした。しかしM&Aの手法は昔のやり方とは違う。今は法律が整っていて再生協議会の指導のもと、第2会社方式で新しい昭和印刷をつくって、新会社に一般債権と社員を移し、過去債務は旧会社が引き受けて、ある程度金融債権をカットして清算するという方法が法的に認められている。

松岡社長は「このやり方ができたら、12年前に火中の栗を拾って大変な思いをすることはなかった。今後も経営に困った会社で、われわれとシナジーがあると判断できる場合は、M&Aをやりたい。私は多角化をやろうと思って、M&Aしてきたわけではありませんが、結果的に山地さんの連邦多角化経営と同じことをやってきました。多角化は人材育成がやりやすいし、リスク分散にもなる。そしてなによりも会社が成長していくという夢があります。これからも人を育てて、シナジーのとれるグループ子会社を増やしていきます。幹部が育っていれば、何社でも多角化できますから。そしてアサプリを一流の中小企業グループにしたい」と目を輝かせて話された。

現在、松岡社長の3人のご子息は全員、同グループで働いている。後継者の長男を中心とする次世代経営チームが新しいビジョン「ビジョン2030」を打ち立て、その実現に向けて頑張っている。

また松岡社長が買収されたオリエンタル印刷㈱のB社長のご子息も、同グループで働いている。

松岡社長は、あくまでも本人の頑張り次第だがと慎重に前置きをしたうえで、将来、B社長のご子息がオリエンタルの社長になればいいなと考えている。

「受けた恩はお返ししたい」——和の心をもった日本式M＆Aで成長する同グループの今後が楽しみである。

※

以上、連邦・多角化に取り組んでいる5社の事例をあげた。

5社の経営者には、創業者もいれば、共同創業者、そして2代目、3代目の後継社長もいる。ひとくちに多角化といっても、さまざまだ。社員の独立を支援するための多角化、事業領域を深掘りした結果の多角化、1人1事業の多角化、本業を軸にビジネスモデルを大きく転換させる多角化、M&Aによる多角化など、5社とも経緯も目的も違っている。

それは、自分の会社をどういう会社にしたいか、それぞれの社長の事業観、人生観が違うからだ。

一方、複数の会社を束ねる経営の難しさは共通である。

いかに多角化による経営リスクを最小にし、メリットを最大にするか――これは多角化をすすめようとするすべての会社が、乗り越えなければならない課題である。

その課題を乗り越える、連邦・多角化経営になくてはならない「システム経営」について、いよいよその内容を次章から解説しよう。

システム経営の三本柱——①

幹部主導で経営計画をつくる

4章

1.「システム経営」の三本柱

「自主目標・自主管理・自主評価・自主分配」を実現する仕組み

この章からは、連邦・多角化経営になくてはならない「システム経営」について詳しく述べていこう。

先述したように、かつては私もトップダウン型の経営をしていたが、それに限界を感じてからは幹部を中心とした社員たちに権限委譲していき、社員参加型でも経営がまわる仕組みを整備してきた。それが、現在のシステム経営だ。

システム経営の主体は、幹部社員だ。経営トップが大きな方針や方向性を示す一方で、幹部や社員の意見も取り入れ、さらには経営や管理の権限、責任を担ってもらう。すなわち、幹部や社員を巻き込んでいくのが大きな特徴だ。

トップダウン&ボトムアップのミックス型である「システム経営」は、おもに次の3つを大きな柱として実践していく。

①経営計画システム
②業績管理システム
③成果分配システム

これらの三大自主システムを導入することによって、幹部や社員が自分で目標を立て、自分で業績を管理し、自分で評価して、自分で成果を分配できるようになる。

つまり、「**自主目標・自主管理・自主評価・自主分配**」が可能になるのだ。社員の自主・自律によって組織が自動的に成果を出せるようになる。まさに「オートマチック経営」といえるだろう。

システム経営を成功させるために重要なのは、２つ。

ひとつは、「①経営計画システム」「②業績管理システム」「③成果分配システム」の３つ**をセットで同時に実施すること**。これらはすべて連動しているので、ひとつでも抜け落ちると骨抜きのシステムになってしまう。

もうひとつは、いかに幹部や社員を巻き込んで、これらのシステムをつくっていくかにある。幹部や社員が経営に参画するプロセスを通じて、当事者意識をもって経営に関わるようになっていく。

これまでは「○○してほしい」と会社に要求や要望ばかり言っていた社員たちが、経営課題を前にして「どうしたら改善できるか」「どうしたら目標を達成できるか」を自分の頭で考えて、実行していくようになる。経営に参加することで、やりがいや楽しさを感じてくれるようになるのだ。顧客満足も大切だが、その前に社員満足が実現できていなければ、業績をアップさせるのは難しい。

もちろん、システム経営を導入すれば、一朝一夕で会社が良くなるというわけではない。当社の場合も初めからシステム経営がうまくいったわけではない。導入前は、経営の一部を任せられるような幹部はほとんどいなかった。言い方は悪いが、「頼りない社員」ばかりの集団だった。

ところが、社員参加型のシステム経営を続けていくことにより、徐々に現場から経営の一端を担うに値する人材が育ってくるようになった。現在の役員や事業責任者のほとんどが、システム経営のプロセスを通じて育ってきた人材ばかりだ。

「経営のことはすべて社長である自分の頭の中に入っている」と話す経営者は少なくない。だが、多角化がすすみ会社が大きくなるにしたがって、それらを全部、経営者がやろうとしても無理が生じる。頭の中にあるものをシステムに落とし込み、幹部や社員に分担してもらえば、会社の多角化経営はスムーズにまわり、社長自身もラクになる。

気持ちと時間に余裕のない社長では、正しい判断をすることができない。新しくて面白いビジネスの情報が舞い込んできても、余裕がなければ、「今は忙しいから、あとで考えよう」と後回しにし、結局、そのまま何も行動を起こせずに終わってしまう。

幹部主体で会社をまわしていくシステム経営を実施できれば、本来の社長の仕事に専念できるのだ。

また、システム経営は、人の成長を通じて企業の継続発展をはかるものだ。幹部や社員の能力開発にもつながるので、信頼できる幹部がどんどん育っていき、人材不足に悩まされることもなくなる。

「システム経営」の5つのレベル

当然、会社の置かれた状況や成長スピードは異なる。現在トップダウン型の経営をしている会社もあれば、すでにボトムアップ型の経営をある程度取り入れている会社もあるだろう。完全にトップダウン型の会社がいきなり完璧を目指そうと思っても、無理が生じる。

次ページの第11図は、三大自主システムの発展段階を示したものだ。自社がどのレベルにあるか確認してから、段階を踏んでシステム経営を導入してほしい。

なかでもポイントとなるのは、第3段階と第4段階の間に立ちはだかる壁だ。

すでに第3段階までできている会社は多いが、まだトップダウンが残っているイメージだ。第4段階からはいよいよ社長の手を離れ、幹部が中心になって経営をまわしていくレベルとなる。システム経営の導入を検討しているのであれば、ぜひ第4段階、第5段階のレベルを目指してほしい。

当社もそうだったが、システム経営は年数や経験を重ねるほどにレベルアップし、オートマチックに経営がまわるようになる。トップダウン型の会社も、まずは幹部主導でシステム経営を始めてみる。もちろん、うまくいかない部分も出てくるだろうが、「今年度はこんな課題があったけれど、来年度はどうしようか」と幹部が中心になってＰＤＣＡを繰り返して

第11図　三大自主システムの発展段階モデル

	①経営計画システム	①業績管理システム	①成果分配システム
第1段階	1.トップビジョンの作成 2.経営理念・社是・社訓の制定 3.トップ・最高幹部立案型経営計画（当期分） 4.全体利益計画 5.トップによる中期経営計画策定	1.全体売上管理（商品別・得意先別・担当別） 2.年次予算または、半期予算管理 3.事務フローと業績管理資料づくり	1.月次報奨制度 2.成果分配システムの立案（基準づくり）
第2段階	1.部課別利益計画 2.年間行事スケジュール 3.経営計画書の作成と配布 4.経営計画発表会の実施 5.経営計画策定スケジュールの作成	1.粗利益管理（部課別含む） 2.週次売上管理 3.月次予算、月次決算（5日）体制 4.原価管理 5.在庫管理（実調棚卸と会計の照合） 6.仕入管理（発注権限、買掛管理） 7.債権管理（売掛回収、与信管理）	1.報奨制度（月次・年次） 2.年次表彰制度 3.成果分配制度の導入 4.成果分配制度の明文化
第3段階	1.中間幹部参加型経営計画 2.組織運営計画 3.会議制度設計	1.経常利益管理（全社） 2.日次売上管理 3.費用分解法による予算管理 4.行動分析・管理 5.コンピュータトータル管理 6.業務品質管理 7.事業部別営業利益管理 8.管理指標推移管理	1.部門別業績評価基準の策定 2.法定外福利制度の導入 3.インセンティブ給与制度 4.全社業績基準の設定
第4段階	1.幹部主導型経営計画 2.財務改善計画 3.スタッフ部門計画 4.幹部主導による中期計画策定 5.生産性目標計画 6.処遇改善・会社発展目標 7.R&D計画 新規事業・投資計画	1.個人別営業利益管理（必要に応じて） 2.管理可能、不能費別経費予算管理 3.幹部主導による業績管理 4.幹部による経常利益・税引前利益管理 5.業績速報配信（1日）、全社公開共有	1.部門別・個人別利益分配制度 2.退職金制度 3.幹部による業績評価
第5段階	1.各部署積上型経営計画 2.社員自主立案型経営計画 3.幹部主導・社員参加による将来ビジョン策定、ミッション策定	1.幹部による税引後利益管理 2.キャッシュフロー管理	1.部門長・役員による成果分配決定システム

※第3段階と第4段階の間の差が大きい。第3まではトップダウンが残っているイメージで第4段階からは社長の手を離れる段階

いくことによって、確実にレベルアップしていくはずだ。

当社はシステム経営を始めて20数年になるが、その間、仕組みの改善をやり続けている。なので、このあと当社の仕組みを事例として述べるが、あくまでも現時点の仕組みであることを知っておいてほしい。システムや仕組みというものは、時代や状況の変化に応じて変えていくべきもので、「これで完成、出来上がり」というものはない。

ただ、システム経営は、どんな会社にも有効な仕組みであることには間違いない。多角化に取り組んでいる企業はもちろんのこと、多角化を志向していない会社でもみるみる経営が進化していくはずだ。

それでは、次項からは三大システムの最初のステップである「経営計画システム」について説明していこう。

2. ボトムアップで経営計画をつくりあげる

主役は幹部社員、トップは決裁するだけ

システム経営では、経営計画を策定するのは幹部を中心とする社員だ。もちろんトップは拒否権を発動する権限をもっているが、決裁をしてGOサインを出すのがおもな仕事である。

ここ十数年、私は経営計画書を自分でつくっていない。幹部や社員が作成した経営計画書に会議で何度かコメントして、最終的な決裁をするだけである。

最近では、社員がつくってくる経営計画書のレベルが上がってきているので、会議の席で意見を言う回数もめっきり減ってきた。まさに「丸投げ」の状態である。

しかし、システム経営を導入して自主計画を始めた当初は、経営計画として面白みのないものや計画が甘いものが上がってきていた。

社員が自分たちで目標を立てようとすると、たいした努力もいらずに実現可能な計画や、これまでの延長線上でしかない計画になりがちだ。反対に、とうてい実現できないような無謀な計画が上がってくることもある。

そんな計画が上がってくるたびに私は、「この計画はワクワク感がない」「実行計画の具体性に欠ける」「達成するイメージがわかない」などと拒否権を発動する。

すると、幹部も自分たちの甘さを痛感し、ブラッシュアップした計画になるよう再検討することになる。

毎年こうしたコミュニケーションを積み重ねることによって、幹部はトップである私のビジョンや価値観を共有しつつも、自分たちの頭を使って考えるようになっていくのだ。

そして、何年後かにはトップがハンコを押すだけで済むようなレベルの高い計画書を作成できるように幹部たちは成長していくのである。

自主計画では、その策定プロセスが重要だ。幹部や社員が自分たちで計画を立てて、それを実現するための戦略や対策を考えていく。こうしたプロセスを何度も繰り返すことによって、経営に参画する意識がアップするとともに、自主的に高いレベルの経営計画ができあがるようになるのだ。

幹部が主導し、社員も参画する経営計画づくりは、幹部や後継者の育成にもつながる。上から降《ふ》ってきた計画を指示された通りに実行するのではなく、社員たちが自分で計画し、それを実行・管理することによって、経営の視点をもつ社員が育つ。

また、みんなでつくった計画なので、自然とマネジメントや問題解決への関心が増し、責任感も培《つちか》われていく。

社員が自律的に経営計画に参画するようになれば、経営者も安心して経営にあたることができる。計画ができたら、あとはチェックするだけだからラクでもある。

このように幹部主導の経営計画策定はメリットが多いのだが、実際に予算だけの計画を作成している企業は全体の約2割、簡易でも経営計画を作成している企業にいたっては、数%にすぎないといわれている。もったいない、というほかない。

当然ながら、結果オーライでは経営とはいえない。「経営計画は作成しても、その通りにはならない」「経営環境は変わっていくので予測できない」と言う経営者もいるが、だからこそ、経営計画が必要なのではないか。

計画があるから、うまくいかない時や予想外なことが起きた時も、その差を埋めるための改善策を立てることができる。また、経営計画は判断に迷った時、やるべきなのか、それともやめるべきなのか、という意思決定をする時の判断基準にもなってくれる。何ももたずに長い航海に出ることほど怖いことはないように、経営も計画をもたずにおこなうことは自殺行為といってもいいだろう。

第12図　経営計画策定の成長段階

	項　目	作成者	開示状況	実行管理方法
第1段階	収支予算＋α	トップ	未開示	トップ自ら実行管理
第2段階	収支予算・行動計画中心	トップ	ほぼ未開示	トップを中心に一部幹部を交え実行管理
第3段階	第2段階に加え、方針・重点施策、会議制度など	トップ＋幹部	幹部程度まで開示	トップに加え、幹部も含めて実行管理
第4段階	第3段階に加え、BS予算・キャッシュフロー予算など	幹部中心(方針作成と最終承認はトップ)	スタッフまで開示	幹部中心に実行管理を行ない、会議・個別でトップに報告する
第5段階	第4段階に加え、委員会計画・プロジェクト計画など	各部署からの積上げ予算と、トップダウン予算の調整(方針作成と最終承認はトップ)	一部は外部まで開示	第4段階に加え、日常業務はスタッフレベルで実行管理

第12図は、経営計画策定の成長段階を示している。現在、トップが自ら予算を立てて数字を管理している第1段階の会社は、この図の第5段階を目指して、レベルを上げていってほしい。

ビジョンを示すのは社長の仕事

経営計画は幹部が主体で作成するといっても、会社のビジョンまで幹部に丸投げすることはできない。

これから会社はどういう方向へ向かっていくのか、どんなミッションをもって会社を運営していくのか、といった大きな方針はトップが示さなければならない。トップのビジョンを経営計画に落とし込むのは、社長にしかできない仕事だ。

数字を並べただけの経営計画では、社員は動かない。将来の夢や展望もなく、ひたすら目標数字を達成することに専念させれば、早晩、社員は疲弊し、モチベーションを失っていくに違いない。

「ロマンとソロバン」

これは私が好きな言葉だ。企業経営においては売上や利益などの数字（ソロバン）も重要な課題である。数字が伸びていかなければ、会社は存続できず、社員は路頭に迷う結果となる。

経営には数字と同じくらい、ロマンが必要だ。ワクワクするような夢やピカピカに輝くビジョンを社長が示すことで、少々会社がつらい時でも社員はそれに向けて踏ん張ってくれるものだ。

1章で当社が多角化を目指すきっかけとなった大規模リストラの話をしたが、このあと、インターデコハウス（住宅のフランチャイズ事業）を立ちあげた時、「この事業を成功させて全国区の会社になろう」というビジョンを掲げて、経営計画にもその思いを反映させた。その甲斐もあってか、まもなくしてそのビジョンが現実のものになったのは、すでに述べた通りだ。

現在では「THE 100 VISION」というビジョンが社内で浸透している。「100の事業を立ちあげ、100人の経営トップを生み出し、利益100億円企業になる」という将来のあるべき姿である。

このようなビジョンを掲げているからこそ、社員はそのビジョンを達成するための計画を意識して考えるようになるし、ビジョンに共感して入社してくれる社員も増える。

3年後、5年後、10年後のビジョンは明確になっているだろうか。経営計画づくりのプロセスを通じて、トップが会社の将来像について具体的に示す。それによって、ビジョンを達成するための目標や行動計画も明確になり、社員が同じ方向を向いて働くことができるのだ。

入社4~5年目のリーダーが中心になって計画をつくりあげていく

当社が経営計画を立てる際の最小単位となるのが、各事業部に所属するチームリーダーだ。

現在、グループ内にはトータル50ほどの事業が動いており、現場には70~80のチームが存在する。1チームにつきおよそ5~7人が所属している。そのチームを束ねるのがチームリーダーで、若手だと入社4~5年目の社員が抜擢されることもある。

たとえば、注文住宅事業であれば、それぞれのブランドチームのリーダーが中心になって来年度のチームの目標数字とそれを達成するための戦略・戦術を計画としてまとめる。チームリーダーと各メンバーがコミュニケーションをとりながら計画を作成していくから、末端の社員まで全員が経営計画づくりに参加することになる。

この時、会社として最低限必要な収益目標や達成したい生産性の数字から逆算して事業計画を立てることは求めるが、具体的にどのような目標数字にするか、それをどう達成するかといったことは、各チームリーダーに任されており、上から「この数字にしなさい」「何%アップさせなさい」と一方的に強制することはなく、会議などの場でコミュニケーションをとりながら数字をすり合わせていく。

あくまでもチームリーダーを中心とした現場社員の自主性に任されているのだ。

チームの計画は、「**チームリーダー**」→「**マネージャー**」→「**事業部長（統括マネージャー）**」→「**事業責任者**」の順番に上げられ、それぞれの段階ですり合わせがおこなわれる。最終的には事業部のトップである事業責任者が事業部全体を見ながら判断を下す。

事業責任者は最初から数字を押しつけるようなことはしないが、「事業部全体ではこのくらいの数字でまとめたい」というイメージがある。その数字と照らし合わせながら、それぞ

第13図　ヤマチユナイテッドの経営計画策定の流れ

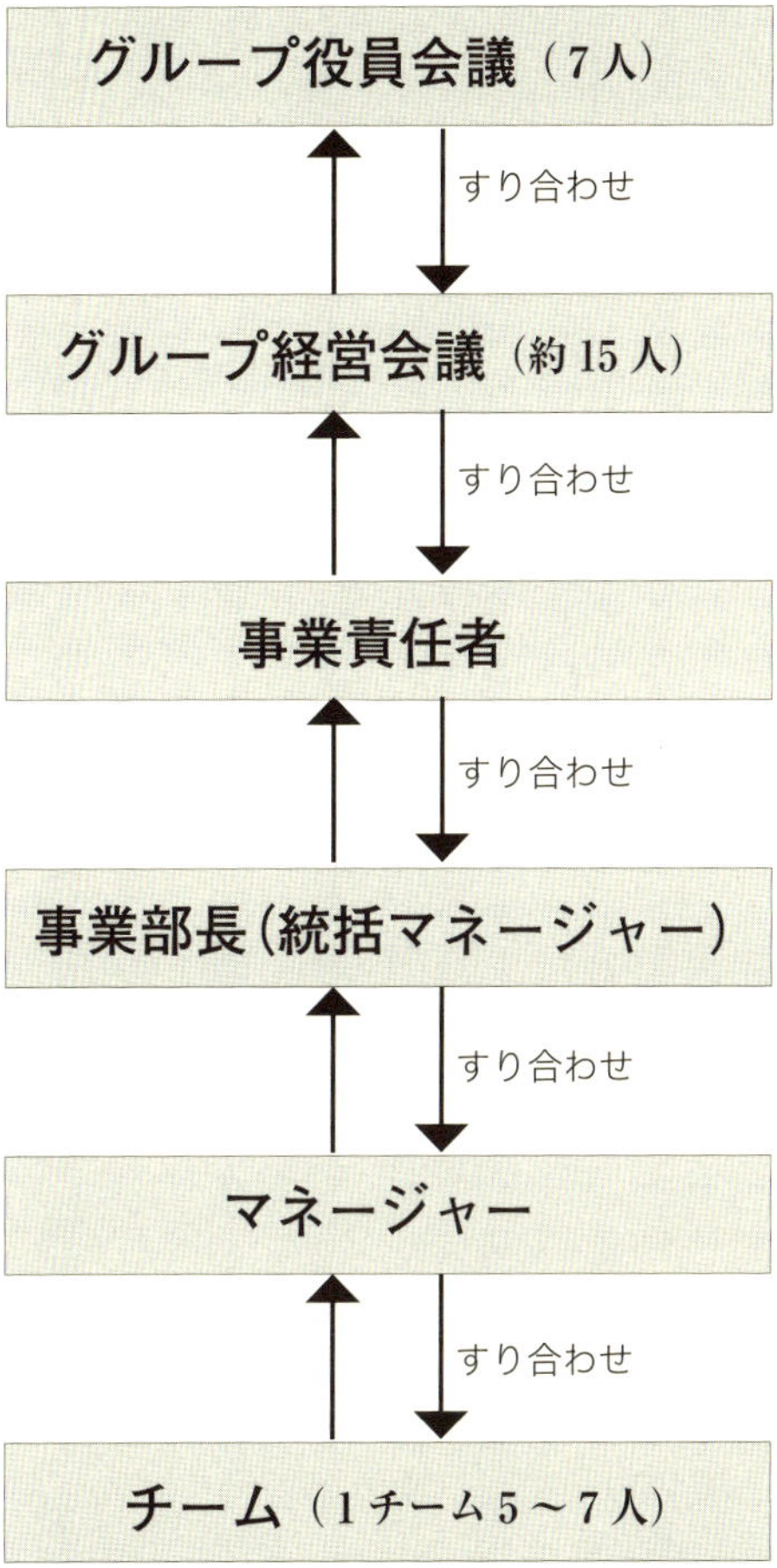

現在、ヤマチユナイテッドには、約50ほどの事業があり、現場を担当するチームが70～80ある。各チームにチームリーダーがおり、チームリーダーが中心となって、来期の目標数字と目標を達成するための戦略、戦術をチームメンバーとともに計画にまとめる。

れのチームの計画が適切なのか、数字が不足していないか、あるいは行きすぎではないか検討し、すり合わせをおこなっていく。

ここでまとめられた事業部門の計画は、社長である私をはじめ、グループ内の事業責任者など約15人の幹部が集まる「グループ経営会議」で共有し、議論される（会議については5章で解説）。

ここで方向性が正しいかを確認し、客観的に評価をする。私も意見を言うが、他の事業責任者からもさまざまな指摘やアイデアが出てくる。

こうしてグループ経営会議でもまれた計画は、事業責任者がそれぞれの事業部門にもち帰り、各チームと再びすり合わせることになる。そしてグループ経営会議の結果を踏まえて、修正や詳細の決定がおこなわれるのだ。

ブラッシュアップされた計画は、再び事業責任者を通じてグループ経営会議の場で発表され、コミットがおこなわれる。

最終的には、私をはじめ役員など7人が出席する「グループ役員会議」でGOサインが出される。グループ経営会議までのプロセスで十分に議論されているので、グループ役員会議では、通常「これでよさそうだね」と決裁するだけで済む。

ちなみに、「グループ経営会議」を開催するようになったのは2014年からで、それまではグループ役員会議で計画案の発表や議論をおこなっていた。あえてグループ経営会議というステップをもうひとつ増やすことによって、議論が活発におこなわれる場が生まれ、経営計画のレベルが上がっていると感じている。

半年前から計画づくりをスタート

このように当社では、現場のチームからボトムアップで計画を作成し、いくつかのステップを通じてすり合わせをおこなっている。

最低2回は現場とトップの間で計画案が行ったり来たりするため、現場の社員にとっては納得度の高いものに仕上がり、「自分たちの計画」になる。

上から強制的に降《ふ》ってきた、数字を割り振っただけの計画よりも、自分たちが参加してつくりあげた計画のほうが、当事者意識をもって実行できるのは当然だ。また、計画を作成していくプロセスでは、自分たちの頭で考えるので、経営力のある幹部や現場の社員たちが育つことにもつながる。

ただし、ボトムアップで現場とトップの間で何度も計画をすり合わせようと思えば、当然、時間がかかる。当社の場合、2月末の決算から逆算して、前年の9月くらいから経営計画の作成にとりかかっている。つまり、半年前から来年度の計画づくりがスタートするのだ。

9月の段階で、幹部が年度末の売上予測やグループの課題抽出、ビジョンの共有などをおこない、それを受けて各事業部で来年度の計画について議論が重ねられる。そして11月には、グループ経営会議で各事業部の計画を発表・共有し、そこでの議論を受けて再び各事業部に差し戻される。最終的に1月には、各事業部で詳細をつめた計画をグループ経営会議でコミットする。これが当社の経営計画策定の大きな流れである。

「経営計画づくりにそんなに時間をかけるのか」と驚く経営者もいるが、企業規模にもよるが、これくらい時間をかけなければボトムアップ式で経営計画を作成することはできない。むしろ時間をかけたほうが、結果的に幹部や社員の納得度の高い計画をともにつくることができ、計画が社員全員に浸透していく。トップは、「経営計画は時間をかけて、社員と一緒に作成していく」という覚悟をもたなければならないのだ。

ちなみに、第14図は経営計画の策定スケジュールだ。当社も、ほぼこのスケジュールに沿って計画づくりをしている。事前にスケジュールを確認しておくことで、「あれが抜けていた」と慌てることがなくなる。ぜひ参考にしてほしい。

第14図　経営計画策定スケジュール（※当社は2月末決算）

9月 ↓	【計画策定作業スタート】 ・グループ役員会にて来期の計画はどう策定していくかの協議 ・グループ経営会議にて策定フローの確認と策定スケジュールの確認、策定プロセスを通じて得たい結果(ゴール)と目的の確認、グループの経営課題抽出(大まかに)
10月 ↓	【モラールサーベイ、自己申告書の実施】 ・経営課題、改善事項の抽出、対策の検討、人事・組織の課題抽出、異動希望の確認 【グループ経営会議にて】 ①前年度の振り返り ②次年度のテーマ、課題確認 ③大枠の組織・体制の確認
11月 ↓	【各社・各事業部にて】 ④各社・各事業部へ上記①②③の説明と落とし込み ⑤各社・各事業部での振り返り、テーマ設定、組織、体制検討 ⑥各社・各事業部での数値計画作成、施策作成
12月 ↓	【グループ経営会議にて(月初)】 ⑦ ④⑤⑥を会議メンバー間ですり合わせ、テーマ、体制を決定 【各社・各事業部にて】 ⑧ ⑦の結果を踏まえて、各社・各事業部内で計画詳細を詰める 【グループ経営会議にて(月末)】 ⑨各社・事業部で詰めた詳細を、会議メンバーで共有・承認
1月 ↓	【グループ経営会議、グループ役員会議にて】 ⑩グループ経営会議にて数値、施策、組織を最終確定 ⑪グループ役員会で承認、社長決裁
2月 ↓ 2月末	経営計画書の製本作業 グループキックオフ(経営計画発表会)

経営計画づくりは、システム経営の根幹である。計画の出来不出来、作成プロセスの良し悪しが経営の成果として跳ね返ってくる。だからこそ、経営計画づくりには十分な時間をかける必要があるのだ。

3．目標利益を決める

トップの押しつけになっていないか？

「経営計画書は作成していないけれど予算は決めている」という会社は多い。

だが、予算（数値目標）はあくまで経営計画の一部でしかない。予算を達成するためには、具体的な実行計画や組織運営計画が必要不可欠だ。

数値目標だけあっても「いつ、だれが、どこで、何を、どのように、どの程度実行するのか」といったことが明確になっていなければ、かけ声倒れに終わってしまう。

経営計画に盛り込むべき内容には、トップのビジョンのほか、目標（定量的な数値だけでなく、組織・人事、商品・サービス、マーケティング、ブランディングなど定性的なものも含む）、事業計画（実行計画）、予算（計画を実行した結果、得られる成果）などがある。

ただ、経営計画書の具体的な書き方を説明するには紙幅が限られるので、ポイントを絞って説明しよう。ここでは、経営計画書の肝《きも》となる予算、すなわち「目標利益」の設定方法についいて触れておく。

目標利益を決める際、多くの会社は今期の決算予想をベースに設定しているようだ。たとえば、今期の税引前利益が4000万円だったとすれば、「来期は10%アップぐらいが目標になるかな」と、明確な根拠もなく目標利益を4400万円と決める。ざっくりと社長の勘で設定してしまうのだ。

何を隠そう、かつては当社も、社長である私が経験と勘を頼りに目標利益を決めていた。「来年はこのくらいの利益がほしい」という数字ありきの目標設定だったのだ。

しかし、それでは幹部や社員は納得しない。「社長から無理な目標を押しつけられた」「たんなる社長の希望額ではないか」と不満を抱くのは当然だ。

目標利益に納得した上で社員に計画を実行してもらうには、次の2つが重要である。

・目標利益の算出根拠を設定する

・幹部社員がボトムアップで目標利益を決める

基準となるモノサシを示すと同時に、ここでも幹部や社員を巻き込んで目標利益を設定するプロセスが重要なのだ。

目標利益の算出根拠を設定する

「うちの会社は目標利益をこう決める」という根拠が明確になっていれば、幹部や社員も納得感をもって経営計画を実行してくれる。また、算出の根拠がはっきりしていれば、それぞれの事業部の幹部が共通のモノサシをもって、自ら目標利益を計算することができる。

多角化経営をすすめるうえでも、共通の基準をもつことは大切なのだ。

では、どうやって目標利益を設定すればよいか。

当社の場合、次の2つの方式をおもに使って目標利益を決めてきた。

①収支基準方式

②人員生産性基準方式

①収支基準方式とは、借入返済額や運転資金などの必要資金から逆算する方法だ。計算式であらわすと次のようになる。

（借入返済年額〈運転資金〉－減価償却費＋内部留保予定額）×2倍

【事例：流通業Ａ社】

年　商：６億円	税引前利益額：2012年2,600万円
総資産：５億円	2013年2,800万円
借入金：２億円	2014年3,000万円
借入金元金年間返済額：2,000万円	
従業員数：45名	
減価償却費：1,400万円	内部留保予定額：1,000万円

たとえば、上の図のような流通業のＡ社があるとしよう。Ａ社のように借入金が2億円あって、毎年２０００万円を返済している場合、１４００万円の減価償却費のキャッシュプラス分を差し引いて、６００万円の返済財源が必要になる。

さらに、１０００万円を内部留保として残すなら、合計１６００万円の利益を残さなければならない。さらに法人税等が約５０％引かれるとすると（実際には４０％ほどだが、ここでは多めに見積もる）、１６００万円の2倍の３２００万円が必要利益となる。

これを収支基準方式の計算式であらわすと、目標利益額は次のように算出される。

（２０００万円－１４００万円＋１０００万円）×２＝３２００万円

仮に、A社の今期の税引前利益の予想が2700万円だとしたら、「来期の目標利益額の3200万円を達成するには、500万円足りない。どうすれば来期、利益を上積みできるか」と幹部たちと話し合って実行計画をブラッシュアップしていくことになる。

一方、②人員生産性基準方式は、一人当たりが稼ぎ出す利益額から計算する方法だ。利益については「営業利益」「経常利益」「税引前利益」のどれを当てはめるかは会社の業種や考え方にもよるが、当社の場合は「一人当たり営業利益額」を使って算出している。なぜなら、①収支基準方式をとると、財務内容が良く必要資金が不要なので、目標が低くなってしまうからだ。

計算式は次のようになる。

一人当たり営業利益額×従業員数

仮に、一人当たり営業利益額が80万円で、従業員数が45名とすれば、人員生産性基準方式で来期の目標利益額を算出すると、次のようになる。

８０万円×４５名＝３６００万円

利益額の決め方は、同業種の優良企業の水準を参考にするとよい。場合によっては異業種の水準をベースにしてもいいだろう。

第15図はＴＫＣが公開している優良企業と黒字企業の経営指標である。業種ごとに、一人当たり経常利益額が一覧にまとめられているので、この数字を参考にするのも方法のひとつだ。

大切なのは、目線を下げないことだ。優良企業の水準を参考にし、自社が目指すべき水準は高めに設定するべきである。優良企業を目標にしなければ、当然、市場競争に勝てないし、会社の伸びしろを自ら縮めることになる。

また、優良企業の平均の数字と自社の現実の数字との間にギャップがあれば、その原因や課題が浮き彫りになるので、具体的な対策を経営計画に落とし込むができる。

当社の場合は、一人当たり営業利益額は１００万円以上を基準としている。理由は、同業種の優良企業の水準が約１００万円であること、そして新規事業を立ちあげる際の基準のひとつが一人当たり営業利益額１００万円以上であるからだ。

第15図　TKC経営指標

単位：%・千円

	優良企業			黒字企業		
	売上高経常利益率	総資本経常利益率	一人当たり経常利益額	売上高経常利益率	総資本経常利益率	一人当たり経常利益額
全産業	9.6	14.2	1,464	4.0	4.5	504
建設業	8.8	15.0	1,500	3.7	5.3	612
木造建築工事業	8.8	16.4	2,508	3.3	4.7	840
不動産取引業	15.0	14.1	3,516	5.6	3.3	1,476
不動産賃貸業・管理業	21.5	11.0	4,488	13.5	2.9	2,808
建築材料・鉱物・金属材料等卸売業	7.4	11.7	2,040	2.8	3.5	708
製造業	11.0	12.4	1,452	4.5	4.1	492
家具・装備品製造業	8.6	13.2	1,248	5.1	5.5	564
通所・短期入所介護事業	9.4	13.2	528	6.5	5.9	276
食堂・レストラン	8.8	10.2	696	2.8	4.5	168
喫茶店	12.5	20.9	912	4.8	6.2	300
織物・衣服・身の回り品小売業	6.7	15.4	1,152	2.5	3.2	360
医薬品小売業(調剤薬局除く)	6.8	11.5	1,188	3.8	6.0	576
一般病院	7.9	10.0	816	4.6	5.0	516
ジュエリー製品小売業	6.3	9.1	1,380	3.3	2.9	600
農業	14.3	16.4	1,884	5.4	5.7	720
酪農業				6.3	5.1	1,488
肉用牛生産業	27.4	15.1	8,184	8.0	5.5	2.652
その他の畜産農業				7.4	6.8	1,440

出典：平成26年版「TKC経営指標(BAST)」より一部抜

やはり、100万円を下回るような事業だと事業としてのうまみがない。

また、6章で詳しく述べるが、一人当たり営業利益額100万円は成果分配をする時の基準でもあり、100万円を超えた分が賞与として支給されることになっている。

なお、従業員数については、パート・アルバイトは、0・5人として計算している。

モノサシはミックスしてもよい

当社の場合、システム経営を導入した当初こそ私が目標数値を出していたが、まもなく①収支基準方式と②人員生産性基準方式をベースに、2つをミックスして目標数値を出してきた。近年では、ほぼ、②人員生産性基準方式をベースに目標数値を算出している。

目標数値を決める時に大切なのは、自社に合った方式を採用することだ。財務状態がよくない段階では、①収支基準方式を採用するのが現実的だろう。また、ひとつの方法だけではしっくりこない時は、当社のようにミックスして算出してもよいだろう。

先に紹介した2つのほかにも、

③売上高経常利益率基準方式
④総資本経常利益率基準方式

という目標利益の算出方法があるので、こちらも参考にしてほしい。

まず、③売上高経常利益率基準方式は、同業種の売上高経常利益率から計算する方法だ。計算式は、次の通りである。

売上高×売上高経常利益率

この場合も優良企業を参考にするのが正解である。ＴＫＣの経営指標の第14図では、業種別に優良企業の売上高経常利益率も確認することができる。

先ほどのA社の例に当てはめると、売上高が６億円なのに対して、同業種の優良企業の売上高経常利益率が５・５％だとすれば、目標利益額は３３００万円となる。計算式は次の通り。

6億円×5・5％＝3300万円

もうひとつの、④総資本経常利益率基準方式は、よく投資効率などを計算する時に使う総資本経常利益率（ROA）から求めるものだ。つまり、投下資本に対する経常利益率から、目標利益を算出する。計算式は、次の通りである。

総資本×総資本経常利益率

先のA社の場合だと、総資本が5億円であるのに対して、同業種の優良企業の総資本経常利益率が7・0％だとしたら、目標利益額は3500万円となる。計算式は次の通り。

5億円×7・0％＝3500万円

なお、TKCの経営指標の第15図では、業種別に優良企業の総資本経常利益率の数字を拾うことができる。

当社のような中小企業の場合、④総資本経常利益率基準方式はあまり使わないかもしれないが、こうした見方もかけ合わせて目標数値を設定することで、より客観的な根拠をもつことができる。

目標数値の落としどころ

目標利益の算出基準が明確になっていると、共通のモノサシがあるので、幹部や社員がボトムアップで目標利益を決めていくことが可能だ。また、そのモノサシをもとに社員同士、あるいは幹部とトップの間ですり合わせや議論をすすめることも容易になる。

たとえば、「昨年の実績から考えると、目標利益3000万円が妥当だと思っていたが、3600万円を目指すべきではないか」といった議論も社長と幹部の間でおこなわれる。

幹部のほうから「3600万円を目標にしましょう」という声が上がることさえあるだろう。このようなモノサシをもつことは、共通言語を使って社長と幹部・社員がコミュニケーションを深めることにつながるのだ。

当社の場合は、事業責任者などの幹部はもちろんのこと、計画を作成する最小単位であるチームリーダーも、当然、目標利益の考え方や算出方法は理解している。そうでなければ、現実に計画をつくることができず、幹部と議論することもできない。ちなみに、チームリーダーは、上長からＯＪＴで計画の作成のしかたを学んでいくことになる。

目標利益をボトムアップで決めていくとはいえ、そのプロセスでは事業責任者などと「本当にこの数字が妥当なのか」を議論し、最終的には決裁者である私を納得させなければならない。

当社もシステム経営を導入した当初はそうだったが、幹部や社員に目標数値を出させると、保守的な数値が上がってくるものだ。これまでの延長線上でしかない確実に実現可能な数値に落ち着いてしまうのである。「達成できなかったらマイナス評価になる……」という気持ちがよぎれば、そうなってしまうのも致し方ない。

もちろん、この場合はトップが中心になって議論をしていく必要があるが、何度か経験を積んで社員が会社の数値がわかるようになってくると、反対に意欲的な目標数値が上がってくるようになる。「目標利益３０％アップ」という強気な数値が上がってきたら、本当に達成できるのか、どんな根拠をもとに弾き出したのか、幹部やトップが慎重に見極める必要がある。

数値の根拠が乏しく感じられたのであれば、「目標数値を落とす」という判断も必要になるだろう。いずれにせよ、幹部や社員とこのようなキャッチボールをおこなっていると、適切な目標利益が上がってくるようになる。

最終的な目標は、少しストレッチした数値にすることも大切だ。簡単に達成できる数値ではなく、ちょっと頑張れば手が届くくらいの目標数値にする。そうすれば、10%アップの目標に対して7%で未達成に終わったとしても、前年の数字を上回ることができるからだ。

このあたりの数値感覚は、何年かシステム経営を続けることによって、経営者も磨かれていくものだ。

ボトムアップ型といえども、忘れてはならないのは、計画の実行責任は社員にあるが、利益責任は社長にある、ということだ。最終責任は、トップである経営者がとらなければならないことは、いまさら言うまでもないだろう。

4. 経営数字をオープンにする

P／L（損益計算書）は全員が見られるように

ボトムアップで目標数値をはじめとした経営計画をつくりあげていくには、その当事者が経営数字を把握している必要がある。1章でも述べたが、システム経営を実施するには、経営数字をオープンにすることが欠かせない。

経営計画で目標数値を計算する時も、どのくらいの売上や営業利益が必要か、原価や経費はどのくらいか、自分の仕事が経営に対してどのくらいのインパクトを与えるのかといったことは、当然把握しておかなければならない。P／L（損益計算書）などで会社の損益構造を理解しておく必要があるのだ。

当社では、P／Lについては、基本的に全社員が見られるようになっている。B／S（貸借対照表）については、チームリーダーまではアクセスできる環境にある。さすがに社内LANで公開するところまではしていないが、各社の管理部に閲覧理由とともに申請すれば、すぐに公開している。

経営者から「会社の数字をオープンにすると不都合なことはないか？」とよく尋ねられるが、これまで実害が及ぶような問題は起きたことがない。性善説でオープンにしているわけだが、悪さを働く社員はいなかった。

経営数字をオープンにしたがらない経営者は、情報が外に漏《も》れることを恐れているのだと思うが、外に出したくない数字があるなら、その部分は無理やり見せる必要はない。出せない数字は隠して、そのほかはオープンにすれば十分だ。

それよりも数字のわかる幹部や社員を育てるほうがメリットは大きい。経営数字が頭に入っていれば、大きな視点をもつことができ、数字にシビアな幹部が育つ。システム経営によって経営数字が自分たちの成果分配につながることを理解すれば、仕事をする上での納得感も高くなるはずだ。

まずは、見せてもいい数字だけでもいいから数字をオープンにしていこう。でなければ、いつまでたってもシステム経営で会社を強くすることはできない。

経営計画書もすべてオープン

1月末に全事業部の目標数値をはじめとする経営計画が固まったら、それを合算してグループの経営計画書を作成する。

この経営計画書は1冊の冊子にまとめられ、年度末である2月末に社員全員に配布される。計画書は200ページを超えるものになるが、この分厚い計画書も、すべて隠すことなくオープンにされているわけだ。外へもち出すのもOKである。

この冊子を他社の人に見せると、「こんなに詳細な数字や計画をそのまま全社員に渡しても大丈夫なんですか?」と心配されることがある。やはり、情報が漏《も》れないか心配だというわけだろう。

これも性善説で悪さをする社員はいないという前提で渡しているのだが、念のために計画書には1冊ごとに通し番号を振って、誰がどの計画書をもっているかわかるようになっており、1年後にはきっちり回収している。

もちろん、計画書には他社に知られたくない情報も載っている。たとえば、過去の経営数字。だが、粉飾をしているわけではないし、実績値にすぎないのだから、あまりナーバスになる必要もないだろう。

たしかに「○○に支店を出す」といった内容は伏せておきたい情報である。しかし、経営計画はあくまでも「計画」にすぎない。環境や状況が変われば、対策も変わるのは当たり前だ。仮に外に漏《も》れたからといって、致命的な事態は起きないだろう。

本当に見せてはまずい情報があれば、それだけは隠して配布すればいいのだ。

そんな心配をするよりも、幹部や社員には計画書を積極的に活用してほしいと思っている。

当社では会議や打ち合わせの席に経営計画書の冊子をもってきて、それをもとに対策やアイデアを考えるという光景がよく見られる。

「この事業の計画や数字はどうなっていたか」

「他の事業部はどんな対策を打っているのか」

といったことを確認しながら議論をすすめれば、経営の視点から建設的なアイデアも出てくるだろう。伸びる社員ほど計画書に目を通し、活用しているものである。

システム経営を導入すれば、経営数字を隠すデメリットよりも、オープンにするメリットのほうがはるかに大きいのだ。

システム経営の三本柱――②

幹部に業績管理を任せる

5章

1.「管理会計」で各事業の業績を明確にする

業績管理の主役は幹部社員

システム経営を支える三本柱の2つめは「業績管理システム」だ。

システム経営では、幹部が中心になって経営計画を作成し、その計画を達成できるように自分たちで業績を管理していく。幹部が自分たちで経営計画をつくるのだから、幹部が自ら業績を管理するのは理《り》にかなっている。

システム経営における業績管理の主役は幹部だ。だが、多くの中小企業では、社長が業績管理の主役である。計画と業績との間にギャップがあれば、社長は幹部や部下に対して業績アップの対策を指示する。つまり、幹部は社長から「業績をつくれ」と要求される立場であり、社長の補佐にまわることになる。

このように「業績管理は社長の仕事」という考え方で経営をしているかぎり、幹部や社員は指示待ち人間になり、「やらされ感」を抱いたまま仕事に取り組まざるをえない。それでは、当面の数字はつくることはできても、幹部はいつまでも成長しないし、社長もラクできない。

システム経営では、「業績管理は幹部の仕事」だ。幹部が中心となって作成した経営計画をもとに、P（Ｐｌａｎ）→D（Ｄｏ）→C（Ｃｈｅｃｋ）→A（Ａｃｔｉｏｎ）のサイクルをまわしていく。

定期的な業績検討会で数字をチェックし、計画目標に達していないようであれば、幹部が中心になって対策を検討し、軌道修正を図る。これを繰り返していくことによって、１年を通じて計画の目標を達成していくのである。

当社の場合もそうだったが、システム経営を始めた当初は、幹部は自分たちで業績を管理することに戸惑うかもしれない。業績を管理される立場と自分で管理する立場とでは、まったく責任も権限も異なるからだ。

したがって、システム経営を導入する際は、幹部や社員は、会社の経営や業績は自分たちの行動にかかっていること、会社を良くするのも悪くするのも自己責任であること、そして、経営計画の実行責任は自分たちにあることを共有し、理解してもらう必要がある。

だが、幹部主導で自主管理を続けていくことによって、決めたことをやり切る風土が醸成《じょうせい》される。そして、幹部は急速に成長し、自信もみなぎってくるものだ。

部門別に営業利益を管理する

1章で述べたとおり、システム経営を実施するには「管理会計」の導入が必要不可欠だ。管理会計で業績を見ていかないと、せっかくの自主管理も不十分なものに終わってしまう。釈迦《しゃか》に説法であることは承知しているが、中小企業の会計には「税務会計」と「管理会計」がある（外部のステークホルダー向けにおこなう「財務会計」は、ここでは省略する）。

すべての中小企業が「税務会計」のルールに基づき、1年サイクルで期末に決算をして税金を納める。税務会計は、いわば「納税のための会計」だ。

一方、「管理会計」は経営をおこなっていくに際して必要な情報（業績や生産性など）を把握するのが目的だ。

このような会計情報は、経営の意思決定や組織内部の業績判定・業績評価をする際に役立つ。そのため管理会計は、「経営判断のための会計」といわれる。

管理会計に基づいて、期中に予算達成の状況を見直し、業績が芳《かんば》しくなければ今後の計画を組み直したり、反対に、売上が好調の場合は上方修正したりする。管理会計で業績管理をおこない、定期的に経営を振り返ることによって、結果的に1年の締め括《くく》りである年度末決算の精度も高まるのだ。

「管理会計は経理業務が煩雑《はんざつ》になる」という理由で導入をためらう社長は少なくないが、メリットのほうが圧倒的に多いのである。

部門別に適切かつ公平な業績評価ができるのも、管理会計の大きなメリットだ。システム経営の業績管理では、事業部別に営業利益を管理する体制を重要視している。

具体的には、「**一人当たり営業利益**（生産性）」の数字をもとにグループへの貢献度を明確にしている。

多角化経営では、それぞれの事業が独立採算管理されていることが前提だ。もし事業部ごとに営業利益の管理をしていないと、どの事業部が稼いでいて、どの事業部が稼いでいないのかが明確にならない。

これがあいまいだと、稼いでいる事業部の社員は「会社に評価されないなら手を抜こう」と士気が下がってしまう。一方、稼いでいない事業部の社員は、自分たちのふがいなさが明るみに出ないので、必死さを欠くことになる。どちらにしても良い結果を生まない。

なお、業績管理のキーポイントである「一人当たり営業利益」は、次章でくわしく説明する成果分配システムとも連動している。

当社の給与制度で特徴的なのは、通常のボーナスとは別に、期末に「成果分配」という決算賞与がプラスされる点だ。

その際の基準となるのが各事業部の「一人当たり営業利益」で、この数字に比例して大きな差が生じ、個人レベルでは何百万円も年収で差がつくことがある。

一人当たり営業利益が少なければ成果分配が少なくなってしまうから、自然と、社員はどうしたら一人当たり営業利益を上げられるかを考えるようになるのだ。

グループの経費は各事業部で分担

事業部ごとに営業利益を算出して管理するには、そのための経理会計処理をする必要がある。つまり、売上や原価、経費などを事業部門別に仕訳計算しなければならない。

そのために、総務経費、地代家賃、減価償却費、予備費、支払利息など全社共通の経費や部門にまたがる経費は、各事業部門に按分《あんぶん》し、直接経費として分担してもらうのだ。

たとえば、支払利息は正確にいえば営業外費用であり、本来経費ではないが、営業費用として各事業部の販管費に計上する。また、ある事業部のオフィスが、グループ会社が所有する物件に入っていて実質家賃が発生していない場合でも、家賃がかかったと仮定して引き当てて計上する。

家賃を計上せずにすんでしまえば、その事業部は利益を出しやすくなり、事業部間で不公平感が増すからだ。公平で適切な部門別の業績評価をするには、このような仕組みが必要なのだ。

各事業部に経費を按分《あんぶん》する際は、おもに事業部の人数に比例させて割り振る。社員を多く抱える部門ほど、多く負担してもらうというわけだ。オフィスなどについては、どの程度使用しているか、つまり使用割合に応じて按分《あんぶん》する。

たとえば、ビルのワンフロアの3分の2を使用しているのであれば、その使用スペースに応じた家賃や光熱費を計算して経費計上するのだ。

総務経費などマネジメントに関わる間接費用についても、各事業部に按分《あんぶん》するのがルールだ。

たとえば、当社の場合、「ヤマチマネジメント」という管理会社(グループ管理本部)があり、組織上、ホールディング会社の子会社として他の子会社と同列に並んでいる。

ヤマチマネジメントでは、グループ全体で取り組んだほうが効率がよい横断的な仕事を、5人のスタッフが担当している。

おもな仕事は、①総務・経理のとりまとめ、②経営計画書のとりまとめ、③資金調達、④

第16図　グループ管理本部の経費を割り振る

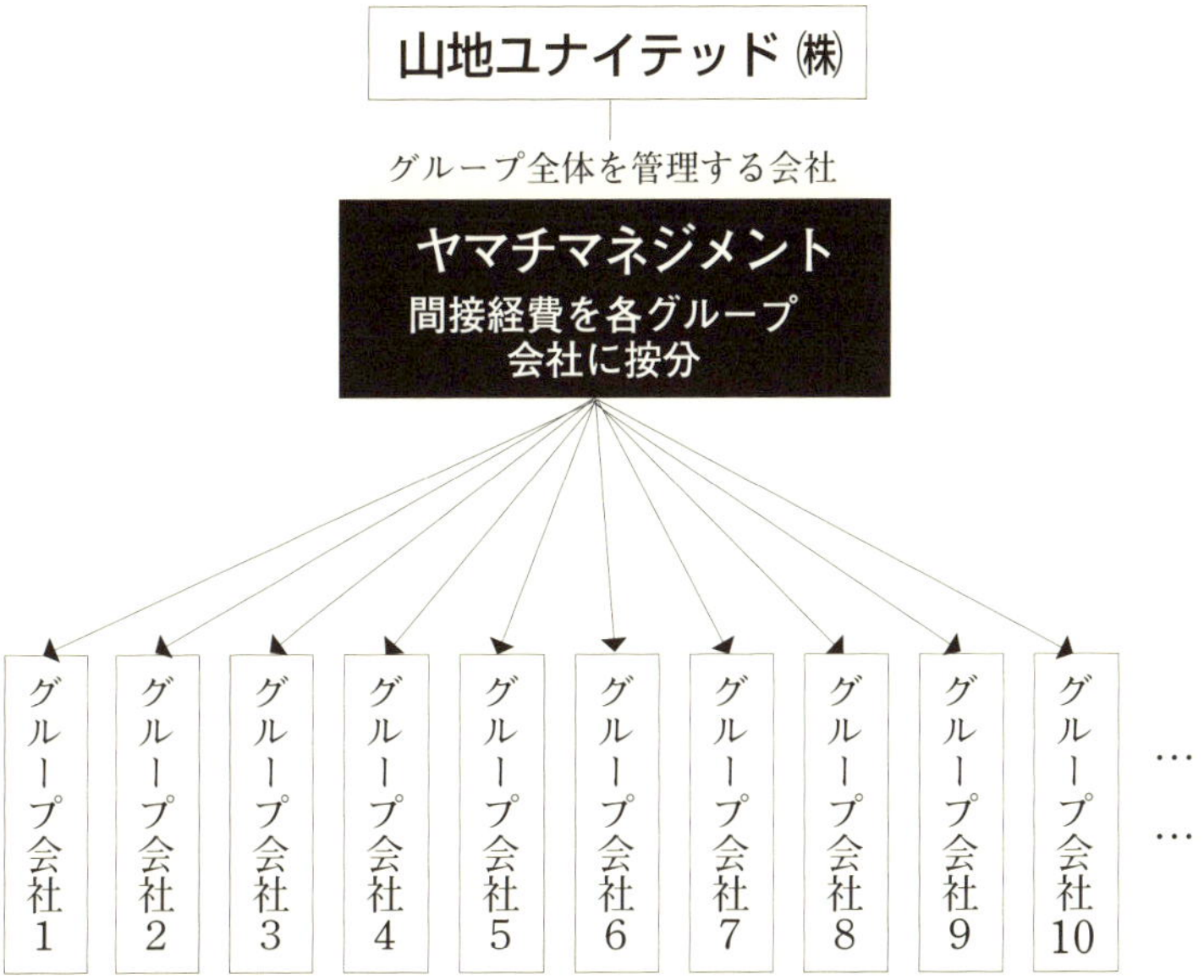

新卒採用、⑤経営企画室としての役割の5つだ。

実際、グループ全体のマネジメント会社として機能しているので、ヤマチマネジメントのスタッフの人件費などすべての経費を各子会社、各部門から出してもらっている。

第16図は、ヤマチマネジメントの経費を各事業部に割り振っているイメージ図である。

仮に1億円の間接経費がかかっているとしたら、「A社は3000万円」「B事業部は2000万円」「C事業部は5000万円」というように割り振り、すべて負担してもらう形にしているのだ。

もちろん、どの事業部がいくら負担するかは、各事業部の経営計画に盛り込まれる。このとき重要なのは、各事業部に割り振る経費の中身をオープンにし、十分に理解してもらうことだ。

各事業部にとって間接的なコストを上乗せされるのは、少なからず負担となる。不平・不満につながる可能性もある。したがって、「この経費は、こういう理由だから、この額を負担してもらいたい」と経営計画を策定する会議の席などで丁寧に説明し、理解してもらう必要がある。

当社の場合、各部門のチームリーダーのレベルでも、自分たちの部門がいくら間接経費を負担しているかを把握している。だから、各事業部から「この部分は経費がかかりすぎではないか。3人ではなく2人でできないか」といった意見が出されることもある。

むしろ、そのような声があがるくらい社員には会社の経費に関心をもってもらいたいと考えている。

2. 月次決算体制を整える

月次決算は毎月5日までに完了

業績管理を適切におこなうには、PDCAをスピーディーにまわしていく必要がある。計画通りに業績が伸びていないなら、その原因を分析し、数字を上向かせるための対策をとらなければならない。すぐに対策を施《ほどこ》せれば軌道修正も大変ではないが、対策までの時間がかかればかかるほど、傷口は大きくなり、挽回《ばんかい》することが難しくなる。

業績チェックと対策をタイムリーにおこなうには、業績数字をできるだけ早く出す必要がある。そこで当社は、目標と予算は月別・部門別・個人別に作成し、月次で進捗《しんちょく》の具合をチェックしている。毎月、経営計画の目標数値と実績の数値を照らし合わせることで、素早い対応ができる。

これを可能にしているのが、事業部ごとに月次決算をする体制づくりだ。

当社では月次決算を完了する前に、毎月1日に各事業部の「業績速報」を全社員に配信する。

次ページの第17図が、その「業績速報」のフォームの一部であるが、売上や粗利益、営業

第17図　月初に全社員に配信する業績速報のフォーム

JH		売上					粗利					経費（支払利息含む）					営業利益					
事業部		前年	計画	実績	前年比	計画比	前年	計画	実績	前年比	計画比	前年	計画	実績	前年比	計画比	前年	計画	実績	前年比	計画比	計画差異
アメカジ工務店	当月																					
	累計																					
インターデコハウス札幌	当月																					
	累計																					
インゾーネデザインラボ	当月																					
	累計																					
ナチュリエ	当月																					
	累計																					
COZY	当月																					
	累計																					
新築部門 計	当月																					
	累計																					
M+	当月																					
	累計																					
イエピタマンション	当月																					
	累計																					
イエピタ一軒家	当月																					
	累計																					
ナチュリエリフォーム	当月																					
	累計																					
札幌ガーデンライフ	当月																					
	累計																					
カスタマーパートナーズセンター	当月																					
	累計																					
リフォーム部門 計	当月																					
	累計																					
ZONE 宮の森	当月																					
	累計																					
ZONE 札幌駅前	当月																					
	累計																					
ZONE 人	当月																					
	累計																					
ZONE ABLE	当月																					
	累計																					
ナチュリエスタジオ	当月																					
	累計																					
インテリア部門 計	当月																					
	累計																					
ョンソンのけん屋さん	当月																					
	累計																					
マーケティング	当月																					
	累計																					
その他部門	当月																					
	累計																					
C 部門 計	当月																					
	累計																					

		売上					粗利					経費（支払利息含む）					営業利益					
		前年	計画	実績	前年比	計画比	前年	計画	実績	前年比	計画比	前年	計画	実績	前年比	計画比	前年	計画	実績	前年比	計画比	計画差異
JH 全社 計	当月																					
	累計																					

利益、経費などを一覧にしたもので、幹部だけではなく、末端の社員まで見ることができる。なお第17図は、当社のジョンソンホームズの業績を示すフォームである。当社は手掛けている事業が多く、実際に私が毎月見ている業績速報は、会社別、事業別に一覧表にしたものである。

月初に各事業部の業績を把握することで、素早い判断と対策が可能になる。そんなに早く業績速報を出すのは難しいという経営者もいる。しかし、経費は予算通りの概算でＯＫというルールにしていれば、売上・粗利などの業績は確定させることができる。

本気で取り組もうと思えば、案外できるものだ。業績管理では、正確さよりもスピードを重視したほうが、自分たちが望む結果を得ることができる。

なお、業種や事業の性格によっては、月単位ではなく、週単位、１日単位で業績を集計し、必要な対策を講じる必要があるだろう。

月次決算については、毎月５日までに完了するのがルールだ。

概算の速報値は毎月１日まで、確定値の月次決算については毎月５日までとしている。

当社のような規模の会社で月次決算を５日までにまとめるのは、スケジュール的にかなりハードだ。しかし、完了するのが早ければ早いほど、業績管理の精度が高くなるのは間違いない。「月次決算は毎月20日以降に固まる」という話もよく耳にするが、それではほぼ1カ月近くたってから先月の業績を検討することになってしまい、月次決算をする意味がない。対策も後手にまわってしまう。月次決算をしているならまだましで、そもそも月次決算をしている中小企業のほうが少数派かもしれない。

とはいえ、当社の場合も、現在の月次決算の体制を確立するには、多少の手間と時間を要した。

たとえば、会計ソフトの統一、締め日の変更、経費精算の業務フローなど社内で見直すべき点は多数あるが、もっとも骨が折れたのは、取引先など外部の協力を得ることだ。

取引先からの納品書や請求書などの必要書類がそろわなければ決算は完了しないため、前倒しでそれらを郵送してもらう必要が生じる。社内のことは力業《ちからわざ》でなんとかなるが、取引先など外部の協力をとりつけるには、お願いや根回しが必要になる。

「月次決算はこれから」という会社は、できるだけ早く仕組みを構築する必要があるが、一朝一夕では月次決算体制は完成しない。スピーディーな月次決算を目指しながら、まずは毎月の業績速報をまとめることを第一の目標にするのが現実的だろう。

数字は比較をしなければ意味がない

月次の業績を確認する時は、前年対比、計画対比など数字を比較することが重要だ。数字は比較しなければ、ただの記号になってしまう。

業績を比較することで、「先月の数字は計画の数字よりも２０％低かった。何が原因か？どんな対策をとればよいか？」といった議論もできる。

また、売上や利益だけでなく、他の経営指標項目を抽出し、追いかけていくことも業績管理では大切だ。粗利益率、回転率、債権残高、在庫残高のほか、部門によっては契約率、販売個数、生産個数といったデータをピックアップし、推移管理していく。

会社や部門によって追いかける数字は異なるが、必要な数字の月別推移を第18図のような一覧表にしておくと、月別推移のチェックや前年比較がしやすく、異常値の発見につながりやすい。

たとえば、商品在庫の数値が前年比較で急激に増えているようであれば、「なぜ在庫が増えたのか」を分析し、適切な対策をとることも可能だ。

システム経営では、こうした数字を幹部が自ら管理することになるので、おのずと数字に強く、改善意識の高い幹部に成長していくのである。

第 18 図　管理指標の推移管理の例

式会社ジョンソンホームズ

2017 年○月○日

単位：千円

	計画	3月	4月	5月	6月	7月	8月	9月	10月	11月	12月	1月	2月	合計	平均	達成率
注棟数	前年	21 棟	24 棟	37 棟	31 棟									113 棟	28.3 棟	
	今年	26 棟	22 棟	31 棟	35 棟									114 棟	28.5 棟	
注金額	前年	357,616	397,160	622,575	526,887									1,904,238	476,060	
	今年	468,940	417,069	534,077	536,000									1,956,086	489,022	
注利益	前年	101,923	114,642	168,451	149,326									534,342	133,586	
	今年	134,938	122,715	141,634	152,000									551,287	137,822	
工棟数	前年	15 棟	22 棟	14 棟	23 棟									74 棟	18.5 棟	
	今年	17 棟	21 棟	18 棟	23 棟									79 棟	19.8 棟	
上棟数	前年	21 棟	23 棟	21 棟	18 棟									83 棟	20.8 棟	
	今年	8 棟	22 棟	24 棟	25 棟									79 棟	19.8 棟	
上金額	前年	573,024	617,587	615,159	554,413									2,360,183	590,046	
	今年	414,994	703,134	679,376	812,323									2,609,827	652,457	
上総利益	前年	160,254	163,883	174,862	152,342									651,341	162,835	
	今年	136,314	208,217	197,430	236,832									778,793	194,698	
告宣伝	前年	25,516	43,732	24,417	37,214									130,879	32,720	
売促進	今年	27,054	20,433	32,658	27,398									107,543	26,886	
業利益	前年	1,475	-21,803	-9,971	-26,380									-56,679	-14,170	
	今年	-31,937	34,687	-1,361	51,756									53,145	13,286	
金預金	前年	484,801	517,612	340,303	408,793									1,751,509	437,877	
	今年	462,938	497,456	360,657	472,595									1,793,646	448,412	
掛金	前年	411,012	376,505	277,040	269,779									1,334,336	333,584	
	今年	517,053	506,128	487,418	558,532									2,069,131	517,283	
売用土地	前年	184,534	187,774	191,014	215,494									778,816	194,704	
庫	今年	225,807	228,771	238,532	244,648									937,758	234,440	
ョップA	前年	32,066	32,187	32,145	32,590									128,988	32,247	
品在庫	今年	38,368	38,325	38,516	39,762									154,971	38,743	
ョップB	前年	46,091	40,977	44,477	41,986									173,531	43,383	
品在庫	今年	53,922	50,210	57,192	33,722									195,046	48,762	
ョップC	前年	34,255	34,742	35,209	29,457									133,663	48,762	
品在庫	今年	28,172	27,838	30,499	25,732									133,663	33,416	
成工事	前年	389,322	424,280	372,042	381,907									1,567,551	391,888	
出金	今年	236,344	275,769	308,200	221,298									1,041,611	260,403	
期貸付金	前年	576,850	572,250	604,050	649,450									2,402,600	600,650	
	今年	697,632	811,932	824,732	737,032									3,071,328	767,832	
なぎ	前年	560,650	554,050	581,750	607,150									2,303,600	575,900	
証債務	今年	637,758	718,258	746,558	678,058									2,780,632	695,158	
払金	前年	23,017	42,069	36,799	50,945									152,830	38,208	
	今年	-14,395	27,643	40,103	38,724									92,075	23,019	
業員数	前年	221 人	228 人	225 人	224 人										224.5 人	
	今年	240 人	241 人	241 人	243 人										241.3 人	

「結果管理」から「先行管理」へ

月次決算に関連する資料のうち、トップである私が目を通しているのは、次の3つだ。

①月次の業績速報
②月次決算書
③月次業績検討資料

①と②については先ほど述べた通りだが、③月次業績検討資料については、月に1度開催される「グループ経営会議」の席で検討される。

グループ経営会議では、各事業部の幹部がそろって、そのつど必要なテーマが議論されるが、月次決算の結果は毎回検討される重要なテーマのひとつだ。

原価管理や在庫管理など個別の問題や対策は各事業部で完結しているが、売上や営業利益などの重要な数字は、役員と幹部が集まって情報を共有し、議論することになっている。

その際の土台となるのが、「月次業績検討資料」である。

それぞれの事業部の現状や前年比・目標比の数値、課題、対策などをA4用紙1枚のフォーマットにまとめた資料を配布する。参加者はその場で目を通し、とくに重要な課題や対策について議論するのだ。

次ページの第19図は、グループ会社の一つ、ジョンソンホームズの注文住宅事業の「月次業績検討資料」フォームである。

たとえば、ある事業部門の業績が計画対比マイナスで推移しているようであれば、「どうやってその数字を取り戻すか」「その対策で本当に大丈夫なのか」といったことを他事業の責任者も巻き込んで議論していく。

資料は各社ごとや事業部一覧でまとめるので、分量的には十数枚程度。事業責任者は他の事業のこともある程度は理解しているので、数字や要点を拾って読んでいけば、5～10分で把握できるボリュームだ。

資料に目を通していると、「あの事業は苦戦しているようだ」「あの事業部は先月も同じ対策を書いていた。もっとこんな戦略をとったほうがいいのではないか」「この事業部はこんな面白いことをやっているのか。うちの事業部でも真似できるかも」といったものが見えてくる。つまり、インプットを通じて、自分の頭を使って考える時間をとるのだ。

こうして月単位でＰＤＣＡをおこなっていくことによって、業績の「先行管理」が可能に

第19図　月次業績検討資料（ジョンソンホームズ注文住宅事業の例）

年　　月　　日現在　(単位：千円

	年間予算額	予算構成比	月現在実績	実績構成比	予算進捗率	月現在今期完成予定	構成比	今期受注見込	年間目標残	備　　考
売上高										
売上高合計										
材料費										
労務費										
外注費										
経　費										
原価合計										
差引粗利益										
販管費合計										
営業利益										

[語句説明]
・「年間予算額」：事業計画の予算
・「〇〇月現在実績」：その月迄に確定した損益
・「予算進捗率」：予算案に対する進捗状況
・「〇〇月現在今期完成予定」：受注済物件の内、
完成予定の損益の
・「今期受注見込」：見込情報から今期に読める損益の
・「年間目標残」：今期予算達成の為の不足金額

なる。

会議で結果の数字だけをながめていても業績は向上しない。「結果管理」ではなく、できるだけ早く数字を把握して、その事業部の業績につながる管理指標をコントロールしていく。たとえば、営業であれば「顧客面談数」「顧客面談時間」「販促活動の返信率や成約率」といった管理指標（ＫＰＩ）に着目し、適切な対策を施すことが成果を約束する唯一の方法なのだ。

3．会議と報告の仕組みを充実させる

「週報」でグループ全体を把握する

システム経営の肝は、「経営計画→業績管理→成果分配」の一連のプロセスを幹部や社員に権限委譲することにある。

権限委譲といっても、すべてを放任することではない。ビジネスにおいて最高の成果を出すためにお互いの目的やゴールを確認したうえで相手に任せることが、私がよく口にしている「丸投げ」の本当の意味だ。けっしてなすべきことをしないで、責任を放棄することではない。

適切な丸投げをするためには、幹部や社員に任せている仕事がどうなっているかをタイムリーに報告してもらう必要がある。会議と報告の仕組みを充実させることは、システム経営にとって必要不可欠な要素なのだ。

各社の業務報告は、おもに「**週報**」（**週間業務報告書**）という形でおこなわれている。

事業部によっては日報や月報も作成しているが、トップである私が常に目を通しているの

は、チームリーダー以上の幹部70人から送られてくる週報である。

第20図のとおり、週報の中身は「**先週の売上と利益の実績**（前年実績と目標数値も含む）」のほか、「**今週のスケジュール**」「**来週のスケジュール**」「**報告事項**（今週の結果、得た情報、行動や計画の振り返り）」「**その他報告事項**」で構成される。基本的にエクセルのフォーマットにのっとって、各事業部のリーダーがまとめるのだ。

これらの情報を見れば、現場で何が起きているか、どんな問題が存在するのかを把握することができる。

多角化がすすめばすすむほど、トップは現場を見る時間がなくなっていくが、週報に目を通せば、経営判断をするうえで支障はない。たまに影響が大きくなりそうな問題も発生するが、すでに週単位でおこなわれている事業部ごとの会議で議題にあがっているはずなので、週報が送られてくる段階では、その対策を確認すれば事足りる。

ただし、週報の書き方については、ある程度指導をする必要があるだろう。

週報のシステムをスタートした当初は、事実関係を淡々と報告してくる社員が多かった。しかし、事実の報告は読んでいてもつまらないので、「どう思ったのか」「どうすべきだと思うのか」といったコメントを書くように、社員にはフィードバックし続けていた。

第20図　週報（週間業務報告書）

週 間 業 務 報 告 書

会社：　　　　　　　年　月　日

所属：　　　　　　　報告者：

1．今週のスケジュール（Do）

月：

火：

水：

木：

金：

土：

日：

2．報告事項（今週の結果、得た情報など、振り返り）Check⇒Action

①

②

③

④

⑤

⑥

3．来週のスケジュール（Plan）

月：

火：

水：

木：

金：

土：

日：

4．その他報告事項および重要事項（Topics）

		前年実績	今月目標	第1/実	%	第2/実	%	第3/実	%	第4/実	%	最終/予	%
	売												
	利												
	売												
	利												
	売												
	利												
	売												
	利												
合　計	売												
	利												

「読む人の立場になって書いてくれ」というわけだ。それが浸透したようで、今では社員がさまざまなコメントを書き込んでくれる。こうした現場の生きた発言からは経営のヒントになることも多いし、社員がどんなことを考えているのかも理解できるようになる。だから、私は週報を重要視し、必ず目を通すようにしているのだ。

なお、約70人のリーダーが作成した週報はいったん私の秘書に送られ、彼女がひとつのファイルにまとめたうえで、私や幹部のほか、リーダー層全員にメールで送信される。つまり、グループ全体の情報がリーダー全員に共有されるのだ。というのも、「自分の事業だけわかっていればいいや」という風土を生みたくないからである。

7章でも述べるが、連邦化を目指し、グループの一体感を出すには、自分の事業だけでなく、他の事業についても積極的に関わることが重要だからだ。

たとえば、住宅事業の幹部が介護事業でどんなことが起こっているかを知る。反対に、介護事業の幹部が住宅事業の現状を把握する。グループ全体を見る視点をもっていれば、より広い視野から物事を考えられるし、他の事業から刺激や改善のヒントを得られる。

グループ全体に対する愛着もわいてくるだろう。幹部育成という観点からも、幹部間で情報を共有することは大切なのだ。

トップはできるかぎり会議に参加しない

当社では、各社、各事業部で業績会議や経営会議、幹部会をおこなっているため、他の会社よりも会議の数が多い。

チーム単位の会議も含めると、グループ全体でどのくらいの数の会議が存在するのか、もはや把握できないくらいだ。もちろん、ムダな会議はひとつもないが、情報共有や意思統一を図り、本音《ほんね》のコミュニケーションをするためには、会議が多くなるのは仕方ないと考えている。

システム経営においては、会議は必要不可欠な場だ。したがって、「会議優先」という共通認識が重要だ。

かつては「お客様を訪問しなくてはならない」「急な打ち合わせが入ってしまった」という理由で会議を欠席する社員もいたが、今では「会議優先」をルールとして徹底している。

事前に会議のスケジュールを決めているため、会議に出席できないのは段取りが悪いと言わざるをえない。電話で中座することも原則禁止している。このように「会議優先」を徹底することで、会議の形骸化《けいがいか》を防ぐことができ、タイムリーな業績管理も可能になるのだ。

なお、会議を形骸化させないためには、会議ごとに「目的」「メンバー」、そして「会議のアジェンダ（主要テーマ）」を事前に決定しておくことだ。

とくにアジェンダがあいまいなまま会議をしても、議論がかみ合わないし、成果も得られない。会議のための会議になってしまったら、時間のムダである。

たとえば、当社のグループ経営会議でも冒頭で進行役が、「中長期の課題について検討する」「来期新卒採用の課題について検討する」など、今日のアジェンダについて説明する。そうすることで、会議の成果と効率を確実にあげることができるのだ。

トップである私が定期的に出席している会議は、おもに次の3つだ。

①グループ役員会（グループ役員7名、月2回）
②グループ経営会議（各事業責任者など約15名、月1回）
③グループ管理部幹部会議（各社、各事業部の管理部担当者など7名、月3回）

そのほか、不定期で顔を出す会議もあるが、基本的に今はこの3つの会議に参加すれば、会社で何が起きているか、営業と管理・総務の動きを掴むことができ、トップとしてどのような意思決定をしなければならないか、といったことは十分把握できる。

第21図は、当グループの組織の概略図とおもな会議を示している。

多角化をすすめている会社の経営者の中には、「事業が増えるたびに会議も増えて大変だ」と嘆く人もいる。しかし、システム経営では会議の運営もできるかぎり幹部に権限委譲するのが原則だ。そうしなければ、多角化経営をする会社の社長ほど、たくさんの会議に忙殺され、本来社長がすべき仕事がないがしろになってしまう。

新しく会議を立ちあげた時などは、社長も積極的に参加するべきだ。しかし、判断基準や価値観を幹部に共有してもらえるようになったら、会議の運営は幹部に任せてフェードアウトしていく。

「こういうケースでは、社長はこういう判断をする」という基準や価値観が幹部に浸透していれば、社長が参加しなくても、その会議はうまくまわっていくはずだ。

いつまでも社長が会議に参加していると、幹部はいつまでも社長を頼りにして、成長していかない。システム経営においては、会議は社員教育の場ととらえることも大切なのである。

なお、第22図はグループ共通もしくは各社における重要事項の稟議において、グループ役員会の協議・承認を要する事項一覧、第23図は、社長として私が決裁する事項一覧である。

第21図　グループの組織概略図と主要な会議

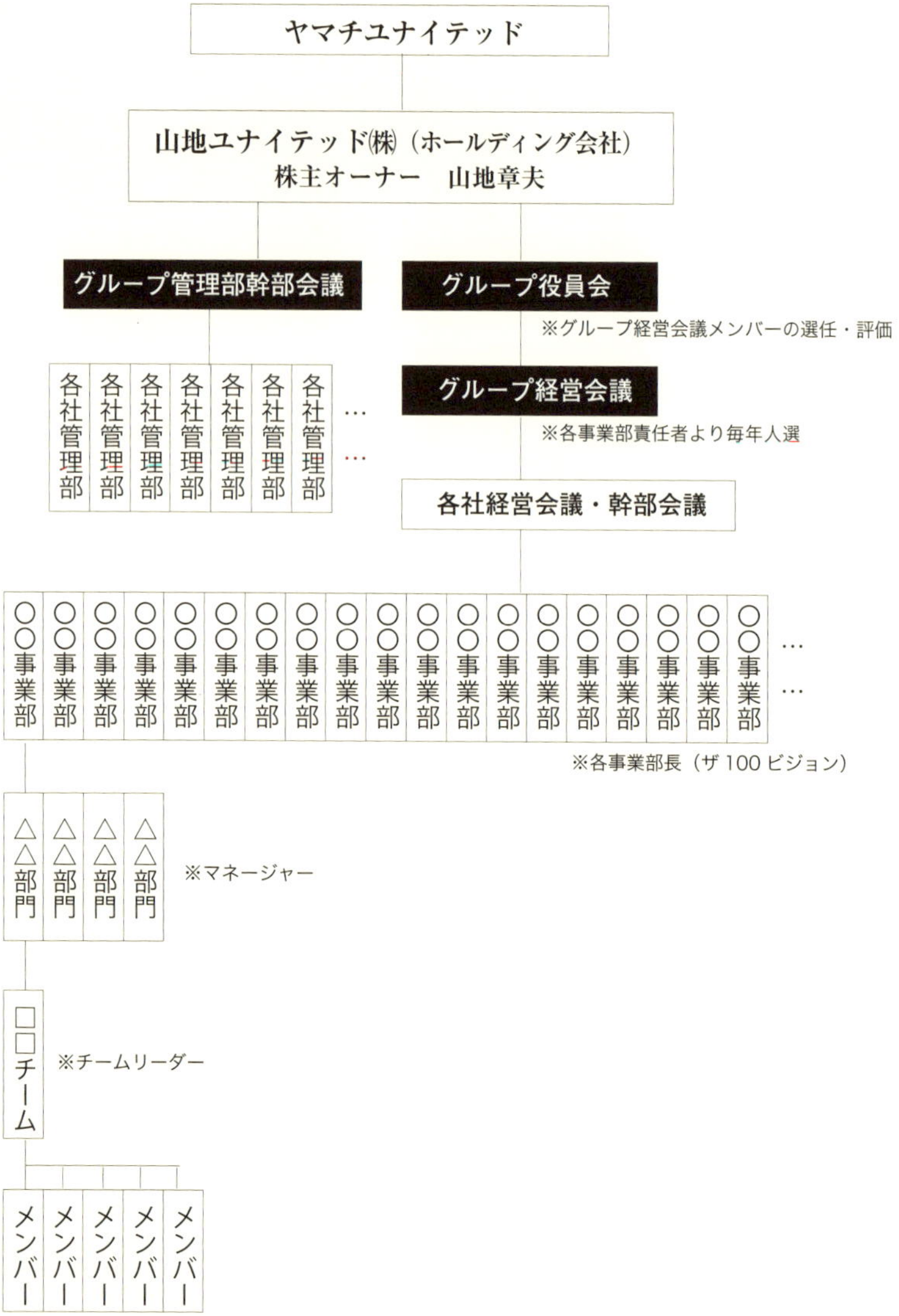

第22図　グループ役員会の取り扱い事項の一覧

1. 経営計画	・中長期計画・年度経営計画・組織図・賞与・成果分配基準・財務改善計画・委員会、プロジェクトの設置
2. 人　事	・新卒採用計画・活動予算計画・正社員総合職採用の募集稟議・正社員総合職本採用稟議・社員の退職・5等級(課長格)以上の昇格・降格・昇進・降職(リーダー職以上の管理職人事・役職手当の変更)・グループ会社間の転籍や在籍出向の扱い・グループ外へ、もしくは外部からの在籍出向の扱い・褒章・懲罰
3. 賃　金	・昇給個人別内訳の承認・賞与支給基準および個人別内訳の承認・成果分配支給原資及び個人別内訳の承認・退職金支給稟議
4. 人材育成	・外部研修の参加や、外部講師による社内研修会等の実施・社員教育に関する重要事項について
5. 財　務	・借入稟議・貸付稟議・借入返済・担保提供、連帯保証行為・銀行取引関係
6. 投資・購入	・不動産の購入・売却・賃貸・その他大型不動産の取得・喪失・貸借、概ね50万円以上の設備投資・販売用不動産の購入・社外出資案件
7. 制度・規程の改正	・各種規程の制定・改廃・各種制度の制定・改廃
8. 組織変更等	・大幅な組織変更・新事業部の設置・既存事業部の廃止
9. 出　張	・役員の国内長期出張・役員の研修参加出張・海外研修及び出張
10. 重要な新規取引	・得意先、仕入先、業者、海外取引など重要度の高いと思われるもの
11. 新規事業への取り組み	・新規事業立ちあげ稟議
12. コンサル契約	・コンサル導入時稟議・コンサル契約の継続・更新の稟議
13. 大規模な会合・接待	・自社主催の得意先・取引先との会合・自社主催の記念行事など
14. 大型の販促活動	・モデルハウスの建設・TVCMの実施など・大型キャンペーンの実施など
15. 全社行事の企画・実施	・全員参加の会社行事・社内向け記念行事など
16. 大型クレームの対応及び支出	・50万円以上の補償や修復費のかかるもの・損害賠償金の支払
17. 訴訟関係	・訴訟の提起・応訴・あっせんなどの対応
18. 資本政策	・新会社の設立・増資・減資・新株発行・社債の発行など・M&A関係
19. 重要な会計処理	・決算処理・不良債権、貸倒の処理など
20. グループ関係会社に係る重要事項	・重要な関係会社間取引
21. その他異例の事項および異例の支出	・事業責任者が判断しかねる案件・寄付金の支出
22. 決裁の稟議内容の変更稟議	・当初の予定を変更する場合は変更再稟議する

第23図　社長決裁事項一覧

1．固定資産についての以下の金額に係る取得、改造、修理、貸借又は貸与
　（1）土地、建物、建物付属設備、構築物、機械及び装置、車両運搬具、器具備品等の有形固定資産については、50万円以上
　（2）会員権又は特許権、実用新案権、商標権、意匠権等の無形固定資産については、10万円以上

　上記の金額の判定基準は以下によるものとする。
　（イ）取得、改造、修理について、それをおこなうに必要な額
　（ロ）貸与については、帳簿価格
　（3）賃貸借については、1月当たりの賃料が10万円以上または保証金（敷金）が10万円以上
2．有形及び無形固定資産に係る10万円以上の譲渡並びに、有形及び無形固定資産、商品、製品、原材料、仕掛品及び貯蔵品等棚卸資産に係る10万円以上の除却又は減価処分
3．新規の投融資および投融資の変更
4．基本経営計画に関する事項（事業計画・人事計画・投資計画・採用計画・広報計画など）
5．新卒採用、中途採用、昇進（降職）、昇格（降格）、人事異動、辞令の発行など人事に関する事項
6．昇給・昇格・賞与支給、成果分配支給、退職金支給など、賃金に係わる事項
7．事業計画の修正および予算の補正
8．主要な組織変更
9．資本政策の決定・変更（増資・減資・新株式発行・社債発行など）
10. 褒奨および懲罰の承認
11. 金融機関との新規取引、口座開設及び取引停止や口座解約
12. 資金借入・返済
13. 損害賠償金の支払
14. 金融機関や取引先に対する保証行為及び担保提供
15. 不良債権の会計処理、債権の放棄、債権償却特別勘定及び有税での貸倒引当金への繰入
16. 50万円以上の費用が発生するクレームの修復及びアフターメンテナンス
17. モデルハウスの建築
18. 寄付行為全般
19. コンサル契約及び顧問の委嘱及び解雇
20. 訴訟の提起、応訴
21. 重要な官公庁諸提出物
22. 社内諸規定や制度の制定、改廃
23. 決算税務申告内容の承認
24. 新規事業の事業計画の承認
25. 会社印章の管理に係る事項（実印・銀行印の捺印・各種印章の新規作成や変更）
26. 関係会社に係る重要事項（重要な関係会社間取引や資金貸借など）
27. その他異例等のため稟議により社長の決裁を得ることが適当な事項

以上

YAMACHI UNITED

「ワーク型会議」のススメ

「社長や幹部が一方的に話をして終わってしまう」「マンネリ化していて活発な意見交換がなされていない」。そのような非生産的な会議が世の中にはあふれている。

会議は大切な意思決定や情報共有の場であり、経営者が幹部を教育できる貴重な場でもある。惰性で非生産的な会議を続けていたら、あまりにもったいない。当社でも、常にこのような危機意識をもって、会議のあり方を模索してきた。

その結果、たどり着いたのが、「**ワーク型会議**」というスタイルだ。

最初にワーク型会議を導入したのは、月に1度開催している「グループ経営会議」だ。この会議には、私も含めた各社の役員、事業責任者など幹部クラスが一堂に会す。

グループ経営会議の重要な議題のひとつが、業績に関すること。従来は、事業部ごとに責任者が口頭で資料を読み上げながら、「先月の業績はこのような数字でした……今月はこんな感じで推移していきそうです……課題を解決するための対策としては……」という具合に一方的に説明し、それを受けて私が質問をしながら議論を深掘りするのが、いつもの光景だった。

しかし、ある時から、このような会議のやり方に疑問を感じはじめた。というのも、会議が活性化しなかったからだ。

各事業の責任者が社長である私に対して報告するという図式になってしまい、私が期待している「横のつながり」が見られなかったのである。

グループ経営会議のメリットは、グループ横断型の会議で、縦割り組織の弊害を防ぐことにある。自分以外の事業が困っていればサポートしてあげたり、アドバイスをしてあげたりする。そうやってグループ一体となって、他事業に関心をもち、応援できることが多角化経営のメリットだと考えていた。

最初のうちは、グループ経営会議も活性化し、その目的を果たしていた。ところが、しばらく続けているうちに、マンネリ化してしまった。他の事業に対して「もっとこうしたほうがいいのではないか」「こんなアイデアがある」という展開にはならず、事業責任者から社長である私に一方的に説明するという図式が、いつの間にか定着してしまったのだ。

社員の立場になれば、もし他の事業にクビを突っ込んで、「なぜこんな数字になったのか」と追及したり、「こうしたほうがいい」とアドバイスしたりすれば、自分も別の事業責任者から痛いところをつかれたり、追及されたりする可能性がある。

経営者や幹部の前で、うまくいっていないことを指摘されればバツが悪いから、お互いに口をつぐむことになる。その結果、会議が活性化しないという状態に陥ってしまったのだ。

　このような課題を抱えていたところ、グループ会社である住宅会社のジョンソンホームズをはじめ、いくつかの事業部で「ワーク型会議」によって会議が活性化しているという報告を受けて、グループ経営会議も〝リフォーム〟することを決断したのである。

　ワーク型会議とは、いわゆる「ワークショップ」をベースにした会議だ。一方的な情報伝達ではなく、参加者が自ら主体的に参加し、思考することで、学び合ったり、気づきを得たりすることを目的としている。

　当社のグループ経営会議の場合、次のような手順でおこなう。

　たとえば、月次業績検討資料をもとに各事業部の業績を検討する前に、資料を読み込むためのシンキングタイムを設ける。これまでは各事業の責任者が口頭で報告書を読み上げていたのだが、それだけでもトータル40～50分はかかる。すでに書いてあることをただ読み上げるのは時間がもったいなく、議論も深まらない。そこで、資料を配布し、参加者はその場で目を通すことにしたのだ。

　シンキングタイムが終わったら、参加者が2人1組のペアになって、報告書に対する意見やアイデアを出し合う。これがワークショップ形式の肝だ。

会議の出席者が20数人もいると、意見やアイデアがあっても、委縮して発言できないケースがある。仮に何か意見をもっていても、上司の顔色をうかがって黙り込んでしまうといったシーンは、当社の会議でもよく見られた。

だが、2人きりだと、ためらわずに意見が出る。「○○事業が前年比割れしているのは問題じゃないの?」「それもそうだけど、○○事業も問題だよね。私ならこんな対策をとるかな」というように、他の事業部に対するさまざまな意見が表面化する。

ワークショップの時間は5~10分ほど。とにかく、気づいたことを口に出してもらう。場合によっては、違う人とペアを組んで、もう1セットやることもある。そうすることで、従来の会議では表に出てこなかった意見がどんどん出てくるようになる。

そうしたステップを踏んでから、いよいよ参加者全員で各事業部について話し合う。ワークショップをすることでコメントするハードルが心理的に下がるのか、それぞれの事業部について意見を求めると、参加者が不思議と意見やアイデアを出してくれるのだ。

たとえば、ファシリテーターが「○○事業部についてはどう?」と尋ねると、「こういう意見が出ました。このようなやり方をしたほうがいいのではないでしょうか」と発言してくれるようになったのである。これはワーク型会議を導入してから、大きく変わった点だ。

会議の参加者から積極的に意見が出るようになると、自然と横の連携がとれるようになる。たとえば、次のような議論が展開される。

Aさん「〇〇事業部は、前回の会議でも同じ課題を挙げていたと思いますが……」
Bさん「そうですね、私だったら、まずは大々的に商品PRをして損益分岐点に乗っけることを優先するかな」
Cさん「それなら、うちのマーケティングチームを貸しましょうか」
Dさん「イベントをしかけたらどうでしょう。うちのイベント事業部で安くやりますよ」
Eさん「今はフェイスブック広告だよね。半年前からやっているけど、すごく反応がいい。うちの成功事例を試してみたら」

このように、さまざまな視点からアイデアが出てきて、各事業の強みを活かしたアドバイスもできる。一部の役員や事業責任者が仕切るような会議では、このような議論には発展しない。

グループ経営会議で議論になるのは、だいたい業績アップや人の問題などだ。これらの課題は、どんな事業でも共通しているので、他の事業責任者の発想やアイデアは参考になることが多くある。

たとえば、「人材募集しても人が集まらない」という悩みはどこも共通しているから、他の事業責任者から「○○という媒体は効果があったから、試してみたら」といったアドバイスを共有できれば、グループ全体に価値をもたらす。それぞれの事業部が強みを生かして、他の事業部の足りないところを補い合う。これこそ多角化の大きなメリットである。

ワーク型会議は、現在、当社のスタンダードになっている。その効果の大きさから、現在では各事業部の会議などさまざまな場でワーク型が採用されている。あとで述べるように、全社員が集まるキックオフの場でもワーク型がおこなわれているほどだ。

言いっぱなしOK、聞き流してもOK

ワーク型会議を実施すると、参加者一人ひとりが自分の頭で考えて、気づきを得て、意見を言うようになる。

それは、社員の自主性を養うことにつながる。社長が一方的に「あれしろ、これしろ」と指示を出す会議をしていたら、部下はやらされ感を抱き、自分から行動を起こさなくなってしまう。そこで、当社のワーク型会議では、あるルールを設けている。

一般的な会議では、参加者から意見やアイデアが出たら、決裁者が「それでいこう」とジャッジして、いつまでに誰が何をするか、行動に落とし込み、進行のチェックをしていくのが普通である。そうしないと、言いっぱなしになってしまうからだ。

しかし、当社のワーク型会議では、「言いっぱなしＯＫ、聞き流してもＯＫ」というのがルールである。参加者から「こうしたほうがいいのではないか」「これは問題ではないか」と指摘されても、当事者は「参考になりました」と言って、その場では聞き流してもいい、ということにしたのだ。

こうすると、本当に言いっぱなしになってしまうと思う人もいるかもしれないが、問題はない。当事者の心に引っかかる意見や指摘であれば、自然と「たしかにそうだな。これは何とかしないといけない」と思い、対策をとるものだからだ。つまり、会議を気づきの場とすることで、自主性を重んじているのだ。

他の事業責任者から「これをやったほうがいい」と強制されたら、カチンときて「意地でもやらない」という感情になりがちだ。しかし、いったん自分の部署にもち帰って冷静に考えれば、「たしかに一理ある」という指摘に対しては必ず対策をとる。これなら、やらされ感を排除することができる。

また、意見を言うほうにとっても、「言いっぱなしＯＫ、聞き流してもＯＫ」であれば、発言する心理的ハードルは低くなり、あとで自分の事業部について言い返されるという「仕返し」を恐れる必要もない。

経営者がそれぞれの事業について、「こうしたほうがいい」と的確な指示ができればいいのかもしれないが、多角化していれば、それは現実的ではない。経営者はスーパーマンではないので、現場をすべて把握しているわけではないし、すべてに適切な解を用意できるわけでもない。現場の社員に知恵を出し、解決してもらう必要がある。

ワーク型会議なら、社員に問題解決を「丸投げ」できる。極端なことをいえば、経営者はいわば株主のような立場で、「１０％の利益を出してください。やり方はみんなで考えてね」というスタンスをとれる。無責任といわれるかもしれないが、そのほうが自分の頭を使って知恵を絞る社員は成長し、グループの一体感も高まっていくのだ。

経営者にとって会議は、貴重な社員教育の場でもある。トップダウンで会議をすすめていたら、部下は成長しない。リーダーは部下の気づきを促す支援者であるべきだ。

経営者が会議で発言すると、それは「指示」になってしまう可能性がある。たとえば、部下の一人が「こうしたほうがいいのでは」と意見を言ったとする。それが70点の意見であったとしても、あえて口出しはしない。経営者が30点を足して100点の意見にすれば、70点の意見がかすんでしまう。すると、意見を言った部下は面白くないので、「もう意見は言わなくていいや」といじけてしまうだろう。

だから、あえて経営者は意見を言わずに、「いい観点だな」「鋭いな」と評価してあげる。そのほうが社員は意見をどんどん出してくれて、自主的に動いてくれる。「会議は教育の場でもある」という意識をもっていないと将来の幹部は育たないのだ。

社員自らが気づきを得られるようなプラットフォームづくりをして、気づいたことは口に出せるような風土をつくる。それが、多角化をすすめる経営者に求められる役割ではないだろうか。

4．年3クール制で業績を管理する

「3クール制」のススメ

上場企業は決算サイクルを四半期ごとに区切っているが、当社では3クールに分けて業績管理をおこなっている。

管理会計による経営計画の見直しについて、どのくらいのサイクルで区切るかは会社によって異なるが、当社の場合は、4カ月で一区切りとしているのだ。つまり、1年（12カ月）を第1クール、第2クール、第3クールの3つに分けている。当社では、これを「**3クール制**」と呼んでいる。

試行錯誤の末、10年ほど前から3クール制を導入しているが、経営者である私にとって、このサイクルが最も心地よく、経営がしやすいと感じている。

どのような決算サイクルを採用するかで、経営をするうえで大切な「リズム」が大きく変わってくる。事業責任者をはじめ、社内でも3クール制は好評である。

中小企業では、1年に1度、年度末に経営の見直しをするケースが多い。実際、小規模な会社や経営者の頭の中にすべて数字が入っている企業なら、1年ごとの決算で事足りるかもしれない。しかし、1年間の長いサイクルだと、経営状況が変わって計画そのものが無力になるケースや、即座に対策を打たなければならないケースで対応が遅れてしまうリスクがある。

また、1年サイクルの場合、年度のスタート時は社員のモチベーションが高くても、1年の中盤、終盤になるにしたがって、社員のやる気は盛り下がっていくもの。なかには、「今年の目標は何だったたっけ?」と計画自体を忘れてしまう社員が出てくるといった、笑えない状況も生まれる。

では、四半期決算はどうだろうか。上場企業は四半期決算で3カ月ごとに決算をして業績発表している。四半期決算をしたことのある経営者にはご理解いただけると思うが、案外3カ月はあっという間だ。新しい期がスタートしてから2カ月過ぎた時点でおおよその業績予測が出て、残りの1カ月間で次期に向けて見直しをすることになる。

現場からすれば、各期末の見直し用の会議資料を頻繁《ひんぱん》につくることになり、「もう3カ月経ってしまったのか」というのが正直な感覚だろう。

「ここが課題なので、今後はこうします」と発表してから、舌の根も乾かぬうちに、また次の会議用の資料をつくらなければならない。経営陣にとっても、経営計画の見直しばかりでやっている暇はないというのが本音だ。

それなら、半期（6カ月）サイクルで締めるというのはどうだろうか。

これも経験的にいえば、4カ月くらい経ったところで中だるみしてしまう。6カ月ごとだと、今度は「長すぎる」というのが実感である。

というわけで、当社の場合、3クール（4カ月ごと）のサイクルで数字を締めて、経営計画や業績を見直すのがいちばんしっくりきている。

多角化経営を実践している企業の中にも、システム経営とともに3クール制を導入しているところがあるが、「4カ月のサイクルがちょうどいい」という声も届いている。

3クール制のいいところは、経営のリズムがよくなり、心地がいいということだ。これは感覚的な部分もあるのだが、忙しすぎることもなく、間延びすることもなく、絶妙な塩梅《あんばい》なのである。

新しい期がスタートしてから3カ月業務に専念し、残りの1カ月は締めに向かってラストスパートをしながら次クールに向けて計画を練り上げていく。四半期決算だと、このサイクルが1カ月短くなるが、この1カ月の差が案外大きい。1カ月長いだけで、物理的にも精神的にも追いつめられる感覚がなくなる。

大胆な計画変更のチャンスができるのも、3クール制の大きなメリット。年度末に1回しか見直しをしない場合だと、途中で経営環境が変わってしまっているのに、だらだらと計画に基づいて問題を放置してしまう可能性がある。1年サイクルだと、スピード感のある経営はできない。

一方で、月次決算のたびに計画の見直しをする場合は、あまり時間をかけることができず、小手先の対処に終わりがち。組織や人事など抜本的な対策は難しいだろう。

その点、4カ月ごとに見直すようにすれば、環境変化にも柔軟に対応できると同時に、大胆な計画変更も可能だ。「このままだとうまくいかないから人を異動させよう」というように、組織面、人事面での施策をとることもできる。つまり、スピード感のある経営が可能になるのだ。

区切りの「キックオフ」で経営計画をチェック

3クール制のメリットには、社員のモチベーションを維持できるという点もある。

第24図　3クール制とキックオフ

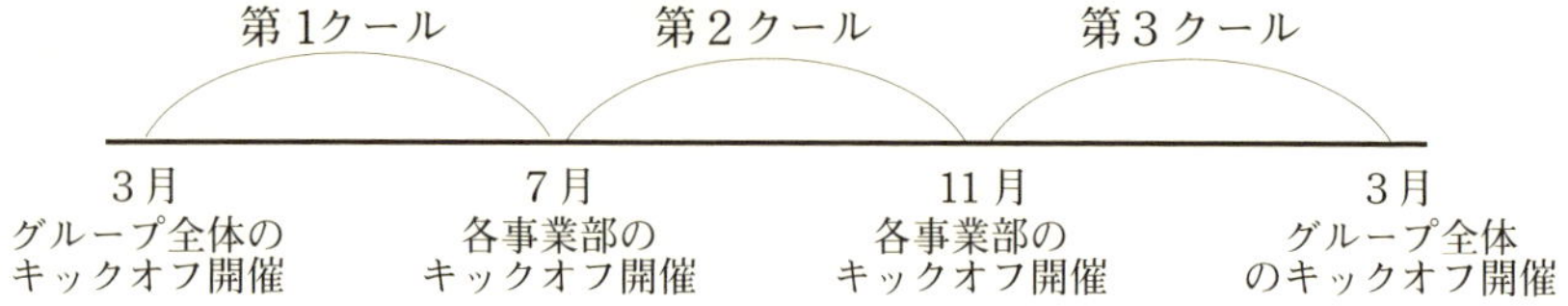

当社は年度末である2月末にグループの全従業員５００人以上が集まって、「今年はこういう方針、目標でいこう」と確認し合う一大イベントを開催している。この年1回の全員参加のイベントを「キックオフ」と呼んでいる。

キックオフでは、丸一日かけて私のスピーチをはじめ、各事業部の来年度の経営計画発表や成績優秀者への表彰などがおこなわれる。

表彰式では、前期のＭＶＰ社員のほか、それぞれの事業部から優秀者を選び、計7～8人ほどを表彰する。営業部門で売上を稼いだ社員だけでなく、「ブランディングに貢献した」「いい設計をした」「受注業務で活躍した」といった理由で間接業務の社員も表彰の対象にしている。すべての社員を公平に評価することで、社員のモチベーションも上がる。できるかぎり多くの社員を表彰するといいだろう。

ちなみに、キックオフの場でも前述したワーク型会議がおこなわれる。

ランダムに2人1組になって「次年度の経営計画の達成のために自分たちのできること」などをテーマにディスカッションをおこなう。このワークを、テーマを変えながら5〜6回実施する。500人がいっせいにワークを始める様子は壮観である。そして何組かを指名し、発表してもらう。

実際に発表するのは数人であるが、約1時間半におよぶワークを通じて社員たちは自分たちが考えていることを話し、他の事業部の人がどんなことを考えているのかを知ることになる。「他の事業部ではこんなことを考えているのか」「この考え方はうちの事業部でも参考になる」というように、大いに刺激を受けることになるのだ。

新年度を迎えるにあたり、何らかのイベントをおこなっている会社は多いが、たいていは社長など一部の幹部が一方的に話して終了というケースが多いようだ。それでは来年度に向けて組織の勢いもつかないのではないだろうか。

年に1度のキックオフとは別に、3クール制では4カ月ごとに各事業部がキックオフを開催している。つまり、第2、第3クールのスタートに合わせて、事業部の社員全員で計画の達成状況を確認したり、今後の計画や目標を共有したりするのだ。計画はクリアできているか、対策はやり切れているかといったことを事業部単位で確認しながら、業績をコントロールしていくのである。

キックオフはリーダーによる決意表明の場でもある。各事業部のリーダーが何百人ものメンバーの前で、「前のクールはうまくいかないところもあったが、次のクールではこうして挽回する」と宣言することで士気も高まる。

また、各クールのキックオフのあとに事業部ごとにパーティーを開催しており、その場で事業に貢献した社員を表彰している。全体のキックオフでも表彰がおこなわれているので、年3回表彰されるチャンスがあるというわけだ。

表彰の機会が増えれば社員のモチベーションも上がるから、そういう意味でも3クール制にして業績を見直すことはメリットがある。


社長は「出席できる時は参加する」というスタンス

3クール制は、多角化経営をしている企業の経営者にとっても利用価値が高いと感じている。

いくら丸投げ経営をしていても、事業部が増えれば増えるほど、トップはチェックしなければならない事柄が物理的に増えていく。もしも四半期ごとに各事業部の会議やキックオフに参加して、業績や計画の変更に関する報告を聞いていたら、トップは忙しくなり、本来経営者がすべき他の仕事がおろそかになってしまう。

反対に、1年に1度、半年に1度しかキックオフのような機会がないと経営者は焦《あせ》るものだ。「あの事業が心配だ。こんなにゆっくりしていて大丈夫か」という気持ちになるからだ。

しかし、3クール制であれば、それほど忙しさを感じないし、懸案を抱えている事業や気になっている事業に関してはタイムリーに対策を講じることができる。

当社の場合は、かなり事業部が多く、社長である私がすべての事業部のキックオフには参加できないので、「出席できる時は参加する」というスタンスだ。「絶対出る」と言ってしまうと、急用などで参加できない時、約束を破ることになるからだ。

ただし、基本的には売上のボリュームの大きい事業部（ジョンソンホームズなど）には努めて出席するようにしているほか、方針や計画を柔軟に変更しなければならないような環境変化が激しい事業部などは、経営者として適切な経営判断をするために出席するようにしている。

各事業部のキックオフは参加できる時だけ出席するというスタンスだと、社長ではなく自分たちが主役なのだと自覚することになる。

3クール制は大きな変革をともなう制度ではないが、その効果は絶大だ。デメリットも見当たらない。小さな組織で、4カ月に1度も計画や業績を見直す必要がなければ2クールでもいいかもしれないが、3クール制は多角化経営をしている中小企業にはフィットする制度だと自画自賛している。ぜひ試してほしい。

システム経営の三本柱——③

成果分配のルールをつくる

6章

1．自主評価・自主分配の仕組み

評価の透明性が高いほど社員のやる気はアップする

システム経営を支える三本柱の最後は「成果分配システム」だ。

幹部が中心になって経営計画を作成し、その計画を達成できるように自分たちで業績を管理していく。そして、自分たちで業績評価、人事評価をして、業績に応じて利益を受け取る、つまり自主評価・自主分配するのだ。

幹部たち社員が中心になり、「経営計画システム」「業績管理システム」、そして「成果分配システム」の3つをワンセットとして運用することによって、社長のトップダウンに頼らない経営が可能になり、多角化経営を担う人材がぐんぐん育っていくのである。

大事なことなのでもう一度念押ししておくが、システム経営を導入するうえでは、「自主計画・自主管理・自主評価・自主分配」はセットで考えることが必要不可欠だ。この流れがひとつにつながることで、初めてシステム経営は機能する。

システム経営の特徴は、ひとことで言うと「全員参加」。幹部や社員たちが自ら経営計画を作成し、業績管理を自分たちでまわし、そして評価や成果分配も自分たちでルールを決めて実施する。「自分たちのことは自分たちで決める」ことが原則のシステム経営だからこそ、成果分配の納得性も高まる。

上層部から降《ふ》ってきた経営計画に沿って仕事をするのが当たり前の会社だと、営業利益の数字が悪くて成果分配が出ないということになれば、「経営計画が悪いから基準を達成できなかった。成果分配がもらえないのは経営陣のせいだ」などと、社員は文句を言いたくなる。

また、システム経営を導入していても、評価や成果分配だけはトップがおこなう仕組みになっていたら、「どうせ社長の一存で決まるなら計画策定や業績管理をしてもムダだ」と、幹部や社員のモチベーションはガタ落ちしてしまうだろう。

しかし、自分たちで経営計画を策定し、業績管理をし、「この基準を超えれば成果分配がもらえる」ということを明確にしてからスタートしていれば、たとえ分配の原資となる利益額に達しなかったとしても納得できる。

評価は透明性が高ければ高いほど、社員の納得度も高くなるものだ。「計画がこうだったから、数字が出ずに成果分配も少なかった」「今度はこうすれば数字は上がり、成果分配も多くなる」ということがオープンになっていれば、成果分配が期待より少なくても納得でき、

「来年こそは成果分配を増やそう！」という意欲もわいてくる。

誰かに評価されるのを待つよりも、「これくらい頑張ればこれくらいの給与が返ってくる」とわかっているほうが、そのレベルを目指して頑張ろうという気持ちになるのだ。

社長が公正な評価をするのは不可能

社長にとって業績と同じくらい悩ましいのが人事管理だ。

会社経営における最大のコストである人件費を、社員の貢献度に応じていかにバランスよくコントロールするかは簡単ではない。人事管理に失敗すれば、社員のやる気を削ぐ結果となり、自律的に働く人材も育たない。

とくに中小企業の場合は、人事評価制度が確立されていないケースが多く、経営者と社員、双方が納得できる制度になっていないというのが現状だ。能力・成果主義の人事制度を取り入れている会社でも、実際の現場では次のような課題を抱えていて、うまく機能していない。

・評価制度の内容が幹部社員を含め、全社的に理解されていないため、評価制度自体が機能していない

・能力や成果が評価に反映するウェイトが低いため、差が明確にあらわれない
・考課者によって評価基準にバラツキがあるため、逆に不信感や不満が増す
・業績目標の設定に納得感が薄く、約束通りの評価となりづらい
・公正な評価制度にしようとして評価項目が多くなり、結果的に差が出ない。あるいは運営しきれない
・結果にかかわらず、「頑張っているように見える社員」が評価されやすい

心当たりがある経営者も多いと思う。

実際、当社も昔、欧米型の成果主義の給与制度を導入していた時期があるが、同じような理由でうまくいかなくなり、数年でやめてしまった。

そもそも社員全員が納得するよう、公正に評価することは簡単ではない。システム経営を導入する前の私もそうだったが、経営者の中には「社員の評価をするのは気が重い」という人が多いのではないだろうか。

世の社長は誰もが、できるだけ社員を公平に評価し、その貢献に報いたいと思っているものだ。しかし、末端の社員まで目が行き届かないので、ストレスが溜まる。多角化して従業

員が多くなればなるほど、ますます現場が見えないので平等な評価ができなくなってしまう。

私の場合も、会社が大きくなるにつれて採用面接でしか顔を合わせない社員が増えて、末端の社員まで評価することに限界を感じたものだ。本当に平等な評価をしようとすれば、それに忙殺されて、本来の経営者の業務がおろそかになってしまうだろう。

社員の立場から見れば、平等な評価がされていないと感じれば、「結果的に社長の好き嫌いで決まる」という論理になり、やる気を失うことになってしまう。

その点、システム経営であれば、評価や成果分配のやり方をシステム化でき、経営者は決裁をするだけで済む。負担が大きく軽減されるはずだ。それだけでなく、計画を達成できたら利益が還元されるわけだから、社員のやる気や主体性もアップする。ひいては、それが生産性の向上にもつながり、高給与の支給や財務体質の強化も実現できるだろう。

人事評価も幹部任せ

システム経営では、部下の人事評価と給与・賞与の決定も幹部任せである。

具体的にいえば、人事評価は社員で構成される幹部会議に委《ゆだ》ねている。極端にいえば、「社員みんなが納得し、やる気が引き出されるような、よい仕組みを社員みんなで考えて実行する」というものだ。会社としては、労働分配率さえ悪化しなければよいというスタンスだ。

人事評価に絶対的な正解はないと思っているが、現場を常に見ている幹部や上司が議論を重ねながら評価すれば、より正確で、部下の納得性の高い評価ができると考えている。少なくとも社長がすべて自分で見ようとするよりも、はるかに良い評価ができるだろう。社長は幹部の評価をする必要はあるが、幹部以下の評価は幹部に任せて、調整や決裁に専念すればいいのだ。

人事評価を幹部に任せてしまっても大丈夫だろうか、と不安を覚える社長もいるかもしれない。しかし、評価を任せられた幹部は責任をもって部下を見るようになり、面談などを通じて、これまで以上にコミュニケーションをとるようになるため、納得度の高い評価をしてくれるものだ。そして、責任感が芽生えた幹部は、これまで以上に経営意識をもって、急速に成長していく。

何よりも人事評価を幹部に任せたことで、社長である私の心理的負担が軽減され、気持ちがグンとラクになった。これは日々時間に追われている経営者にとって案外、見逃せない大きなメリットである。

もちろん、評価・成果分配制度はそれぞれの会社が置かれた状況や環境に適したスタイルがある。したがって、「中小企業はこうすべき」とは一概にはいえない。

しかし、システム経営における成果分配システムは、さまざまな点で効果的だと実感している。少なくとも事業部や社員が増えていくことを前提とした多角化経営においては、社長の負担が減り、事業を任せられる人材が育つことにもつながるはずだ。

2．業績連動型の「決算賞与」を導入する

業績の良い事業部ほど収入が大きくなる「成果分配」

「それぞれの企業・事業部の幹部の報酬はどうやって決めているのか？」「従業員の給与はどうやって決めているのか？」

多角化経営を実践していると、給与制度について質問されることがある。経営者にとっては、大いに気になる部分だろう。

当社の例でいえば、給与制度のベースとなる等級は、基本的にどの企業・事業部にも同じものを落とし込んで統一している。社員の「生活給」にあたる部分は年齢や能力に応じて毎年少しずつ上がっていくと同時に、役職がアップすれば、それに合わせて給与額も大きく増えていく（ちなみに、チームリーダーなどに抜擢されれば、２０代でも飛び級で等級が上がるようになっている）。

しかし、多角化経営の場合、事業範囲がさまざまな業界・業種にわたっている。したがって、それぞれの業界・業種の標準に合わせて賃金ベースやインセンティブ（歩合制）の有無

などが異なる。

住宅部門には住宅業界の基準があり、介護部門であれば介護業界の基準があるため、それぞれの業界のベースに合わせているのだ。また、住宅関係の営業職はインセンティブがあるのが一般的なので、インセンティブの幅を大きくし、営業担当者の成績によって給与が大きく変動するような仕組みになっている。そのほか、業界によってはプラスアルファの特殊手当てなどが必要なこともあり、各事業によってケースバイケースで対応している、というのが実情である。

ただし、当社では賞与の考え方については共通している。

基本的にボーナスは夏、冬、期末の年3回支給している。総合職の場合は、夏1・5カ月分、冬1・5カ月分、期末1カ月分の4カ月分、一般職の場合は夏1カ月分、冬1カ月分、期末1カ月分の3カ月分という具合に分けて出しており、業績が赤字でなければ支給されるのが原則になっている。

一方で、業績が悪ければ賞与は満額支払われないこともある。

会社によっては賞与も生活保障給の位置づけになっているケースもあるが、賞与はあくまでも利益還元金である。当社では、会計上は賞与引当金の項目に経費として計上し、人件費にオンしているが、過去には業績が悪くて賞与の一部を利益に戻したこともあった。

こうした賞与制度はごく一般的だと思うが、当社の賞与制度で特徴的なのは、通常の賞与とは別に、期末に業績連動型の成果分配がプラスされる点にある。これを「決算賞与」と呼んでいる。この決算賞与こそ、成果分配システムの肝だ。

決算賞与は、業績の良い事業や部門は分配原資が大きく、ドカンと払われるルールになっている。一方で、業績が良くなければ決算賞与がゼロということもある。

したがって、「利益」に比例して大きな差が生じ、個人レベルでも数百万円も年収で差がつくことがある。なお、ここでいう「利益」とは、正確には生産性のことで、「一人当たり営業利益」を基準としている。したがって、少人数でたくさんの利益を出していれば、配分が多くなるというわけだ。

基本的には、賞与も含めて当社の給与制度は、どの業界、会社でもおこなわれている一般的なものだ。ちなみに退職金制度についても、全事業部で同じルールの下、運用している。ベースとなる部分がグループ内で異なると、人事異動の際に支障が出るからだ。

多角化経営のメリットのひとつは、ひとつの事業がうまくいかなくなったら、他の部門で、余った人材を吸収できることにある。

当社では、普遍的な給与制度に「成果分配」という賞与制度をプラスすることでヤマチ色を出している。この成果分配は20年近く前から導入している仕組みだが、多角化経営に不可欠な「システム経営」を実践していくうえでも、ポイントとなる大事な仕組みのひとつなのである。

決算賞与で社員の目の色が変わる

システム経営全体にもいえることだが、成果分配をシステムとして運用するには、経営情報をできるかぎりオープンにする必要がある。

成果分配の仕組みはあっても、事業部ごとにどれだけの利益が出ているのか公開されていなければ、「本当はもっと利益が出ているのでは？　もっと成果分配をもらえるのでは？」という疑念を生むことになる。

当然、会社や組織、個人の目標も明確になっていなければ、いくら成果分配を出しても納得しないだろう。したがって、幹部をはじめ社員にも「自社はどういう状況にあるのか？」「今度どうなりそうなのか？」といった経営情報を数字などで明確に伝える必要がある。

当社では、経営計画、業績管理のプロセスを通じて経営情報を全面的にオープンにしている。したがって、チームリーダー以下のメンバーも、「今年度の成果分配はこのくらいの数字になりそうだ」「決算賞与をもらうには、あとこのくらいの利益が必要だ」といったことは大まかに予測できる。

このように成果分配システムの運用を通じて経営数字を意識することによって、社員の意識も変わっていく。

決算賞与の原資が増えるかどうかは、自分たちにかかっているので、会社に何かを求めるのではなく、自分自身が「何をすればいいか」と自律的に考えるようになる。また、より難易度の高い業務を遂行する者ほど得られる成果も大きくなるので、チャレンジ精神が育《はぐく》まれ、新しい能力も開発される。

さらには、所属する事業部が必要利益を確保できなければ決算賞与を得られないので、「利益確保は事業部全体の責任である」という連帯責任の意識も芽生える。

このような意識の変化は、主体的で責任感のある社員を育てることになる。これは成果分配システムの大きなメリットである。

3．成果分配のルールづくり

「一人当たり営業利益」を基準にする

では、具体的にどのようなルールで成果分配はおこなわれるのだろうか。

当社の成果分配システムでは、年度末決算の管理会計上の利益実績が、計画の段階で予定していた「一人当たり営業利益(生産性)」を超過した分の30％を、成果分配としてその部門に還元するというルールを設けている。

たとえば、目標とする一人当たり営業利益を100万円と決めた場合、その事業部に10人の従業員がいれば、1000万円の営業利益が基準(バー)となり、同時にそれが事業部の目標になる。

そして年度末、実際に2000万円の営業利益が出たとしよう。超過した分の1000万円の30％、すなわち300万円を決算賞与として10人のメンバーに分配するのだ。目標利益額を上回れば上回るほど、社員に還元される金額は大きくなるという仕組みである。

つまり、成果分配において基本となる考え方は、「経営にどれだけ貢献したか」ということだ。「どれだけ長時間働いたか」ではなく、貢献度によって報酬の額が左右されるので、社員のモチベーションも変わってくる。当然、幹部や社員の目標や経営に対する責任感が高まるのはいうまでもない。

一方で、利益が分配されるということは、当然、その原資を稼げなければ支給は保証されない。「毎期固定的に払われるものではない」ということは、よく社員に理解してもらう必要があるだろう。

なお、当社では一人当たり営業利益を基準としているが、そのほかにも、必要キャッシュフロー（借入返済など）を加味した、必要最低利益額を基準に、基準のバー設定をする方法もある。会社にあまり利益が出ていない状況などでは、一人当たり営業利益を基準にするよりも現実的かもしれない。

財務内容を改善しながら社員に還元する

当社の成果分配のルールを説明すると、「なぜ目標利益超過額の３０％なのか？」と数字の根拠を尋ねられることがよくある。

一般論からいえば、成果分配の方法については、単純に利益を3分割する方法もある。

たとえば、利益実績額が1500万円の時、次のように「成果分配」「内部留保」「税金」の3つに均等に振り分けるのだ。

①成果分配原資：500万円　↓　社員・役員
②内部留保　　：500万円　↓　会社
③税　　金　　：500万円　↓　社会

この方法はシンプルで理想形ともいえるが、場合によっては社員に還元する金額が大きくなり、資金力や企業体力がないと難しいだろう。

大事なポイントは、会社の財務内容を見ながら、内部留保をしっかり残すということだ。第一に、会社の財務内容を強固にすることを重視したうえで、利益を社員に還元する。社員に大盤振《おおばんぶ》るまいをしすぎて、会社の財務内容が悪化してしまっては本末転倒だ。

この点については、幹部や社員によく理解してもらい、目線を合わせる必要がある。そうでないと、「こんなに稼いだのに会社がほとんどもっていってしまう」といった不満につながりかねない。そのためにも会社の財務内容をオープンにすることは必要不可欠である。

第25図　成果分配の計算式の例

成果分配をおこなう基準：一人当たり営業利益100万円を超えた時

たとえば……
社員200人、営業利益２億円（200人×100万円）が目標だった場合で、年度末に４億円の営業利益が出た時、

↓

目標利益超過額の30％を成果分配の原資とすると…

↓

目標利益超過額（４億円－２億円）×30％＝6,000万円（成果分配の原資額）

↓

分配後の営業利益3.4億円（税金1.4億円、内部留保２億円）

「目標利益超過額の３０％」という数字は、唯一の正解ではない。試行錯誤を続ける中で、当社に最もしっくりきた数字が３０％だった、ということだ。

かつては２０％で運用していた時期や事業部もあったが、最終的に３０％に落ちついたというのが現実だ。

住宅部門のジョンソンホームズの例を見てみよう。

営業部門は歩合によるインセンティブ制度があるので、営業部門以外のスタッフ部門や管理職が対象となる。

ジョンソンホームズの場合も成果分配がおこなわれる基準は、一人当たり営業利益が１００万円を超えた時で、その超過分の３０％が分配原資となる。

第25図のとおり、仮に社員２００人が成果分配の対象だとすれば、目標とする営業利益は2億円（２００人×１００万円）。実際、年度末に4億円の営業利益

が出た時は、4億円から2億円を引いた2億円が基準超過分だ。そして、その30%の6000万円が分配原資になる。

分配後の営業利益は3・4億円となり、ざっくりいうと、1・4億円ほど納税し、残りの2億円が会社の内部留保になる。

30%という数字にこだわる必要はない。会社の財務内容や置かれた状況によって、20%から始めてもよいし、40%に設定してもかまわない。30%はあくまでも目安としてとらえ、みなさんの会社で試行錯誤してみてほしい。

まだ成果分配を導入する状況ではないという会社もあるかもしれない。その場合、まずは「月次報奨制度」から始めてみたらどうだろうか。

月次の目標を達成した部門には、ちょっとした報奨金を現金で渡す。「大入り袋」のようなイメージだ。1人500円など少額でもいいだろう。要は気持ちの問題で、目標を達成したら会社がそれに報いてくれた、ということが重要なのだ。以前、当社でも報奨金を渡していた時期があったが、少額でもとても喜んでくれて、会社の雰囲気も良くなっていった。


最後に成果分配を支払う上での留意点をひとつ述べておこう。

成果分配を当年度の損金として計上するには、年度末の最終月末日までに業績評価と査定を済ませ、個人別支給額を決定する必要がある。

そして、支給される全社員に告知し、決算後1カ月以内に支給する。この条件が満たされない場合は、当年度の経費として認められないので注意が必要だ。当然、業績は最終的に確定していないから、業績予測をもとに支給し、場合によっては、翌年清算するといった手続きを踏むことになる。

4.モチベーションが上がる「バー」を設定する

「少し頑張れば達成できる」くらいがベスト

成果分配システムを運営するポイントは、一人当たり営業利益の基準をどこに置くか、ということだ。

利益超過の基準となるバーが高すぎると、「そんなの無理だ」と社員がやる気を失ってしまう。もっともいけないのは制度が形骸化《けいがいか》すること。成果分配システムはあるけれど、一度も成果が分配されたことがない、ということになればインセンティブにならず、導入した意味がない。

反対にバーが低すぎると、たいして頑張らなくても軽々クリアできるので、これもまたモチベーションを下げる結果となる。ほどよい基準の設定ができるかどうかが肝となるのである。

「少し頑張れば成果分配がもらえる！」といった、ほどよい基準を設定できれば、毎年それに見合う報酬を受け取ることができ、バーをクリアすることが快感になる。そうなれば、社員も仕事にやりがいをもち、バーを少しずつ上げていくことによって、会社の業績や財務内容も良くなる。お互いにとってハッピーである。

当社の場合、成果分配の基準となるバーは、「一人当たり営業利益100万円」である。事業部や部門の状況によって数字が前後することもあるが、基本的には100万円をベースとしている。

「100万円という数字の根拠はどこにあるのか」という質問もよく受けるが、正直にいえば、実は根拠といえるような明確な根拠は存在しない。

欲をいえば、社員の年収と同じくらいの営業利益を出せるのが理想だが、一人当たり営業利益100万円が世の中の一般的な優良企業の基準とされているので、少なくとも「100万円より稼げる会社(事業)を目指そう」というのを原則としている。

これまで20年以上成果分配システムを続ける中で試行錯誤をしてきたが、「一人当たり営業利益100万円」が困難すぎず、簡単すぎず、もっとも適度な基準だと感じている。

「一人当たり営業利益100万円」は、グループ社員全員の共通認識になっている。基準の数字は経営計画を策定する過程で、各社、各事業部の事業責任者や役員と協議して決めているが、部門長が100万円より低い基準を提示してくることは基本的にはない。

「どうすれば100万円以上の利益を達成できるか」という観点から戦略や対策を考えてくる。このような生産性の基準となる数字を示すことで、幹部や社員が前向きに、そして主体的に行動してくれるようになるのだ。

もちろん、100万円という数字に固執するつもりもない。毎年業績を伸ばしていき、成果分配の基準も200万円、300万円とアップしていければ、どんどんいい会社に成長し、経営の基盤も安定していくことになる。

少額でもいいから安定的に決算賞与を出す

目標利益額の基準を設定するうえでの留意点をいくつか挙げておこう。

1つめは、「少額でもいいので安定して成果分配を出す」ことだ。

まったく成果分配が出ないとモチベーションは上がらない。また、業績変動が激しい事業の場合、社員の努力とは裏腹に利益が上がらないこともある。いくら成果分配は生活給ではないと理解していても、まったく決算賞与が出なければ気分的に落ち込むものだ。

したがって、これから成果分配システムを導入しようという会社であれば、少額でもいいので導入初年度からきちんと成果分配が出るような基準を設定しておくことも大事だ。

一人5万円でも成果分配がもらえれば、社員は「来年はもっとたくさんもらおう」とやる気がわいてくる。制度があるのにもらえないのがいちばんつらいだろう。

業績変動が激しい場合は、一人当たり営業利益の基準はキャップ(上限)の設定をしておくという方法もある。キャップを超えた部分については、翌年以降、予定していた利益基準を達成できなかった場合に繰り越して支払うのだ。そうすれば、安定的に決算賞与を支払うことができる。

2つめは、「新規事業の場合は基準を甘めに設定する」こと。

新規事業の場合、「1年目は事業を軌道に乗せることが優先事項になり、生産性が上がらない」ということも十分あり得る。

その場合は、「1年目にかぎって一人当たり営業利益50万円を超えたら決算賞与を出す」といった調整が必要になる。また、赤字計画の場合もあるので、実際には期間限定でマイナスバーを設定することもあり得る。

あまり甘やかしてもいけないので、さじ加減が重要になるが、新規事業の担当になったがために給料が下がったということになれば、誰も新規事業に挑戦しようとは思わなくなる。

多角化を成功させるには、新規事業担当者のモチベーションがポイントになる。新規事業の担当者は当面、給料を下げないといった配慮もあっていいだろう。

3つめは、「後出しジャンケンにならないようにする」ことだ。

予定していた利益額を超過した分のどれくらいが成果分配として還元されるのか、年度が始まるタイミングで発表しておく必要がある。利益が出たあとで「本当の基準はこうだった」と後出しジャンケンをしたりすれば、社員の信用を失うことになる。

5. 分配原資をどう割り振るか

経営への貢献度によって分配率を変える

事業部門の分配原資が確定したら、それを部門別、あるいは社員個人別に分配していく。

ここで重要なのは、トップのさじ加減で分配額を決めず、一定のルールの下で運営すべきだということだ。

トップの鶴《つる》の一声《ひとこえ》で分配額が変わってしまったら、「頑張って成果を出しても報われない」という不信感につながり、成果分配システムの根幹が揺らいでしまう。成果分配の基準案や支給案については、事業責任者などの幹部に任せて、トップは決裁のみに専念すべきだ。

一般社員への成果分配方法には、おもに「**職階級方式**」と「**部門方式**」の2つがある。

個人別に分配する場合、実際には職階級に差があるので、単純に10人の社員に10等分することはできない。経営への貢献度が高い人に優先的に分配していくのが成果分配の趣旨なので、職階級ごとに分配するのが原則だ。これを「職階級方式」と呼ぶ。

第26図　成果分配の事例

・GM	1人×9.86%＝	9.86%
・部長	2人×7.89%＝	15.78%
・次長	4人×5.92%＝	23.68%
・課長	2人×3.65%＝	7.30%
・係長	7人×1.68%＝	11.76%
・主任	8人×0.99%＝	7.92%
・主任補	10人×0.89%＝	8.89%
・一般	26人×0.57%＝	14.82%
計	60人	100%

※契約、パートは寸志支給

たとえば、上位階級を100とした場合、その下の階級は50%、そのまた次の下位職はその50%という具合に事前に決めておき、その比率に応じて分配する。一般社員への分配原資が1000万円の場合、次のようなイメージになる。

・部長：2人×1人当たり100万円（200万円）
・課長：6人×1人当たり50万円（300万円）
・主任：10人×1人当たり25万円(250万円)
・一般：20人×1人当たり12·5万円(250万円)

つまり、部門長など責任の度合いが高い社員ほど多くの成果分配を得られるという仕組みである。実際に運用する際には、あらかじめ第26図のように役職によって分配率を決めておくといいだろう。

また、部門ごとに原資を分配しなければならないケースもある。同じ社内、事業部内でも部門ごとに生産性の数字に差がある場合などだ。

たとえば、その事業部が3つの部門に分かれていて、それぞれ経営への貢献度に差があれば、成果分配に差をつけるのが自然だろう。さらに、総務などの管理部門は、生産性の尺度で単純に比較することはできない。

このようなケースでは、まず部門ごとに原資を分配してから、それぞれの部門の個人に分配する必要がある。この方法を「部門方式」と呼ぶ。

たとえば、ある事業部の一般社員への分配原資が1000万円の場合、次のように業績評価に基づいて金額を振り分ける必要がある。

・800万円　↓　A部門：300万円
　　　　　　↓　B部門：150万円
　　　　　　↓　C部門：350万円
・200万円　↓　総務部門：200万円

このように経営への貢献度の高低で金額に差をつけると同時に、総務や管理部門でも成果分配が得られるような仕組みをつくる必要がある。

総務、管理部門については全社平均をベースに個人評価を加えるといった方法が現実的だろう。

事業責任者の収入も成果分配で決まる

当社の場合は、以上の「職階級方式」と「部門方式」のミックス型を採用している。

各事業部の分配原資が確定したら、まずは「部門方式」で分配し、さらに「職階級方式」で個人の金額を確定していく。２つの段階を踏んで成果分配の額を決めていく、というのが基本だ。

これはグループ全体の決まりごとであり、各事業の事業責任者についても成果分配システムに基づいて報酬が増減する。

多角化経営に興味をもつ経営者から「事業責任者の報酬はいくらなのか？」という質問をよくされることがある。多くの人が「事業責任者＝社長」と勘違いしているために、このような疑問が浮かぶのだと思う。

しかし、当社の事業責任者は、一般の社員と同じく、「月給＋賞与＋決算賞与」が基本である。

一部、社長や役員の肩書をもっている事業責任者もいるが、原則として、ほとんどは社員としての待遇である。

「社長の肩書をもたせないと責任感が希薄になる」と言う人もいるが、当社の事業責任者にかぎっては、そのような問題は起きていない。そもそも事業に対する責任感やモチベーションというのは、権限委譲し、裁量をどれだけもたせるかで決まってくるものだ。

ある意味「丸投げ」にしているので、事業責任者は実質的に社長と同じような感覚をもって事業運営にあたってくれている。

「事業責任者の報酬はいくらなのか？」という質問に対しては、事業部ごとに差があるので一概にはいえないが、決算賞与を多めに分配し、プレーヤーのトップクラスよりも支給されるようにはしている。

どのような分配ルールがマッチするかは、会社の置かれた状況や環境、社風、文化によっても異なる。自社にフィットするルールをいろいろと試してみてほしい。

ただし、共通する注意点は、配属された部門の違いによる不公平感をできるだけなくすことだ。たまたま赤字の部門に配属されたから決算賞与が出ないというのは酷である。ある程度、部門間で生産性に差が出てくるのはしかたないので、個人の業績評価のウェイトの配分を調整するなどして、不公平感は最小限に抑える工夫は必要だ。また、そもそも同じ社内、事業部内で生産性格差があること自体が課題なので、それを解決する取り組みも大切になるだろう。

6.「一人当たり生産性」を高める

「生産性を上げよう」が現場の合言葉に

近年、産業界全体で「生産性を上げること」が重要な経営課題になっているが、当社ではシステム経営導入のプロセスの中で、常に生産性向上に取り組んできた。

ここまで述べてきたように、当社では「一人当たり営業利益」を基準として、成果分配をおこなっている。したがって、少人数でたくさんの利益を出していれば、社員への分配が多くなるというわけだ。

「一人当たり営業利益」を成果分配の指標とすることで、社員のやる気を引き出すだけでなく、生産性向上という経営課題に継続的に取り組むことができ、会社の稼ぐ力はアップすることになる。そういう意味では、成果分配システムはこれからの時代に合った仕組みだといえるだろう。

ここでは、システム経営の本筋からは少々外《はず》れるが、私の生産性に対する考え方や当社の取り組みについて述べておこう。

「生産性を上げよう」と言う時、一般的には粗利益を上げるよりも、コストを下げるほうにベクトルが向きがちだ。

たとえば、「コピーの裏紙を使う」「電気をこまめに消す」というように……。しかし、この程度のコスト削減をしても生産性への影響はごくわずか。それよりも粗利益を1％上げたほうが、はるかに生産性向上に寄与するインパクトは大きい。

したがって、現場のメンバーには、「どうやって粗利益を上げるか」を普段から考えてもらうことが重要だ。

当社の場合、「生産性を上げよう」というのが社内の合言葉になっている。一人当たり100万円以上の営業利益を稼げなければ、成果分配が少なくなってしまうため、社員は自然と、どうしたら生産性を上げられるかを考えるようになっているのだ。

各会社や事業部で、毎週、現場の幹部会議やチーム会議がおこなわれているが、こうした会議の場でも「どうしたら生産性をアップできるか？」を題材にみんなで議論し、知恵を絞っている。「生産性を上げるにはどうするか？　利益が上がらないのはなぜか？」と分析していくと、おのずと答えが見えてくるものである。

生産性に注目して粗利益率が22%から30%に上昇

住宅の建築事業を例に説明しよう。

これまで現場ではお客様の要望に合わせて、とりあえず設計図をつくり、プランを出していた。当然、イチから設計すればコストがかかる。ところが、そのプランが採用される確率が3割程度しかなければ、7割の作業がムダに終わることになり、当然、生産性は下がる。

一方で、「7割のムダを減らせば生産性は上がる」ということがわかる。

たとえば、7割がムダになっていた時は、お客様とプランを決定したものの、そのあと銀行の融資が通らず、結果としてプランが台なしになるケースが多かったとする。

この場合、プランを作成する前に融資の事前申請をおこなうよう営業プロセスを変えれば、ムダな作業を避けることができる。また、お客様がいくら銀行からお金を借りられるかも事前にわかるので、その融資額に見合ったプランを作成でき、さらにムダはなくなる。

また、注文住宅の場合、お客様はいろいろとリクエストしたくなり、営業担当もそれに応えようと新しい図面をイチから作成しがちだった。新しい図面で家を建てれば、必ず小さな不具合やミスが発生し、コストが上がる。なんでもかんでもイチから図面を書いていたら、生産性は下がるのだ。

そこで、ほとんどのお客様が満足するような図面の「王道プラン」がいくつかあるなら、それらを提案して選んでもらう。そうすれば、新しい図面を作成する手間が省けて、別のお客様にリソースを向けることができる。

もうひとつ例を紹介しよう。当社の住宅建築の事業部門には、インテリアコーディネーターが在籍し、お客様の要望を踏まえ、打ち合わせを重ねながら家の内装を決めていくため、お客様に大変喜ばれている。

ただ、問題は時間がかかること。自宅の内装にこだわりたいというお客様は多いので、1回2時間の打ち合わせを10回ほど重ねるケースがあり、ときには計30時間も内装の決定に時間を費やすこともあった。お客様満足も大切だが、生産性の面からいえば問題があったのだ。

そこで現場のメンバーは、生産性にフォーカスして、「これまで平均5回打ち合わせをしていたが、平均3回で完了させるにはどうすればいいか?」という観点から知恵を絞っていった。すると、

「1回目の打ち合わせでは、必ずこういう提案をしよう」

「お客様の喜ぶツボは外《はず》さないようにする一方で、それ以外の部分は短縮しよう」

「迷っているお客様には、こういうトークをすると決心してくれるので、その文言をメンバーで共有しよう」

「王道プランの規格住宅商品はどうか」

などのアイデアが上がってきた。

このように、打ち合わせの時間が短くなると同時に、なおかつお客様の満足度が上がる方法を日々研究していったのだ。

こうした小さなイノベーションの積み重ねの結果、利益率(粗利)が22%から30%に上昇。同じ売上比率20%の販管費を使った時に粗利2%分しか営業利益が残らない場合と、10%分も営業利益が出る場合とでは、天と地ほどの差がある。

「生産性アップ」にフォーカスし、そこから逆算すると、仕事のプロセスを改善せざるをえないので、結果的に生産性はアップしていくのだ。もちろん、社員の一人当たり生産性が上がった結果、決算賞与の支給額も多くなり、社員満足度も向上する。いいことずくめである。

生産性の低い事業やサービスを見直す

生産性が低い事業があれば、大胆な見直しをしなければならない。利益率が低い商品・サービスをやめる、あるいは事業そのものをやめてしまう、という選択肢もある。

たとえば、利益度外視の行きすぎた「おもてなし」は、残業を増やすだけで、生産性を低下させる。実際、ほどほどにやっていても、お客様満足は大して変わらないサービスは多くある。

多角化で事業の柱が複数あれば、事業そのものをやめても、そこで余った人材を利益率の高い事業に振り向ければ、結果的に生産性は大きく向上することになる。このように余った人材をグループ内で吸収できるのが、多角化の大きなメリットだ。

そもそも多角化の目的のひとつは、生産性向上にある。ふつうに利益が出る事業であれば、間接部門の管理の経費を分担できる分、生産性は上がる。

たとえば、管理部門5人と40人のスタッフで運営している事業があるとする。スタッフのうち10人くらいを現在の事業から外して、残りの30人で今の売上をキープするように指示すると、案外その通りにできるものだ。

儲からないお客様との取引をやめたり、非効率的な仕事をやめたりすれば、一人当たりの利益を高めることができるからだ。

そして、事業から外したスタッフ10人を別の有望な事業にまわせば、売上と利益は増える。この時、管理部門を新たに増やす必要はないだろうから、そのぶん生産性も上がる。ここで儲かった分を、時短や手当、昇給の原資として使えば、組織に好循環が生まれるはずだ。少々理屈っぽいかもしれないが、多角化をすれば生産性は上がるのである。

社長が存在感を消さないと生産性はアップしない

一人当たり生産性をアップさせるために大切なのは、「ああしろ、こうしろ」と社長が指示を出すのではなく、現場の社員やメンバーに考えさせることだ。

社長が「他の会社ではこんなことをやっていたぞ」と情報を出すことはできても、たかが知れている。

それよりも、社員が自主的にセミナーに出たり、書籍を読んだりして、積極的に情報を取りに行って、自社の現場に当てはめて考えるといったプロセスのほうが効果的だ。

現場のメンバーに自分で考えさせるために、5章で紹介した「ワークショップ形式」の会議をやって、生産性アップをテーマに話し合ってもらってもいいだろう。

生産性向上のためにコンサルタントを入れる場合も、いっそのこと「丸投げ」したほうが生産性は上がる。コンサルタントからアドバイスを受けた社長が、「こんな方法でやればいい」と指示を出しても、社員は言われたとおりに動くだけで、その場しのぎの対応になる。

それよりも、コンサルタントに現場に入ってもらい、直接社員が質問したり、相談したりできるような環境をつくれば、社員は率先して動く。

社長が存在感を消さないと、現場の社員は自分の頭を使って考えない。「社長は何もアイデアをもっていない」と社員から陰口を言われるくらいのほうが、現場の生産性は向上していく。社長は社員やメンバーをコントロールしようとせず、支援に徹することが大切である。

7章

横のつながりをつくる「連邦経営システム」

1．多角化を支える「連邦経営」のメリット

持ち株会社でグループ全体を統制

当社の多角化経営の特徴は、50以上の事業をひとつの会社のように運営していることだ。そのために、ホールディング会社（持ち株会社）と資本関係のある各子会社や各事業部をひとつの組織とみなし、グループ全体が効率的かつ効果的に運営されるように統制管理している。これをアメリカ合衆国にならって、「連邦経営」と呼んでいる。

アメリカという国は、それぞれの州に一定の権限が与えられ、それでも「ユナイテッド・ステイツ・オブ・アメリカ」（アメリカ合衆国）としてひとつの国に束ねられている。会社法や刑法などの法律も州ごとに異なる。外交や国防、大きな経済政策などの重要事項の決定は国家が取り仕切っているが、各州で消費税率が異なるなど、地方の州政府に権限が委譲されているのだ。

アメリカ合衆国と同じように、当社の連邦経営も、持ち株会社のもと、それぞれの子会社や事業のトップに権限が与えられると同時に、それらがひとつの会社のように機能する仕組

みをめざしている。

持ち株会社に「ヤマチユナイテッド」というグループ名をつけて、連邦化を図ってきたのも、アメリカ合衆国の仕組みを意識した結果である。

現在の当社は、私がトップを務める「山地ユナイテッド㈱」というホールディング会社が組織全体を取りまとめ、その下にすべての子会社や事業部がぶら下がる形になっている。それぞれの子会社や事業部には、執行役である事業責任者がいて現場を取り仕切っている。（第27図参照）

私が連邦化を推し進めるようになったのは、2004年以降のことである。当時はインターデコハウスなどの新事業が軌道に乗り、すでに多角化を進めている時期で、会社は成長路線を歩んでいた。

ところが、1章でも述べたとおり、私がヨーロッパ視察から帰国すると、叔父が経営する住宅会社でクーデターが勃発。私は残ってくれた社員とともに経営再建に乗り出した。得意先への説明にはじまり、金融機関や仕入先との交渉、新しい営業戦略などに自ら奔走した。結果的にジョンソンホームズと合流させ、事業拡大に結びつけることができたが、同時に

第27図　ヤマチユナイテッドのホールディング経営体制

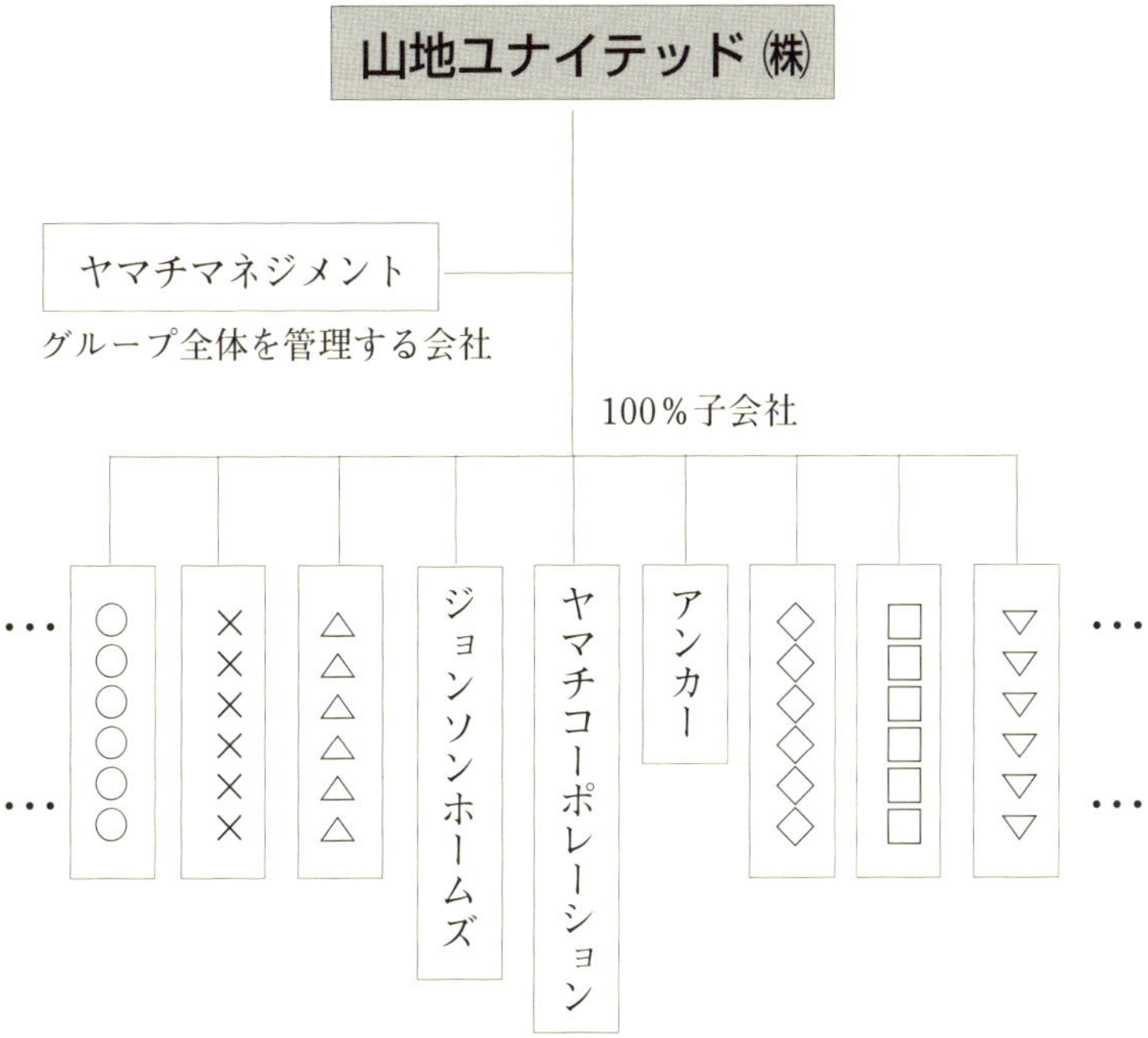

複数の会社を運営する難しさを思い知らされることとなった。

　グループ会社のひとつが経営危機に瀕《ひん》していても、他のグループ会社にとっては直接関係のないことなので、他のグループの幹部に応援する雰囲気がなく、無理に支援するように指示しても逆効果になることが予想された。

　当時、私は他の会社の社長も兼任していたにもかかわらず、結局、私が孤軍《こぐん》奮闘《ふんとう》する結果となってしまった。次々と問題がわいてきては、もぐら叩きゲームのごとく火消しに走る。当時は毎日10近くの会議をはじごするのが日課となっていた。経営再建の最中は私の負担ばかり増えてしまって、本来すべき社長の仕事も十分にできなかったのだ。

つまり、グループ企業が縦割りになっていたために、スピード感とシナジーのある組織経営ができなかったのである。

この時、次のような思いが脳裏をかすめた。

「グループ全体を普段からひとつの企業のように運営できていれば、スムーズに協力してもらうことができ、、もっと早く再建もできたのではないか」

こうした経験から生まれたのが「連邦経営」である。

それから私は、新たなグループ体制の構築に取りかかり、「グループ会社は、それぞれ会社や事業が違っても、同じ大きなひとつの会社である」と宣言。基本となる共通の規則や規定を整備した。

そして、２００６年には「１００事業で１００人の経営トップを創る」「利益１億円事業１００個で利益１００億円企業を目指す」というコンセプトのもと、「THE 100 VISION」というグループビジョンを提示。連邦化をすすめることによってリーマンショックや東日本大震災などのピンチを乗り越え、現在に至るまで成長軌道を描くことができている。

縦割りの「セクト主義」を防ぐ

連邦経営のメリットはいくつもあるが、最も大きいのは多角化がすすんで子会社や事業が増えても、縦割りのセクト主義に陥ることなく、縦、横、斜めのコミュニケーションを通じて、複数の会社や事業をひとつの会社のように運営できることである。

多角化によって会社や事業部が増え、それぞれが独立採算で運営されるようになると、各事業の縦割り化がすすみ、セクト主義に陥りがちだ。大企業や官僚組織によく見られるように、「自分たちの事業部さえよければいい」「他の事業部がどうなろうと関係ない」と考える幹部や社員が増えていく。それでは、せっかく多角化しても、グループとしての総合力は発揮されない。それどころか、足の引っ張り合いを始めてしまう。

当社の場合も、連邦化を図る前は、住宅事業とイベント事業はまったく畑が違うので、お互いに協力したり、応援したりするような態度は見られなかった。それこそ「自分たちの事業がうまくいっていればいい」という雰囲気が蔓延《まんえん》していたのだ。

せっかく全員参加のシステム経営をおこなっていても、組織が縦割りのままでは、トップはそれぞれの事業で起きるさまざまな問題に対処するために奔走しなければならない。現に私自身、各事業の会議や問題解決に忙殺されていた。

その点、連邦経営では、グループの全会社・事業をひとつの会社として運営し、現場の事業責任者に権限委譲する。そして、縦、横、斜めのコミュニケーションを促すことで、縦割り組織の弊害に陥らず、柔軟性のある組織運営ができるのだ。

連邦経営をスタートさせてからは、それぞれ従事する事業は違っても、同じ会社グループであるから、幹部社員たちは会議でもお互いに意見やアイデアを出し合ったり、困っている時は協力したりといった動きもみられるようになった。適正な競争意識や「自分たちだけよくてもダメだ」という連帯責任の感覚をもつ幹部も増えた。つまり、シナジー効果があらわれたのだ。

また、グループ間の人事異動もしやすくなるので、適材適所に人材を配置することができ、組織力の強化にもつながった。

今振り返ると、連邦化を始める前の当社は、「1＋1＝2」という足し算の組織にすぎず、グループとしての力を十分に発揮できていたとはいえない。しかし、連邦経営に切り替えてからは、「1＋1＝10」、さらには「1＋1＝100」になるようなシナジー効果が起きていることを実感している。

子会社は持ち株会社に配当を出す

連邦化の大きなメリットをもうひとつ挙げるとすれば、資本（オーナーシップ）と経営（マネジメント）の分離を図れることも見逃せない。

当社の場合、ホールディング会社である山地ユナイテッド㈱が事業会社の株式を100％保有する持ち株会社制で運営している。私自身は多くの事業会社の社長も務めているが、基本的には山地ユナイテッド㈱の社長という立場で、オーナーとしての立ち位置である。事業会社の経営は、基本的に幹部に任せている。

中小企業の場合、そのほとんどが出資者と経営者が重なるオーナー経営で、社長とその親族が株式のほとんどをもっているケースが多い。こうした状況下では、オーナー社長は株主と経営の執行役を兼任しているため、どうしても株主配当などに対する意識が不足し、経営に甘さが生じてしまう。

しかし、上場企業がそうであるように、本来、株式会社は出資者である株主の目を意識し、できるだけ配当を増やそうと経営努力をするべきだ。株主の存在を意識するからこそ、経営に緊張感が生まれるのである。

その点、ホールディング会社に株式や資産を集約し、資本と経営の分離を図ることで、経営をおこなう子会社の幹部たちは株主を意識した経営をするようになる。

さらに、各子会社は株主である山地ユナイテッド㈱に配当を出す仕組みになっている。資本金の最低でも10％の金額を配当するのだ。資本金の10％なので、実際の配当金はそれほど大きくはならないが、グループ会社であっても配当を出すという仕組み自体に意味がある。

また、山地ユナイテッド㈱では各子会社からの配当金を管理し、子会社に支援や出資をする際は、配当金収入から出すことをルールとしている。

子会社は「困った時は親会社がなんとかしてくれるだろう」と親会社に頼ってしまうのが常である。しかし、このように資本と経営をはっきりと分けることによって、各事業会社の幹部は緊張感をもって経営にあたることになる。

当社では「楽しさのオブラートに包まれた厳しい社風の経営」という表現を使うが、権限委譲によって幹部や社員がのびのびと楽しく仕事に取り組める環境をつくると同時に、彼らにはグループの一員として厳しさをもって経営にあたることを求めているのである。

ホールディング会社を設立して連邦化すると、事業承継の面でもメリットが大きい。

オーナー社長が株式の大半をもっているケースで、それらをいつか相続で承継しなければならない場合、株式（＝オーナー権）をホールディング会社にまとめておけば、相続もスムーズにすすめられる。

仮に相続対象である親族には経営は任せられないというケースでも、オーナー権だけを譲って、経営は非同族に任せるといった選択肢もとることができる。

また、ホールディング会社に株式を集約しておけば、株価を管理するのも比較的容易である。親会社が赤字で株価が下がれば、株式の相続もスムーズにおこなえる。

株式が子会社の幹部や関係者に分散している状態だと、いざというとき買い集めるのも大変だ。トラブルの原因ともなりかねない。したがって、当社の場合、まだ相続は先の話だが、いざというとき不都合が生じないように山地ユナイテッド㈱に各社の株式を集約しているのだ。

このように連邦化のメリットは少なくない。多角化の初期のうちは、縦割り経営の弊害はそれほど気にならないかもしれない。しかし、多角化がある程度すすんで会社や事業が増えてきたら、連邦経営へと舵《かじ》を切ることをおすすめしたい。

2．連邦化までの6ステップ

「グループ管理本部」の役割

当然だが、当社の連邦経営システムも最初から完成していたわけではない。グループの企業規模や成長段階に合わせて変遷をたどってきた。ここでは、現在に至るまでの組織体制について、次の６つの段階に分けて説明していこう。

第①段階：機能別組織
第②段階：事業別組織
第③段階：事業部別の分社化
第④段階：ホールディング経営体制
第⑤段階：グループ経営推進会議の設置
第⑥段階：グループ横断型組織

第①段階　機能別組織

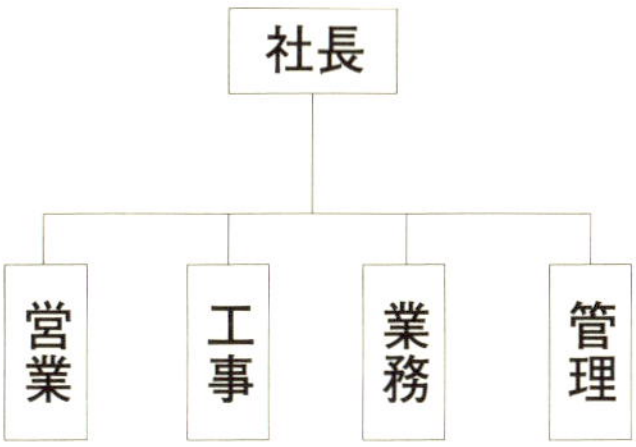

第①段階の「**機能別組織**」とは、単一事業を「営業」「購買」「業務」「工事」「製造」「管理」などの機能で構成する組織のことだ。

会社のスタート段階では、社長の下に、これらの各機能がぶら下がっているのが一般的だろう。最も基本的な組織形態といえる。

このような組織では、全社的な経営判断はトップに集中する。意思決定をトップに集中させ、トップダウン型の経営がおこなわれる。会社の規模が小さいうちはトップダウン型でも問題ないが、企業規模が大きくなり、マーケットや事業が拡大していくと、トップの判断だけでは顧客ニーズをカバーできず、多くのチャンスロスを生む結果となる。事業のスピード感も失われるだろう。

こうした弊害を防ぐには、事業収益単位を分割し、その責任者に権限を委譲する必要がある。マーケットニーズが多様化

第②段階　事業別組織

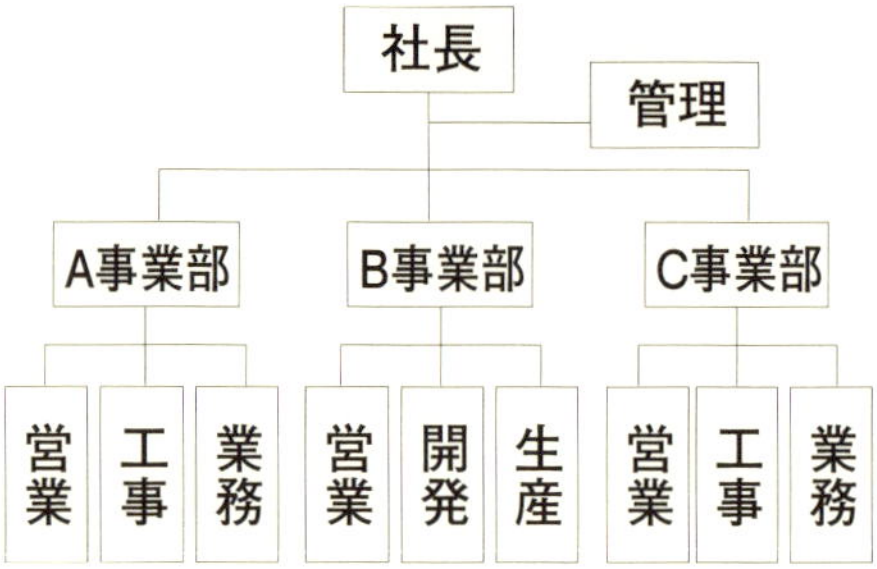

し、事業環境の変化が激しい環境下においては、顧客ニーズに応じて即断、即決、即実行することが不可欠だ。

これを可能にするのが、第②段階の「**事業別組織**」である。社長の下に「A事業部」「B事業部」「C事業部」といった部門を置き、事業部内における権限をそれぞれの事業部長に与えるのが一般的だ。この場合、ひとつの事業部内だけをみると、機能別組織になっている。この事業部制組織は、多角化経営の第一歩目といえる形態である。

分社化のメリット・デメリット

事業別組織が進化していくと、それぞれの事業部に法人格をもたせて、責任と権限を委譲する形にすることがある。一般的には事業や地域の単位で部門を組織から切り分けて、独立子会社を設立していく。これが、第③段階の「**事業部別の分社化**」である。

第③段階　事業部別の分社化

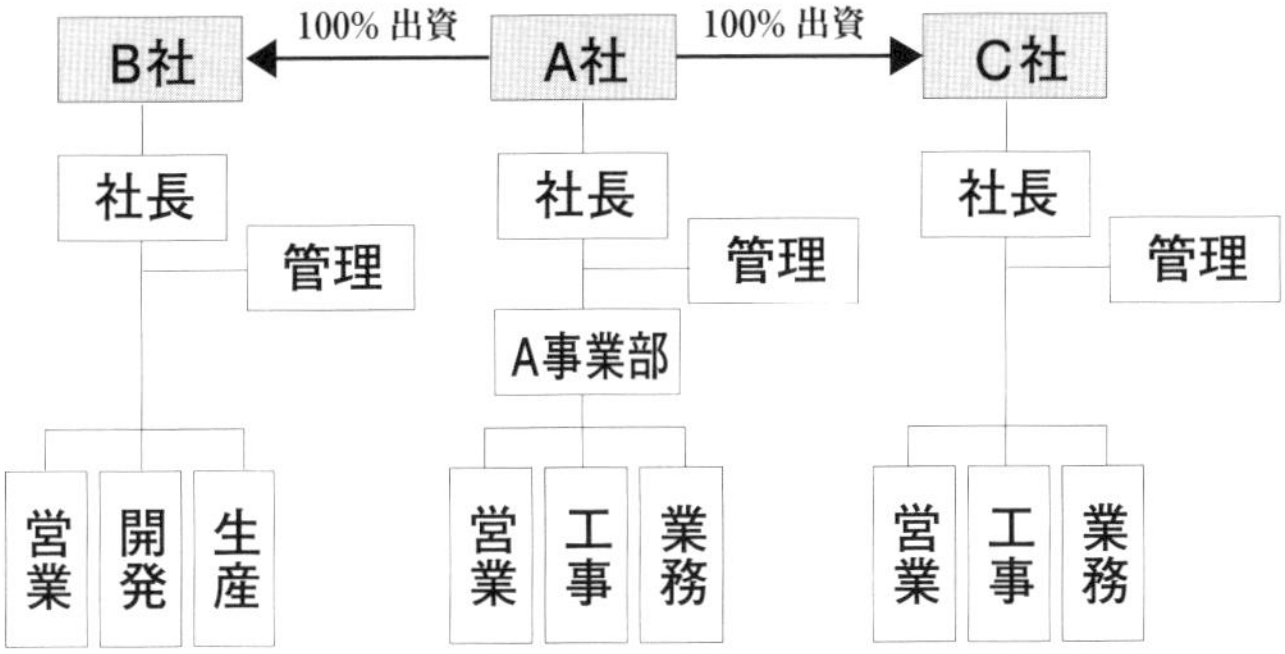

当社の例でいえば、本体であるハウジング山地（旧山地商事）（A社）が建材卸事業（A事業部、現ヤマチコーポレーション）だけを残し、住宅販売のジョンソンホームズ（B事業部）とイベント事業のアンカー（C事業部）にそれぞれ100％出資して子会社化。ジョンソンホームズとアンカーは、独立子会社として独立採算制をとることになった。

独立採算制をとることによって、各事業の役割と責任が明確になり、それぞれが事業部の経営数値を伸ばそうとする。結果、会社全体の利益が積みあがっていく。

また、事業部を分社化することによって、会社のどこに問題があるか一目瞭然となり、タイムリーに対策を打つことができるようになる。

これらは分社化のメリットだが、一方でデメリットもある。

組織の縦割り化が進み、自分たちの事業にしか関心を示さなくなってしまうケースが生じる。当社の場合でも、当時主力事業だった建材卸のハウジング山地が100%出資する形で3社をグループ化する組織だったため、ハウジング山地の幹部は自分たちの事業ばかりに関心を寄せて、子会社の経営に無関心になりがちであった。つまり、縦割りのセクト主義に陥ってしまったのだ。

反対に、子会社は親会社に依存し、甘い経営になりがちなのもデメリットだ。資金が困った時も、親会社の資金をあてにしてしまう。実際、当社でも子会社に資金を貸し付けしていた時期がある。また、子会社の社員は「どうせうちは子会社だから」と卑屈になり、プライドや主体性に欠ける社員を生みがちだ。

なお、多角化経営に興味をもってくださる人の中には、「連邦化=分社化」と誤解している人が少なくない。しかし、連邦経営では分社化にはこだわっていない。分社化した事業もあるが、あくまでも結果として子会社化したほうが都合のよい理由があったからである。

たとえば、建材卸がメインであった当社が、住宅建築事業に新たに進出すると、顧客の事業とバッティングすることになる。別会社のほうが新規事業をすすめやすいという判断が働いたからである。このように川上や川下に事業領域を広げる場合には、分社化したほうが何かと動きやすいのは間違いない。

多角化の過程で事業を分社化するかどうかは、その会社の状況や環境にもよるが、理由もなくむやみに分社化をすすめると、先に挙げたようなデメリットが生じるリスクがある。分社化するかどうかは、慎重に見極めるべきだろう。

ホールディング会社の経営に専念する

分社化した組織には「縦割りのセクト主義」や「経営の甘さ」などのデメリットがある。それを防ぐのに有効なのが、第④段階の「**ホールディング経営体制**」である。

ホールディング会社(持ち株会社)とは、他の株式会社を支配する目的で、その会社の株式を保有する会社を指す。

当社の場合は、ホールディング会社の山地ユナイテッド㈱が、独立採算制で運営される子会社の株式を100%保有し、その下に事業会社がぶら下がる形になっている。グループ全体をひとつの会社のように運営する「連邦化」の基本となる組織形態である。

ホールディング会社を設置するおもなメリットは、前項でも述べたように、縦割りのセク

第④段階　ホールディング経営体制

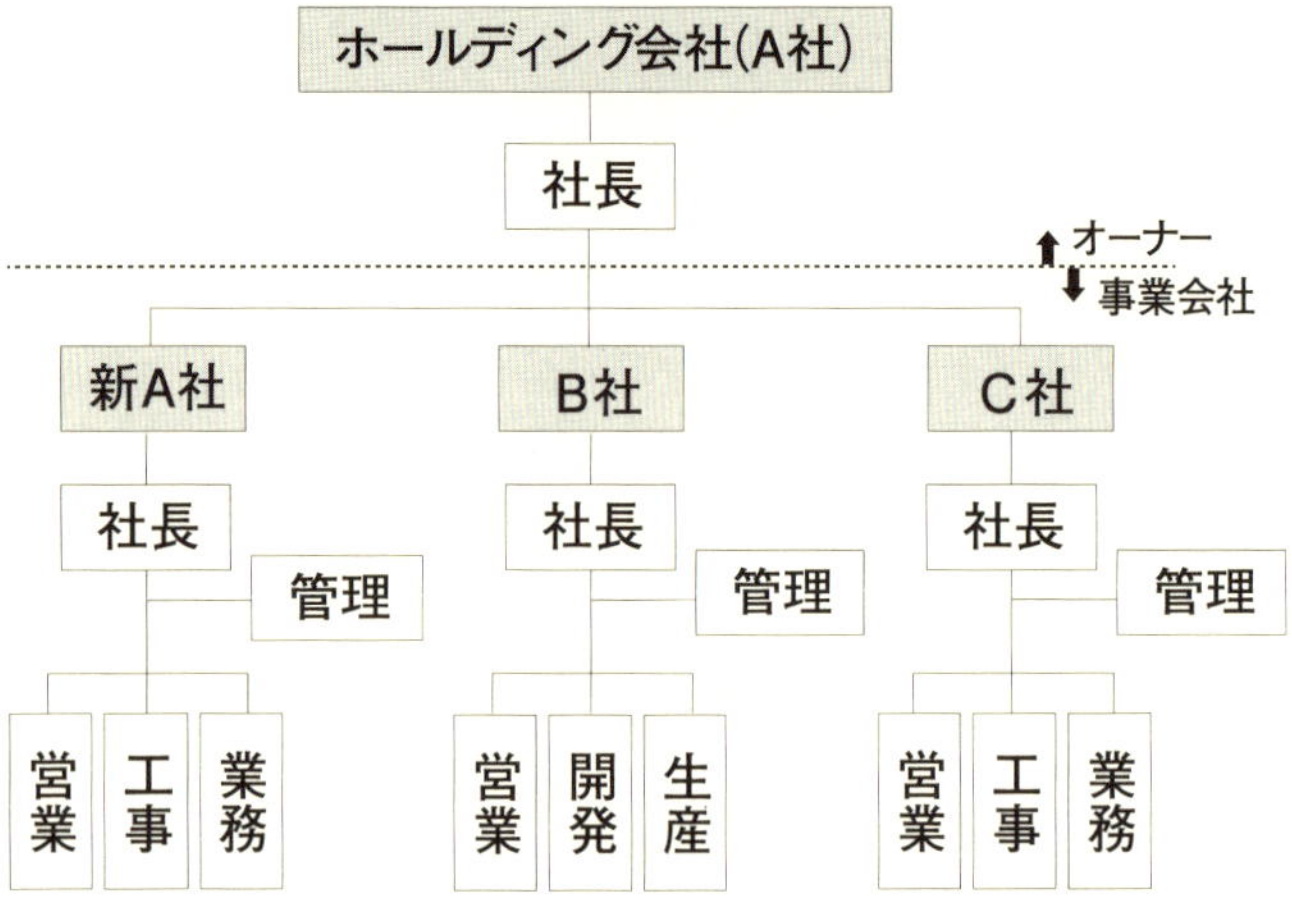

※新Ａ社を新設し事業と社員を移動
※各事業会社の社長を兼任
※委員会やプロジェクトは子会社それぞれ各社ごと

ト主義を防ぐこと、そして資本と経営を分離できることにある。

また、それぞれの事業会社がバラバラの経営をしてグループ全体の経営資源を無駄遣いしないように全体統制を図ることにもつながる。連邦化をすすめるうえでは、ホールディング会社を設立することが、その第一歩となることはすでにご理解いただけただろう。

事業会社が増えてきたら、ホールディング会社を設置することを検討するといいだろう。

先ほど述べたように、２０年ほど前、縦割り組織の弊害を感じていた私は、持ち株会社化を決断した。本体であるハウジング山地（A社）は建材卸事業だけでなく、所有する不動産からも収入を得ていたので、不動産の資産管理部門を切り離し、ホールディング会社とした。それにともない社名もハウジング山地から山地ユナイテッド㈱に変更した。

そして、山地ユナイテッド㈱の下には、ジョンソンホームズ（B社）、アンカー（C社）のほかに、もともとA社が展開していた建材卸のA事業部を「㈱新ハウジング山地」（新A社、現ヤマチコーポレーション）としてホールディング会社の子会社とし、事業と社員全員を新ハウジング山地に移した。

同時に、私は子会社の経営トップの座から離れて、幹部にそれぞれの事業の経営を任せることにした。

つまり、ホールディング会社の経営に専念できる仕組みにしたのだ。そうすることで、社長自ら一つひとつの事業にかかりきりになるような事態がなくなり、本来のトップの仕事に集中できるようになっていったのである。

「グループ経営推進会議」で組織に横串を刺す

ホールディング会社を設置するだけでは会社間の連携はすすまない。

この時点では、縦割り経営の状態からは脱することはできていない。会社間で横のつながりをつくる仕組みが必要である。

それが、連邦化の第⑤段階である「**グループ経営推進会議の設置**」だ。グループ経営推進会議は、経営情報を集約し、縦割り組織の弊害を防ぐのが目的である。

子会社・事業部ごとに「経営会議」が開催されているが、グループ経営推進会議が大きく異なるのはグループ全体の業績達成など、会社や事業の垣根を越えた議論がおこなわれる点である。

この会議には、私も含めて各社の役員、もしくは事業責任者などの経営幹部が出席する。取締役会のように商法で定められた決定機関ではないので、あくまでもバーチャルなグループ経営推進機関であるが、グループの最高意思決定機関として位置づけている。ちなみに、月に2回開催されるのがルールだ。

それぞれの事業の責任者や幹部が一堂に会してグループ会社全体のことを話し合う場なので、お互いの事業を「知らない」では済まされない。他事業のことを理解していれば、困った時も助け合うという発想になる。そのため、出席者はグループ全体の業績に対して連帯責任を負っていることも意識せざるをえない。

第⑤段階　グループ経営推進会議の設置

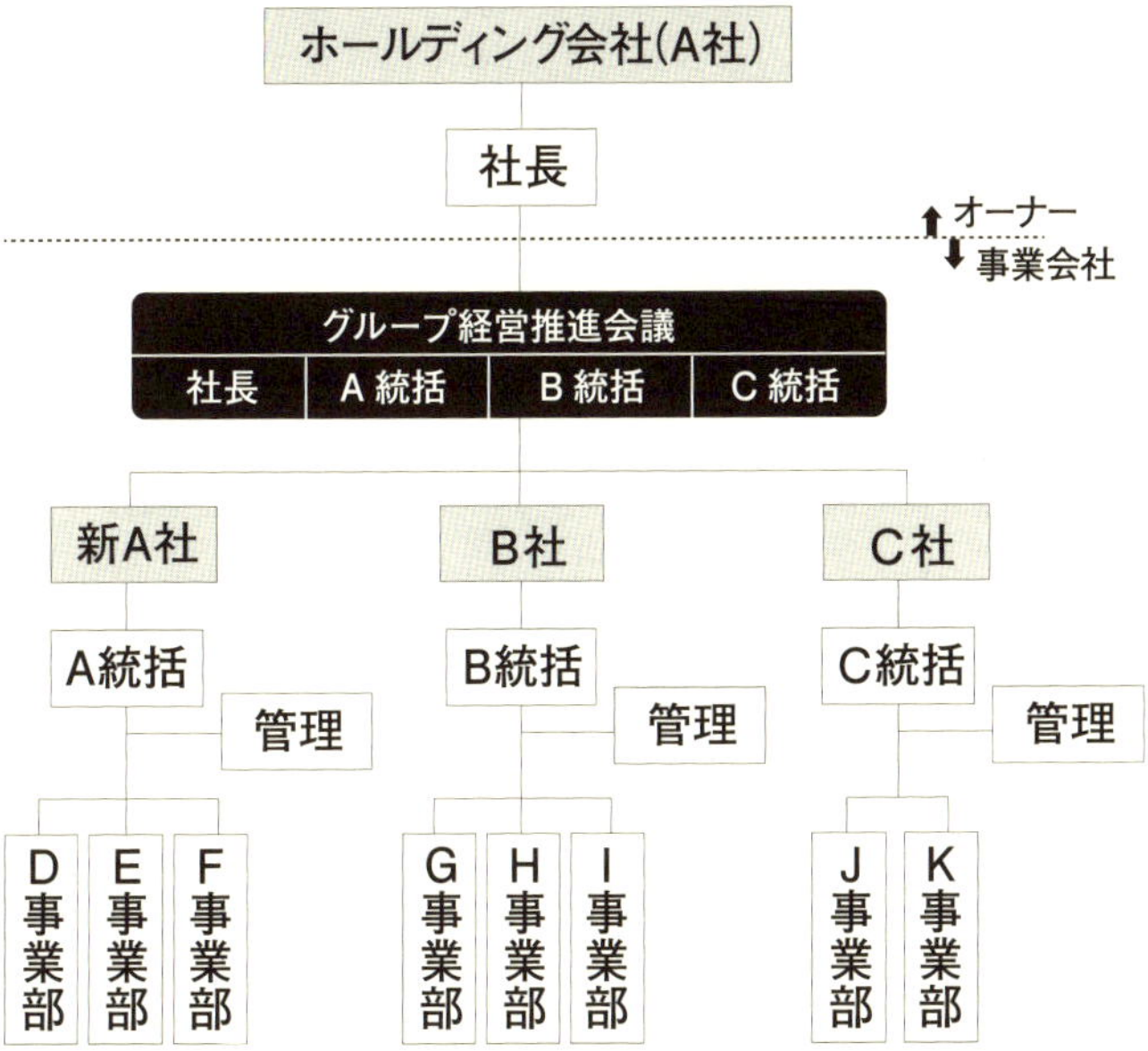

この会議の席では、問題を抱えている事業部門に対して他の事業責任者から「うちの会社では、こういう形で協力できる」「その問題に対して、うちではこのように対処した」といったアイデアや意見が出ることはめずらしくない。つまり、グループ経営推進会議は、縦割りだったグループに横串を刺すことになるのだ。

グループ経営推進会議を設置するメリットがもうひとつ。

出席すべき会議が激減するので、トップに時間的余裕が生まれることだ。

グループ経営推進会議をスタートさせる以前は、複数の子会社の経営会議をはしごする状態だった。1日かけて10近くの会議に出席することもあったほどだ。その時間を確保するだけで一苦労だが、そんなことをしていたら、大きな視点から戦略を描いたり、新規事業のアイデアを考えたりするといった本来の社長の仕事がおろそかになってしまった。

グループ経営推進会議を設置してからは、各社の経営会議に出席する必要がなくなり、本来の社長の仕事に専念することができるようになった。多角化をすすめる中で会議に忙殺される前に、グループ経営推進会議のような仕組みをつくることをおすすめする。

グループ経営推進会議は、「業績検討会議」の性格をもち、月次決算に基づく予算の進捗《しんちょく》管理、業績の着地予測をおこないながら、その差額を埋める対策を講じていく。つまり、グループ全体の業績達成が大きな目的である。

したがって、各事業の経営計画の策定、進捗《しんちょく》チェック、情報の共有が議論のメインとなり、そのほか、各事業の経営課題の抽出や対策の検討がおこなわれる。

それに加え、グループ経営推進会議はハイレベル意思決定機関なので、おもに次のような重要案件についても議論・決定される。

①経営基本計画策定（グループビジョン、中長期経営計画）
②高級人事（課長以上）
③重要事項決裁（新規事業、資産購入、資金調達など）
④各会社の経営システム・ルール改廃の承認
⑤関連会社、事業部間の各種調整
⑥グループ全体の経営計画進捗管理

これらの議論の過程では幹部同士の指摘やツッコミ、アドバイスなどがあるため、幹部同士で横の交流が活発になると同時に、グループ経営という大きな視点から議論することが求められるため、グループ幹部の育成にもつながる。

組織の一体感をもたらす「グループ横断型組織」

現在の当社の組織体系は、第⑥段階の「グループ横断型組織」のステージにある。

グループ経営推進会議を設置するだけでも、連邦経営はスムーズにまわるようになるが、

「グループ横断型組織」の段階までくれば、さらに高いレベルで連邦化をすすめることができ、縦、横、ななめのコミュニケーションを促し、組織の一体感をもたせることにつながる。もちろん、これが連邦経営の最終形ではなく、当社の成長に合わせて進化させるつもりだが、現時点における理想形といえるだろう。

グループ横断型組織における大きな変化はおもに次の4つ。

①「グループ役員会」の設置
②グループ経営会議の設置
③「グループ管理本部」の設置
④全社横断型の「委員会・プロジェクト」の組織化

③と④については、次項以降でくわしく述べるので、ここでは①「グループ役員会」の設置と②グループ経営会議の設置に絞って説明しよう。

グループ役員会は、第5段階におけるグループ経営推進会議を格上げ、名称変更したも

第⑥段階　グループ横断型組織

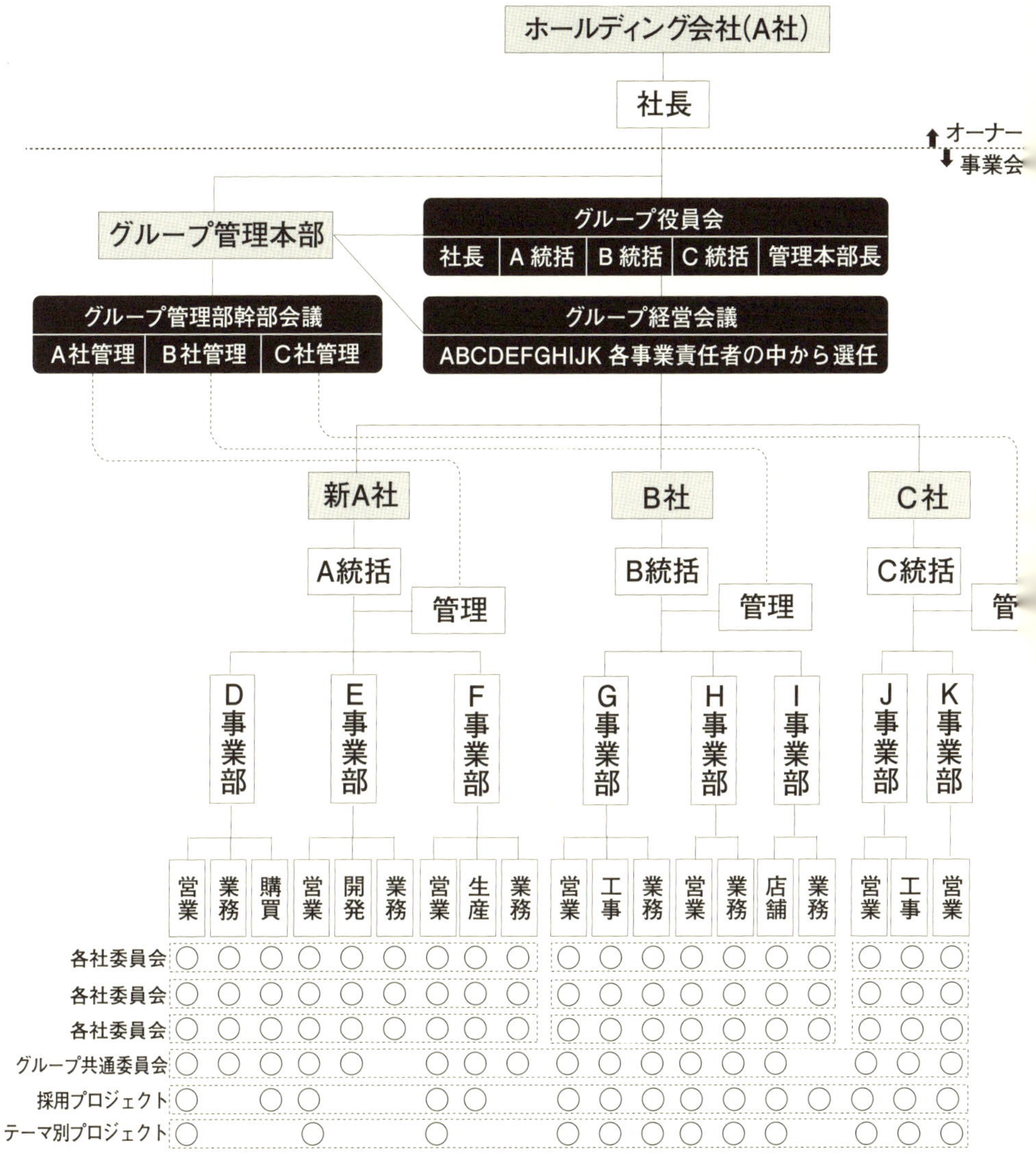

ので、同じくバーチャルな経営推進機関であるが、グループ経営の最高意思決定機関であり、グループ全体の業績に対して連帯責任をもつ。参加者はホールディング会社の社長である私のほか、各社の役員もしくは事業責任者の計7名で、毎月2回開催されている。

組織図上では、階層分けされたグループ経営会議の上に位置し、とくに重要な案件が議論される。グループ経営会議で議論された案件は、グループ役員会で決裁され、反対に、この会議で生まれた経営課題などは下のグループ経営会議に下ろされて、さらに議論・検討されることになる。

グループ役員会が生まれたきっかけは、多角化により事業部が増えたことによって、グループ経営推進会議の出席者が多くなりすぎたからだ。出席者が10人を超えると、合議制で議論をまとめるのが難しくなる。そのため、グループ経営会議の上に意思決定機関が必要になったのである。

グループ役員会では、おもに次のような案件について議論・検討される。

①経営基本計画承認（グループビジョン、中長期経営計画）

②高級人事決裁（課長以上）

③重要事項決裁（新規事業、組織変更、資産購入、資金調達など）
④グループ中長期経営課題の協議・検討
⑤関連会社、事業部間の各種調整

これらを含めたグループ役員会の決裁事項については、5章221ページの第22図を参考にしてほしい。

つまり、これまでグループ経営推進会議で議論されていた重要案件をグループ役員会が引き継ぐ格好となるわけだ。

第6段階の「グループ横断型組織」では、グループ役員会が最高意思決定機関となるため、グループ経営会議は「業績検討会議」の性格がより強くなり、グループ役員会の役割との棲み分けがされている。

グループ経営会議では、おもに次のような案件について議論・検討される。

①各社・各事業の事業計画策定
②事業計画進捗対策

③グループ経営課題の抽出と対策

④グループプロジェクトの進捗管理

なお、グループ経営会議、グループ役員会などあらゆる会議に共通することだが、重要な検討事項は、合議制で決定されるのが当社のルールだ。

社長である私と特定の幹部が1対1で決めることはない。あくまでもトップマネジメントを「経営チーム」でおこなうのが原則である。

かつては、私や役員に対して、「こんな案を出す予定なので承認をお願いします」と事前に根回しや個別の決裁を依頼してくるケースがよくあった。しかし、1対1の場面でこれを認めてしまうと、結果的に権限が集中してしまい、会議が形骸化してしまう。だから、グループ経営会議の席で複数の幹部の決裁を得ることを徹底しているのだ。

合議制にすると、どうしてもスピード感は落ちてしまう。それでもみんなで話し合うのは、決定に対する納得感を優先しているからだ。議論を尽くしたうえで納得して決めていくことによって、「やらされ感」がなくなり、グループ全体の業績に対する連帯責任の意識も強くなる。合議制の原則が崩れてしまうと、連帯責任の意識も薄れてしまう。

多角化がすすみ、事業が増えれば増えるほど、「こんなに事業が増えて、会社はうまくまわるだろうか」と不安になるかもしれない。そういう経営者は、将来のビジョンとしてグループ横断型組織を頭の中に描いておくといいだろう。目指すべきビジョンがあると、多角化への迷いがなくなるはずだ。

全社員が集まる場をつくる

以上、連邦化をすすめる6つの段階についてみてきたが、連邦経営を実践していくうえで欠かせない行事がある。それが、「**グループキックオフ**」だ。

5章でも述べたが、グループキックオフとは、年度末である2月末にグループの全従業員500人以上が集合する一大イベントだ。商業施設のテナントに入っていてどうしても休めない部門など例外はあるが、会社は休業として極力全員参加でおこなっている。

トップの経営方針やグループ経営計画の発表のほか、各社・各事業部の来年度の経営計画発表、年間トピックスの報告、成績優秀者への表彰、委員会活動の成果発表、社内講師による講演、全社員によるワーク型の議論など、年によって若干プログラムは変更があるが、丸一日かけておこなわれる。

幹部同士は会議を通じて他事業の幹部と交流する機会があるが、一般の社員はそのような機会は少ない。そこで、グループの全社員が参加するイベントを開催することによって、グループの一体感を共有してもらうことができる。

「うちの会社では、こんな事業も手掛けているのか」「あの事業の○○さんは、すごい頑張っているな」などと社員間の情報共有やモチベーションアップにもつながる。他部門の状況や計画を理解すれば、互いに「応援したい」という気持ちも芽生えるだろう。

ちなみに、グループキックオフのあとには、会場で全社員が並んで集合写真を撮影するのが恒例となっている。毎年参加人数が増えていくのを実感でき、多角化・連邦化をすすめる経営者にとっては幸せな瞬間である。


また、全社員が参加するイベントとして、7年前からグループ合同の社内運動会を年に1度開催している。「いまどきめずらしい」と思われるかもしれないが、運動会に参加したメンバー間で人材の交流やコミュニケーションの活性化が起きて、「自分はグループ社員の一員なのだ」という意識が高まる効果があるようだ。

ふだん顔を合わせない社員同士で盛り上がり、競技を楽しんでいる光景を見ると、開催してよかったという気持ちになる。

一般的に運動会などの社内イベントは廃止される傾向にあるが、連邦経営をすすめる会社では、このようなグループ社員の一員であることを実感できる場をつくることは、かえって有意義だと実感している。

3.「グループ管理本部」の仕組み

「グループ管理本部」は公正・中立の立場

前項でも少し触れたが、当社の連邦経営を支える仕組みのひとつが、「グループ管理本部」の存在だ。第⑥段階の「グループ横断型組織」を運営するには、必要不可欠な組織である。多角化経営における組織のつくり方には、会社の規模や業種などによってふさわしい方法があると思うが、当社においてはグループ管理本部がうまく機能している。ここでは、グループ管理本部の役割とメリットについてお伝えしよう。

連邦経営の特徴のひとつが、「ヤマチマネジメント」という管理会社(グループ管理本部)が組織上、他の子会社と同様、別会社になっていることだ。

第⑤段階の「グループ経営推進会議の設置」のレベルまでは、子会社にそれぞれ管理部が個別に紐《ひも》づけられていたが、第⑥段階の「グループ横断型組織」では、子会社の管理部を統括するポジションに、グループ管理本部が設置されている。

グループの管理業務については、ホールディング会社が取り仕切ればいいという考え方が一般的かもしれない。しかし、当社の場合は、ホールディング会社からマネジメントの役割を切り離し、グループ管理本部に集中させているのだ。

なぜ、わざわざ切り分けたかというと、マネジメント業務(管理業務)に特化した部門をつくりたかったからだ。これは当社の特殊な事情だが、ホールディング会社が不動産事業もおこなっていて、持ち株会社としての配当収入やロイヤリティー収入のほかに不動産収入も得ている。純粋な管理会社ではなく、事業会社の要素ももっている。

ホールディング会社にたいした収入がなければ、そこにマネジメント機能をもたせればいいのだが、当社は不動産事業とマネジメント業務を切り離したかったので、別会社をつくったというわけだ。

わざわざ「グループ管理本部」というマネジメント専門の部門を設けた目的は、各子会社のコントローラーとしての機能をもたせることにある。連邦経営という広い視点からグループ全体をマネジメントするのが狙いである。

多数の子会社や事業部を抱える今、実際問題としてホールディング会社の社長である私が一つひとつの現場の状況を把握することは困難だ。下手に関与しようとすると縦割りの組織になり、会社全体をコントロールしづらくなる恐れがある。そこで、グループ管理本部が多角化したグループ全体を横軸でつなぎ、マトリックス型の組織をつくる役割を担っているのだ。

具体的にいえば、各社・各事業で総務・経理・人事などを担う管理部門の幹部たちが、グループ管理本部が毎週月曜午前中に開催する幹部会議に集まり、みんなで情報を共有している。この会議を「**グループ管理部幹部会**」と呼んでいる。

議題は広範囲に及ぶが、ひと言でいえば「業績数字以外」ということになるだろう。グループ経営会議では、業績数字の報告や営業対策に関する報告がメインになりがちだ。そこで、経営の定量面ではなく、定性面での状況把握や改善テーマの抽出・解決がグループ管理部幹部会の重要な役割となっている。

具体的には、人事や残業などの労務問題、財務や採用の問題、グループ共通ルールの検討、人事制度など、グループ経営会議では漏《も》れてしまいがちなテーマすべてが議題となる。

トップである私からすれば、「グループ管理部幹部会」は、グループ役員会やグループ経営会議とは別の視点からグループ経営を見る「第三の諮問機関」という位置づけである。

この会議には原則、私も参加するが、もし私が参加できなくても、グループ管理本部を通じて社長である私も情報を共有できる仕組みになっている。つまり、グループ管理本部のトップに聞けばなんでもわかる、という状態になっているのだ。

グループ管理本部は、各社の管理部の統括的な立場にあると同時に、組織上どの事業会社にも属していない管理専門の部門なので、公正・中立の立場でもある。したがって、それぞれの会社に第三者の立場から意見や指摘をしやすいというのもメリットだ。各社の独断や独走をけん制する重しの役割を果たすことも可能である。また、中立の立場なので社長が直接言うと角が立ちそうなことでも、グループ管理本部を通して伝えることによってスムーズに事がすすむことも多い。

グループ管理本部の立ちあげを任せたのは、現在のヤマチマネジメントのトップを務める幹部であるが、最初はヤマチコーポレーションの社員との兼任で、グループ管理本部もバーチャルな機関だった。

だからどうしても自分が所属する会社に対して厳しく向き合うことができず、戸惑《とまど》っている様子だった。「こうすべきだ」と指摘しても、自分もその組織に所属しているのだから説得力がない。

しかし、グループ管理本部を独立した組織にし、その会社の専任となってからは、公正・中立な立場で切り盛りしてくれている。会社によってさまざまな事情はあるかもしれないが、グループ管理本部を任せる社員は専任にして、第三者の立場からモノを言えるようにしておくことが重要である。

グループ管理本部の役割

次に、グループ管理本部（ヤマチマネジメント）が具体的にどんな仕事をしているか見ていこう。

グループ管理本部では、グループ全体で取り組んだほうが効率がよい横断的な仕事を5人のスタッフが担当している。

実際、グループのマネジメント会社として機能しているので、マネジメント費用を各子会社から出してもらい、スタッフの人件費を負担してもらっている。

グループ管理本部のおもな仕事は、次の通りだ。

①総務・経理のとりまとめ
②経営計画書のとりまとめ
③資金調達

④新卒採用

⑤「経営企画室」の役割

とくに重要な④と⑤を中心にくわしく説明しよう。

1つめは、総務・経理のとりまとめ。

各子会社の管理部門の幹部を集めて会議をするほか、決算代行もおこなっている。当社のグループの中には事業規模の小さい会社がある。そのような会社では専任の総務・経理担当者を置くほどではないので、グループ管理本部が総務・経理業務を請け負って、決算も代行しているのだ。

2つめは、経営計画書のとりまとめ。

新年度が始まる前にそれぞれの子会社が作成した経営計画書を冊子としてまとめ、会議資料として配布する。

3つめは、資金調達。

少額の資金調達は子会社ごとにおこなっているが、グループ全体で銀行と交渉をする必要があるような大きな資金調達についてはグループ管理本部で一括して担当している。

4つめは、新卒採用。

当社の場合、中途採用は各社で必要に応じておこなっているが、新卒採用についてはグループ管理本部で一括して取り仕切っている。

グループ管理本部が担当する前は、各社横断のプロジェクトを組んでグループ一括採用をおこなっていた。総務部門のリーダーを中心に、10~20人の若手従業員が本来の仕事と並行しながら採用活動に取り組んでいた。現在も新卒採用のプロジェクトを組むことに変わりはないが、あくまでも核になるのはグループ管理本部のメンバーである。

なぜなら、ご存知の通り、今の新卒採用は日程面も含め、一筋縄《ひとすじなわ》ではいかない状態になっているからだ。昔は合同会社説明会に参加し、学生を各子会社の説明会に呼んだうえで、社長である私が講演をして学生に興味をもってもらう、というスタイルだった。就職氷河期の時代はそれで済んでいた。

しかし、今は売り手市場なので、どの会社もあの手この手で優秀な人材を確保しようと躍起になっている。実際、インターンシップをやらないと母集団を確保できない時代になっている。そのような状況下では、当社も専門の採用担当スタッフを置かざるを得なくなったのだ。

現在、新卒採用についてはグループ管理本部のスタッフ2人が専任の形で担当している。北海道内の大学に足を運んで学内でミニ説明会を開催したり、大学の就職担当者とパイプを築いたりしなければ、採用が思うようにすすまないのが現実である。

札幌まで気軽に来られない地方の大学にも説明会で出かけているので、採用担当者のスケジュールもハードだ。7〜8年前に比べて3倍くらいの仕事量になっているのではないだろうか。採用担当の2人は、採用の仕事に9割の時間を割いている状態である。

社長のニーズに応える「何でも屋」

グループ管理本部が担っている仕事の5つめは、「経営企画室」としての役割だ。社長の秘書的な役目といってもいいかもしれない。

事業におけるアイデアや懸念事項などが思い浮かんだ時、私は関連する子会社の幹部に「今、時代の流れが変わってきているから、違うやり方を考えたほうがいいんじゃないか」などと、メールや電話で直接指示することがある。これで済めば問題ないが、なかにはグループ全体に関わる案件もある。たとえば、新規事業のアイデアや採用などだ。この場合、私はまずグループ管理本部のメンバーに声をかけるようにしている。

「新規事業のネタがひらめいたんだけど、企画書のたたき台をまとめておいてくれないか」

「今度のインターンシップで、こんなネタで話したいんだけど、資料をまとめておいてくれないか」

「遊休資産を活用するアイデアを思いついたから、実現の可能性を探ってくれないか」

といった具合である。

おもに受け皿となってくれるのはグループ管理本部のトップを務める幹部だが、私の無茶ぶりのような指示にも「わかりました」と言ってすぐに動いてくれる。

まさに経営企画室のような役割を果たしてくれるわけだ。実際に動く彼らは大変かもしれないが、社長である私にとっては必要不可欠な心強い存在である。

社長が新規事業のアイデアを思いついたからといって、イチから自分で調べるのは大変だ。あるいは、子会社の現場の社員に頼んでも、本業が忙しくてなかなか動いてくれないので社長はイライラする。

一方で、グループ全体にかかわるテーマを振れるスタッフがすぐ近くにいるとありがたい。当社の場合、グループ管理本部のスタッフは同じフロアで働き、普段からコミュニケーションをとっているメンバーでもあるので、思いついたらすぐに頼むことができる。社長の立場からいえば、とてもラクで助かるのだ。

本来、社長の仕事はジャッジすること。自ら情報を収集したり分析したりしていたら、いくら時間があっても足りない。社長が日々の業務に追われていたら、正しい経営判断ができない。頭を常にすっきりさせて、的確な判断ができるようにするためには、こまごまとした雑務をこなし、お膳立てをしてくれる部門が必要である。

当社のグループ管理本部は、まさに、社長のニーズに応える「何でも屋」といった役割を担ってくれている。ひとまず受け皿になってくれるので、とりあえず仕事を振って、手放すことができる。これは社長にとっては、大きなメリットだ。

ただし、注意しなければならないのは、情報の集中管理はしても、事業の権限の集中管理はさせないこと。管理本部が権限をもつと、現場のダイナミズムが失われる結果となる。

管理本部や経営企画室のような部門をつくろうとすれば経費もかかるので、ふつうは社員に兼任させるものだが、少し経営に余裕のあるうちに専門部署を設置したほうが社長の生産性も上がる。

心のゆとりができ、新規事業のアイデア出しや経営戦略、人事・採用など、社長が本来取り組むべき仕事に時間をかけられる。現場のことで頭がいっぱいになっていたら、将来のために時間を使うことができない。

会社の規模や多角化の進行状況にもよるが、客観的に見て「社長が忙しくて余裕がなくなってきた」という状況になる前に、グループ管理本部のようなチームを置くことをおすすめする。

規模が小さいうちは、秘書を置くだけでも、社長の生産性は大きく向上する。「秘書をつけるなんて贅沢《ぜいたく》だ」という発想をする経営者は意外と多いが、時間に追われて社長が本来すべき仕事ができないようでは本末転倒《ほんまつてんとう》である。

4.「委員会」で組織に横串を通す

「委員会」は社員が経営参加する仕組み

グループ横断型組織を構築する段階では、全社横断型の「委員会・プロジェクト」を組織化することも重要だ。

「委員会」とは、社員全員が経営参加するための仕組みのひとつで、「自主目標・自主管理・自主評価・自主分配」をモットーとするシステム経営の根幹を担っている制度だ。

委員会の活動を通じて経営課題を解決する一翼《いちよく》を担うことになるため、社員一人ひとりが経営への参加意識をもつことになるのが大きなメリットである。委員会制度を始めたのも、社員を経営に巻き込む仕組みをつくりたいというのがきっかけだった。

当社では実際、チームリーダー以上の幹部を除く全社員が、いずれかの委員会活動に参加している。つまり、本業の稼ぐポジションと委員会のポジションの2役を務めているのだ。

委員会は10~15人のメンバーで構成されているが、少なくとも5人以上が適当だろう。

ひとつの会社内に設置される「各社委員会」のほか、すべてのグループ子会社をまたぐ「グループ共通委員会」があるが、いずれも部門や部署から横断的に集められた人材で構成されるのが特徴だ。組織に横串を刺すイメージである。現在、当社では約３０の委員会が活動中である。

会社組織では通常、事業部の縦のラインで完結することが多いが、委員会では各部署からランダムに人選され、まったく異なる事業や部門の社員と交流することになる。マトリクスな組織構成なので、グループ全体のコミュニケーションが活発になるという効果もある。

取り組むテーマは、経営要素の中で「重要だけれど緊急ではないもの」が中心。委員会ごとに定期的に会合を開いて、会社に活動計画や改善案を提案し、承認されたものは実行に移していく。もちろん、必要に応じて活動予算もつけていく。

当社にはさまざまな種類の委員会があるが、ここではそのうちのいくつかを紹介しよう。

「人材育成委員会」では、「内部の力で社員を成長させる」をテーマに、内定者研修の企画・実施のほか、新卒入社・中途入社向け研修の実施、知識やスキルアップのための社内勉強会などを開催している。

「経費削減委員会」では、会社のムダをなくすことを目的に経費削減の啓蒙活動のほか、経費削減に向けた改善アクションをおこなっている。ひとつの例としては、社屋の照明をL

されている。

ＥＤに変えることによって、月間３万円、年間３６万円の節約を達成したという成果も報告されている。

「社内美化委員会」では、社内外の清掃活動の推進やオフィス内のパトロールを実施している。通常は総務部長などが社内を回って、「ここが散らかっているから片づけなさい」などと指導するのが一般的だ。この場合、社員に「やらされ感」があるため、いくら言っても改善されず、「いたちごっこ」になりがちだ。しかし、社員代表である委員会が活動することによって、社員たちが自主的に環境の美化に努めようとしてくれる。

「顧客満足委員会」では、お客様向けのイベントを企画するほか、電話対応など接遇・サービスの向上につながる活動をおこなったりしている。たとえば、当社で住宅を買われたお客様を無料でバーベキュー大会やクリスマスパーティーに招待するといった取り組みも顧客満足委員会の発案で始まったものだ。

一般的に、住宅会社は家やマンションは売ったらおしまいで、それ以降、お客様との接点はなくなってしまう。しかし、当社の場合は、こうした顧客満足につながるようなイベントを積極的に企画・実施しているため、家を建てたあともお客様に喜んでいただく機会がある。

イベントを通じて、お客様同士の交流が生まれたり、お客様が知人に「家を建てるなら面白い会社がある」と紹介してくださったりすることもある。当然それなりのコストとエネルギーはかかるが、顧客満足委員会では、お客様に喜んでいただくことにフォーカスしているので、それ以上のプラス効果をもたらしてくれる。

また、委員会の中には、学校の部活に近い活動もある。当社の住宅部門は「お客様にライフスタイルを売ろう」というキャッチフレーズを掲げて、家そのものだけではなく、住んだあとのライフスタイルも売ることをモットーとしている。

しかし、それを目指す自分たち社員のライフスタイルを振り返ってみると、「仕事をするか、お酒を飲む程度しかできていない。これではお客様に理想のライフスタイルを提案することはできない」ということに気づいた。そうした問題意識から生まれたのが「ライフスタイル委員会」だ。

委員会のメンバーは農園を借りて作物を育てたり、どうすれば美味しいコーヒーを淹《い》れられるかを研究したりするなど、楽しい人生を満喫する方法を模索している。こうした委員会の活動は、仕事も大事だが、お客様に満足してもらうには自分たちが楽しく過ごすことや遊びも大切だということを再認識するきっかけとなっている。

なお、先ほど紹介したグループの社内運動会は、グループ合同の「ＥＳ委員会（社員満足

第28図　おすすめの委員会の一覧

■取り組みやすい委員会

①社員満足委員会（ES）

②人財育成委員会
（若手・ミドル・幹部クラスごと分けてもよい）

③美化委員会

④経費削減委員会

⑤顧客満足委員会（CS）

■その他テーマ別委員会の例

①業務改善委員会

②危機管理委員会

③IT合理化委員会

④安全衛生委員会

⑤広報委員会

⑥車輌保安委員会

委員会)」で企画・運営されている。

200万円に及ぶ予算取りから企画、準備、運営、懇親会まですべて各社から集められたES委員会のメンバーが担っている。メンバーは会社や事業の垣根を越えて集まっているので、メンバー間ではグループの一体感を強く感じる機会となるようだ。

また、委員会とは別に「プロジェクト」が組まれることもある。これは委員会の考え方に近く、業務上、委員会ほど継続的なテーマではないが対応が必要なテーマについてグループ横断のプロジェクトチームが結成される。

当社の場合、「新卒採用プロジェクト」「グループ広報誌発行プロジェクト」「IT系大型システム導入時プロジェクト」などが当てはまる。組織図上でいえば、委員会の上にプロジェクトがあるというイメージだ。

たとえば、「ブロッコ大爆発プロジェクト」も社内横断プロジェクトのひとつ。グループのひとつにオーダーソファ専門店を運営する「blocco(ブロッコ)」という事業がある。同事業の課題は、マーケティング力が不足していることだった。数年間、この経営課題の克服に努めてきたが、人材不足もあってなかなか成果があがっていなかった。そこで、グループ経営会議の席で、一人の事業責任者が「ブロッコ大爆発プロジェクト」を発案した。つまり、他の子会社や事業部のマーケティングチームが組織横断で協力して、ブロッコの課題であるマーケティング力の強化にあたることになったのだ。実際、ブロッコのホームページや広告をつくったり、新商品の開発に協力をしたりするなど、実績をあげている。

「委員会」がグループの一体化を生む

「多角化をしたいけれど、うちには適当な人材がいない」という悩みの声を経営者から聞くことがある。

当然だが、多角化をすればその事業を任せられる人材が必要になる。経営者がすべての事業でリーダーシップを発揮することは不可能だから、多角化が急ピッチですすめばすすむほど、経営幹部の育成が急務となる。

人材育成は、多角化経営のいちばんの悩みどころであり、成功させるために避けては通れないポイントだ。経営幹部を育てるには、経営幹部や社員に「経営者意識」をもってもらう必要がある。

委員会活動を続けるメリットはいくつかあるが、いちばんのメリットは、社員が良い会社づくりに自発的に関わることを通じて、人材育成がすすむことだ。

当社では、管理職でなくても「委員長」「副委員長」になれるというルールを設けている。なかには入社1～2年目の若手を委員長に抜擢するケースもあるくらいだ（ただし、委員会の立ちあげ段階では、幹部やリーダークラスが委員長を務めてもOK）。

若手が委員長になれば、自分よりも社歴が長いメンバーの上に立たなければならないため、リーダーシップやフォロワーシップを学ぶ絶好の機会になる。また、若手にとって委員会は、会社の仕組みを覚えるチャンスでもある。

人材を育てるという意味でも、経営者や幹部は委員会活動に参加しないことを原則にすべきだ。「顧問」「オブザーバー」という立場で役員や幹部クラスが相談に乗るくらいはいいが、彼らが「これをしなさい」「これはNG」などと指図を始めると、途端に「やらされ感」が生まれ、メンバーはやる気を失ってしまう。どうしても気になるなら、経営者は「顧問」「オブザーバー」である役員や幹部から報告を受ければいいだろう。

多角化経営、連邦経営をすすめるうえでは、主体的に動いたり、積極的にアイデアを出したりする人材が必要になるが、上司から言われたことをこなすばかりでは、受け身の人材ばかり増えてしまう。

その点、委員会での活動は、上司の指示を待つのではなく、自主的に動くのが基本なので、自分で考えて実行するような若手が次々と育っていく。当社の見学にいらっしゃった方々に「やる気がある社員が多いですね」とよく言っていただけるのは、このような「多角化人材」が委員会を通じて育つからだと思う。

経営の立場からいえば、委員会は次世代のリーダー候補を見極める絶好の機会にもなる。年上のメンバーの扱いに苦労したり、他部門のメンバーと協力関係をすすめたりする中で、リーダーシップの有無を判断できる。実際、委員長としての実績が評価されて、リーダーや幹部に抜擢《ばってき》される社員も少なくない。

委員会は間接業務が多いので、仮に失敗しても経営に大きなダメージを与えることはない。だから、若手にとっては絶好の実験・訓練の場になる。委員会を人材育成の場として積極的に活用することをおすすめしたい。

また、委員会の仕組みを取り入れると、「間接部門の仕事が増えない」というメリットもある。委員会では社内美化から人材育成まで、本来なら間接部門で取り組むことが多い経営課題を解決していくことになるので、直接的な利益を生まない間接部門が肥大化することを防ぐことができる。したがって、よほど困難なテーマ以外は、委員会の仕事に落とし込んでしまうといいだろう。

ただ、このようにいうと、「委員会の負担が増えると、利益を出すべき本業がおろそかになるのでは」と心配する人もいるかもしれない。もちろん、本業がおろそかになっては本末《ほんまつ》転倒《てんとう》だが、委員会にかける時間は、業務全体の5～10％程度にすぎない。

現実なことをいえば、100％の時間すべてを稼ぐことだけに充てていると案外退屈するもので、ずっと集中して仕事ができるわけでもない。どんなに仕事ができる人でも、ときどきボーッとする時間や集中できていない時間があるはず。であれば、全体の時間の10％くらいを委員会に充てれば良い気分転換になり、結果的に本業でも100％に近いパフォーマンスを上げられるのではないだろうか。

委員会のもうひとつの大事なメリットは、組織に横串を通すことによって、横、あるいは斜めのコミュニケーションが盛んになることだ。これは多角化がすすめばすすむほど、大きな意味をもってくる。

多角化によって事業が分かれていくことによって、縦割りの組織になり、セクト化しがち。「自分の事業さえうまくいけばいい」「他の部門が何をやっているか知らない」というのが当たり前になっていく。ところが、委員会はさまざまな部門や事業から横断的に人が集まってくる。単純に他の部署の人と交流するのは楽しいし、お互いの部門のこともよくわかるため、グループ社員の中に全社意識が芽生える。

ある程度の多角化がすすんだ会社では、「広報委員会」を立ちあげるといいだろう。

中小企業でも、外に向けた広報を積極的にする会社は多いが、内部向けの広報は後回しになりがち。総務部が社内広報を担っている会社もあるが、せいぜい人事情報の発表くらいしかできていないのが実状だ。

そこで、「こんな事業がスタートした」「こんな活動をしている人がいる」といった社内向けの情報を発信する委員会を立ちあげる。紙ベースでもイントラネットでもかまわないが、「社内で何が起きているか」を伝える仕組みがあると、多角化がすすんでも、グループとしての一体感を保つことができる。

ちなみに、当社には「視える化委員会」という組織もあって、業績やデータなど会社の情報や、スローガンをわかりやすく示したポスターなどを作成して貼り出すといった活動をしている。この委員会もまた、多角化したグループの一体感を醸成するのに一役買っている。

まずは立ちあげやすい「委員会」からスタート

これから社内で委員会を立ちあげるという場合、経営課題の中から経営者が幹部と一緒に決めるといいだろう。

委員会の仕組みが定着すれば、いずれは社員の間から主体的に「こんな委員会をやりたい」という声があがるようになるが、立ちあげ段階では、経営陣主導で「こういう委員会をやってほしい」と提案する形でかまわない。

ただし、まずは立ちあげやすい委員会からスタートするのが成功のコツ。私がおすすめするのは、社員満足系の委員会。当社では「社員満足委員会」という委員会があって、社内イベントや交流会、懇親会などの企画と運営を担っている。要は、飲み会や社員旅行、花見などの企画を実施させるのだ。会社の予算を使って、社員たちが自ら楽しめるようなイベントを企画するわけだから、自主的に関わってくれるだろう。

飲み会などの社内イベントの場合、各部署から「宴会部長」タイプの社員を5～10人集めれば、とりあえず委員会制度をスタートさせることができる。このように立ちあげやすい委員会で実績をつくり、その効果を実感したあとだと、そのほかの委員会も増やしやすくなるはずだ。

そのほか、「人材育成委員会」「美化委員会」「経費削減委員会」「顧客満足委員会」などは、自分たちの業務内で完結し、目に見える成果も出やすいため、スタートアップ時でも取り組みやすい。

大切なのは社員に「やらされ感」を抱かせないことだ。「余計な仕事が増えた」「私はこんな仕事をするためにこの会社に入ったわけではない」という気持ちが払拭《ふっしょく》されなければ、委員会の仕組みは根づかない。そのためにも、委員会活動は業務時間内におこなうことを原則とすべきだ。業務時間外に及ぶなら、少なくとも残業手当をつけるなどの配慮は必要だろう。委員会の活動が業務時間外に及ぶようになったら、途端に「やらされ感」が充満し、うまくいかなくなる。

委員会活動を定期的に報告させる場を設けることも重要だ。委員会活動は社員の自主性に任せるのが基本だが、やらせっぱなしでは活動が形骸化してしまう。

委員会を通じて、良い会社づくりに自発的に関わることの楽しさを社員に知ってもらうと同時に、経営陣がその活動を評価したり、称賛してあげたりすることもメンバーのモチベーションの維持につながる。

第29図　委員会活動の流れ

設置委員会の決定	
↓	
テーマ別メンバー編成	・活動テーマ ・参加対象者決定 ・活動ルール
↓	
委員会別役割分担の決定	・委員長・副委員長・幹事
↓	
委員会名の決定	・委員会の自主的な設定
↓	
活動計画の作成	・計画の承認手続き
↓	
活動計画の実施	・委員会ごとに進捗管理
↓	
中間進捗報告・見直し	・経営会議等で委員長が報告
↓	
活動結果の反省・成果報告	・経営計画発表会で報告発表
↓	
次年度委員会へ引き継ぎ	

当社では、毎月の経営会議、いわゆる経営幹部の前で、委員長や副委員長が1カ月の活動や成果を発表してもらう場を設けていて、すばらしい活動や成果は手放しで褒める。批判するよりも盛り上げてあげるほうが活動はうまくまわる。

会社が委員会活動を重視していることをメッセージとして送ることは、委員会活動を活発化させる秘訣である。委員長にはわずかばかりの手当もつくが、私の経験からいえば、彼らのモチベーションはお金ばかりではない。称賛や評価が原動力となるのだ。

委員会制度は根づくまでに時間もかかるし、すぐに数字として実績に反映されるわけでもない。しかし、一度、委員会制度が浸透すれば、社員が自主的に経営課題に取り組んでくれるようになり、さまざまな大きなメリットをもたらしてくれる。ぜひ導入を検討してほしい。

8章

多角化人材を育てる「人事・能力開発システム」

1.「システム経営」は自動的に人が伸びる仕組み

新規事業が人を育てる

「企業は人なり」という言葉があるように、どんな企業でも「人事・能力開発」は重要な経営テーマだ。

その点、システム経営では、計画づくりや会議、報告などを通じて若手のうちから経営の一部に参加し、委員会やプロジェクトでは２０代のうちからリーダーシップを発揮する機会も多い。少なくとも「上司に言われた通りに働いていればいい」という環境ではないから、めきめきと若手が成長し、幹部へと育っていく。

さらに、幹部は「自主計画・自主管理・自主評価・自主分配」を中心になっておこないながら、経営に積極的に参加することになる。そのプロセスでは目標設定や課題抽出、具体的な対策の検討、行動管理、プレゼン・報告、部下育成などを通して、経営幹部として必要な能力が磨かれていく。つまり、システム経営自体が能力開発システムになっているのだ。

「多角化・連邦化をすすめたくても、新規事業を任せられる人材がいない」と嘆く経営者は少なくない。しかし、私の経験上、システム経営を導入し、部下に新規事業の責任者やチームリーダーを任せるようにすれば自然と人は育っていく。

多角化ができないでいる経営者は、新規事業で成功するためには「準備万端でなければならない」と思い込みがちだ。しかし、もともと優秀な人材が限られる中小企業の場合、人が育つのを期待して待っていたら、いつまでたっても新規事業に打って出ることはできない。

しかし、システム経営では、半強制的に部下に仕事を任せていくことになる。自主運営型組織なので、実践の中でトレーニングを重ねられる。そのような環境で働いていると、部下におのずと責任感が芽生え、どんどん成長していく。私も含めて権限委譲が成功している経営者の多くは、このような経験をしている。

研修や勉強会など人材教育制度を充実させることもムダとは言わないが、システム経営を導入して新規事業の責任者やチームリーダーを社員に任せてしまうほうが、確実に人は成長していく。

少し荒っぽいやり方かもしれないが、実戦の中でもまれたほうが手っ取り早く社員は成長し、幹部候補が育つ。任される従業員は、最初はおっかなびっくりかもしれない。しかし、さまざまな苦労をし、自分で判断していく中で飛躍的に成長していく。システム経営による多角化のメリットのひとつは、新規事業を通じて従業員の成長を促せることである。

新規事業の責任者やチームリーダーは、キャリアや年齢で決める必要はない。若手でも積極的に登用することをおすすめする。当社では、全体的に若い社員が多いということもあるが、おもに20代後半から30代の若手社員を抜擢している。システム経営の中で組織を自主的に運営する中で、若手社員でも急激に成長していく。むしろ若い社員のほうが、下手に自分のやり方やこだわりに縛られないので、システムにうまくなじんでいく。

もちろん、新規事業の内容に対する向き不向きなども考慮するが、いちばんのポイントは、「人を動かした経験」があるかどうか。2章でも触れたが、部下を率いることができる人がリーダーの基本的条件のひとつである。

新規事業の責任者に最も求められるのは、ビジネスセンスでも才能でもスキルでもなく、組織を動かすこと。3人でも5人でもいいから、リーダーとして組織を率いたことがある人は、人を動かすことがどれだけ大変であるか身をもって知っているので、新規事業を任せても、なんとか組織を前にすすめることができる。

一方、天才肌の専門職は、あまり事業責任者には向いていない。たとえば、親しみやすい人柄でお客様の心をあっという間につかんでしまうようなトップセールスマン。営業マンとしては優秀でも、センスでうまく仕事をまわしている人は、それをロジカルに組織に伝えることができない。「トップセールスマンが、優秀なマネージャーになるとはかぎらない」とよくいわれるのもそのためだ。

それよりも、口下手《くちべた》で不器用なタイプの営業マンのほうが責任者に向いていたりもする。口下手《くちべた》でも売れるように、売るための仕組みやステップをマニュアル化するような努力をするため、そのコツを組織にロジカルに伝えることができる。

新規事業で組織を動かす際にも、「ロジカルに考え、伝える」ことが求められる。「黙って俺についてこい」では人は動かない。「こんなに面白い事業だから、一緒にがんばってみよう」とロジカルに、そして情熱的に説明できて、初めて人は動くのだ。

そういう意味では、システム経営の「委員会」は、次のリーダーを見極める絶好の場だ。委員会のリーダーである委員長は他部門の人や年上の部下などをまとめて結果を出さなければならないので、人を動かすトレーニングの場といえる。

委員長は幹部が出席する会議で委員会の活動報告などをおこなう機会があるので、「彼は光るものをもっている」「彼はリーダーシップがある」といったことはだいたいわかる。そのような委員長の中から新規事業のリーダーを抜擢することは少なくない。

若手社員の成長を促すことで、会社の人材の層がどんどん厚くなり、いずれ人材に困ることはなくなっていく。現在、人材難で困っている会社は、人材教育制度を充実させるよりも、まずはシステム経営の仕組みを取り入れ、権限委譲することを優先したらどうだろう。少々時間はかかるが、確実に成果としてあらわれるはずだ。

人事・賃金制度は常に進化させていく

人事・賃金制度は、社員の成長を促す有効な手段である。

これらの設計に力を入れている経営者は多い。しかし、当社を長年経営してきた経験からいえるのは、人事評価制度や賃金制度に絶対的な正解はない、ということ。その会社にふさわしい評価制度や人事制度があるはずで、それは試行錯誤していくしかないと考えている。

当社の場合も、これまで成果主義制度、目標管理制度などを導入してきたが、いずれも3年ほどで頓挫《とんざ》してしまった歴史がある。外から制度をそのまま移植しようとしても、たいていはうまくいかないものだ。

先述したように、現在では決算賞与を成果分配にして目標利益の達成度によって給料に差が生まれる仕組みになっているが、制度の骨組みは、グループ共通の等級制度（8段階）をベースに昇給を決定し、昇格については職階級別職能要件にしたがって決めている。

つまり、賞与についてはおもに業績数字を評価し、昇給・昇格については、本人が成長しているか、意欲があるかといった情意《じょうい》面を中心に評価する、というのが基本スタンスである。

もちろん、現制度もある程度は機能している感覚はあるが、現在の人事・賃金制度がベストだと満足はしていない。これからもより納得感の高いものに改善していく必要があると考えている。

現に、グループ会社のひとつであるジョンソンホームズでは、人事考課表などは使わずに、幹部の感覚をベースに合議制で決めている。職能要件は踏まえるが、「Aさんは、○○で実績をあげてがんばっていたから、等級を3つ上げるのが適当だと判断したのですが、みなさんはどう思いますか?」などと幹部同士で話しあって決定している。

これまで人事考課表を使ってきたが、それでは思った通りの評価ができないという実感をもっていたからだ。それよりも一人ひとり、感覚をもとに合議制で評価を決めたほうが、すごくファジーで時間もかかるけれども、納得感の高い評価ができているという。

もちろん、これが正解とは言い切れないが、ジョンソンホームズにかぎっては、今のやり方がベターなのである。そういう意味では、人事・賃金システムは、自社にベストなものを追い求めていきながら、進化させていくものなのかもしれない。

ただ、原則としていえることは、人事・賃金制度で社員の成長を促すには、職階級別職能要件書などを作成し、「こういう能力やスキルを身につけてほしい」ということを明確に示すことだ。もちろん、社員全員が評価基準を見られるようにオープンにする必要がある。

昇給・昇格に必要な能力やスキル、レベルが明文化されていれば、能力開発の目標として活用できる。どんな能力やスキルを身につければ給料が上がり、昇格できるのかが明確になっていれば、足りないものを身につけたり、課題を克服したりしようと積極的に動いてくれるはずだ。

努力や能力の成長度に応じて、どのような形で報われるのかを明確にする人事システムが必要である。つまり、将来を見える化し、社員の不安を取り除いてあげなければならない。もし職階級別職能要件書がないようであれば、幹部を中心に話し合って作成し、メンバーの成長意欲を引き出すといいだろう。

当社が使っている職階級別職能要件書(共通)は、巻末に添付したので参考にしてほしい。

幹部の評価ポイント

「幹部の評価のポイントを教えてほしい」という質問をよくされることがある。私は経営幹部を次の４つの責任の観点から評価している。

①業績責任
②改革責任
③部下育成責任
④報告責任

①業績責任は、目標利益などの数字を達成したかどうか。これが最も重要で、上に行くほどプロセスより結果が求められることを幹部同士で互いに認識しないといけない。

②改革責任は、戦略、組織、マーケティングなど重要課題を主体性をもって取り組んでいるか、ということ。当然、新規事業を立案できているかも、ここに含まれる。

③部下育成責任は、言葉の通り、いかに優秀な部下を育てているか、である。「この幹部の部下は伸びている」「この幹部の部下はすぐ辞める」「この幹部の部下は評価が低い人ばか

り」……当然、部下の成長度によって幹部の評価は大きく変わる。

④報告責任については、ひとつは経営トップに判断材料となる情報を意識してあげることができているかという点。これが悪いと、トップは最善の意思決定、決断ができない。

もうひとつ、部下とのコミュニケーションがとれているかという点も評価対象になる。会社のビジョンやトップの考え方を部下にきちんと伝え、同じ価値観を共有できているかで、その部門の成果も変わってくるし、システム経営の成否を左右することにもなる。

業績責任以外は、数値化して査定するのは難しく、実際、当社でも定量化しきれていないが、幹部を評価するうえでは、ベースとなる視点だと考えている。

これらの4つの視点は、幹部を含む全社員の人事評価をする際の能力要件として取り入れ、全社員に公開している。これをベースに昇給・昇格を決めているのだ。先ほど紹介した当社の「職階級別職能要件書」（※巻末に添付）をあらためて参考にしてほしい。

ちなみに私自身が、「今年どうだったか?」と自社の経営を振り返る時も、これら4つの視点から自問自答するようにしている。みなさんも年に一度は、これらの観点から、経営者としての自己点検をしてみてはいかがだろうか。

2. 経営課題を浮き彫りにする「モラールサーベイ」

社員の本音を知らない経営者

「楽しそうに働いていた社員が突然辞表を出してきた」「経営者として努力しているつもりだが、一向に社員がやる気をもって働いてくれない」。こんな悩みを抱えている経営者は少なくない。

その原因は、社員の本音を経営者が把握していないことにある。多角化経営がすすめばすすむほど、従業員が増えて接点も少なくなっていくので、社員の本音が見えづらくなっていく。

そこで、おすすめしたいのが、当社の人事・能力開発システムの柱のひとつとして位置づけている「**モラールサーベイ**」だ。

モラールサーベイは、企業の組織、職場管理に対して、従業員がどういう点にどの程度満足し、またどんな問題意識をもっているかを科学的に調査分析する手法で、一般的には「従業員意識調査」と呼ばれることもある。

当社では、10年ほど前から全社員を対象にモラールサーベイを毎年1度のペースで実施し、その結果や推移を分析して、経営に活かしている。

モラールサーベイの項目には、「所属部署の雰囲気について」「仕事の満足度や適性」「処遇」「会社全体の評価」「上司との関係性」といったテーマが並んでいる。

これらに関する質問に答えていくと、「コミュニケーションがうまくいかない」「〇〇のスキルが低い」といった個人の改善点が浮かび上がってくるので、それらを人事などに活用するのはもちろんのこと、日々の指導にも反映させる。こうして部署や社員一人ひとりが自分たちの足りないところを解消し、モラールサーベイの平均点を上げていくことによって、組織力もアップしていく。（※モラールサーベイのフォーマットは巻末に添付）

モラールサーベイには、もうひとつ重要なメリットがある。それは、社員の不平不満や不安などの本音を把握できる点だ。

モラールサーベイには自由意見を書く欄もあるので、会社にとって辛《しん》らつな意見や不満を書いてくることもある。実際、当社でも、匿名《とくめい》でないにもかかわらず、カチンとくるようなことを書いてくる社員は少なくない。

不平や不満を書いてきたからといって、評価や給料が下がったり、待遇が不利になったりするようなことはないと約束しているからだろうが、直属の上司について「意見を聞いてくれない」「どう評価されているかわからない」「コミュニケーションがない」といった不満をストレートに書いてくる人もいれば、用紙の裏までびっしりと不満を書いてぶつけてくる人もいる。

こうした不満の声を読んでいると、「なぜこんなにレベルが低いことを言うのか」「なぜ会社に感謝してくれないんだ」と腹が立つかもしれないが、これが現実。モラールサーベイは経営に対する一種の成績表だ。

結果を分析すると、会社が良くならない、社員のやる気がアップしない、会社が成長しない理由が見えてくる。それらをいったん受け止めて、可能なかぎり経営計画に課題として落とし込んでいく。そうすることによって、社員のやる気がアップし、会社も成長していく。

中小企業でモラールサーベイを実施している会社はあまり多くないと思う。私のまわりでもあまり聞かない。社員数がまだ少なくて、経営者が毎日社員とコミュニケーションをとれている会社であればモラールサーベイをする必要はないだろうが、数十人、数百人と会社の規模が大きくなっていけば、従業員一人ひとりと十分なコミュニケーションをとるのは不可能。そういう会社の経営者は、社員が不満をため込んでいることを知らないままになっている可能性がある。

もし物理的に可能であれば、1年に1度、面談をして社員の話を聞く機会を設けるといいだろう。社員の本音を聞く、絶好の機会となる。しかし、それができないのであれば、モラールサーベイのような仕組みを導入するのが合理的だ。個人的には、10人以上社員がいるのであれば、モラールサーベイを実施したほうがいいと考えている。


モラールサーベイの結果を経営計画に落とし込む

モラールサーベイを実施することは、経営改革をすすめるうえでも役立つ。モラールサーベイの結果を分析することによって、経営課題や改善テーマが浮かび上がってくるからだ。

したがって、当社では毎年、来年度の経営計画を作成する直前に、モラールサーベイを実施している。ここで社員からあがってきた意見や不満を分析し、解決が必要な課題については経営計画に落とし込んでいく。

たとえば、「残業が多くて困っている」という部門があれば、働き方改革の世の中の流れも踏まえ、解決策を検討し、それを計画書に反映させる、といった具合だ。もちろん、すべてを経営計画に反映させることはできないが、できるかぎり「こういう問題があるから、こう変えていきます」という改善の姿勢を示すことで、社員に経営の参加意識が芽生え、経営幹部に対する信頼にもつながっていく。

当社がおこなっている「連邦・多角化経営実践塾」では、これから連邦・多角化経営を採り入れようとしている経営幹部のみなさんに、「まずは社内でモラールサーベイを実施してください」という宿題を出している。

社内で「連邦・多角化経営を採り入れるから、社員のみんなにも経営に参加してほしい」と宣言してから、モラールサーベイを実施する。すると、社員から「こうしてほしい」「このままの状態では連邦・多角化経営などできない」といった声がいろいろと出てくるので、それらを課題として設定し、改善していくのだ。

このように連邦・多角化経営を実践する前に、経営者や幹部が社員の不満を知ることによって、解決すべき課題やテーマがはっきりする。実際にモラールサーベイを実施した企業幹部のみなさんからは、「社員がこんなふうに思っているとは、まったく気づかなかった。社員の本音を知ることができてよかった」という感想を聞くことが少なくない。

最初は、経営者が予想していたよりも調査の点数が低くてがっかりすることも多いだろう。

「5点満点中3点なのはなぜだろうか。もっと社員は満足してくれていると思っていたのに……」と。

しかし、ここで浮かび上がった課題を解決して、社員の満足度を上げることによって、連邦・多角化経営もうまくいく。つまり、モラールサーベイは、経営課題と向き合うことに直結するのだ。

それなりに会社の規模が大きくなれば、社員一人ひとりに会社の課題を聞いてまわるわけにもいかない。経営課題を発見するには、モラールサーベイのようなアンケート形式が適している。

モラールサーベイを実施したうえで、連邦・多角化経営をすすめることは、社員に「会社はこれからいい方向に変わるのだな」という印象をもってもらえる効果もある。会社が社員の意見を吸い上げて、その課題を解決しようという姿勢を見せているわけだから、社員は経営への参加意識をもち、改革にも協力的になってくれる。経営者と幹部が変えるのではなく、自分たちも経営に参加して一緒に変えていくんだという雰囲気をつくることができる、というわけだ。

たとえば、モラールサーベイによって、「会社の雰囲気が悪い」という課題が浮き彫りになったとする。そんな時は、経営者は社員の前でこう言えばいい。

「モラールサーベイによると、『会社の雰囲気が暗い』『あいさつが少ない』『社員同士のコミュニケーションが不足している』という声が多かった。会社の課題はいまの社内の雰囲気を改善することだと、みなさんに気づかせてもらった。だから、まずはあいさつ運動から始めよう」

この場合、社長が思いつきで「あいさつ運動を始めよう」と宣言したわけではなく、「社員みんなが社内の雰囲気について問題意識をもっているのだから、みんなで解決していこう」という論理に落とし込むことができ、自然と社員の参加意識を高めることができる。

また、モラールサーベイで「給料が低い」という不満が多かったとすれば、「なぜ給料が少ないかというと、生産性が低いからです。これからみんなで生産性を上げられるよう工夫していこう」という言い方ができる。つまりは、モラールサーベイの結果は、改革や改善のための根拠にもなるのだ。

一般的に社員は「社長がなんとかうまくやってくれるのではないか」という甘い考えをもっているものだ。しかし、このように社員の声を吸い上げたという格好をとれば、社員が自ら動かざるを得ない。連邦・多角化経営は、全社員の経営参加が原則。社員の意見を聞いて、経営への参加意識を高めることは、多角化経営の実践にあたり必要不可欠なスタンスである。

社員の不満を受け止める覚悟を！

モラールサーベイを導入すると決めたら、社員の不満をしっかりと受け止める覚悟が必要になる。

なかには、耳の痛いことやカチンとくるようなことを書いてくる者もいる。「何を勝手なことを言っているんだ！」と怒鳴りたくなる衝動にかられるかもしれないが、こちらの説明が足りないだけであることも少なくない。

コミュニケーションが足りなくて勘違いしているケースも往々にしてある。社員が不満をためこんでいる状態がいちばんよくない。社員の不満は経営の課題ととらえる必要があるのだ。

たとえば、当社のモラールサーベイには「待遇についてどう思いますか？」といった設問があり、自由に意見を書き込めるようになっているが、必ず給与などの不満を書いてくる人がいる。

こうした「待遇が悪い」という不満に対しては、ケースごとに個別に検討することになる。

たとえば、工事部門の社員が、「自分の車を使って工事現場を毎日のようにまわっているのに、そのわりには車両手当やガソリン手当が少ない」という不満を書いてきた時には、事実と照らし合わせて正当な主張であることがわかれば、手当を増やす方向で対応する。

また、中途採用で入社してきた社員が、「他の社員に比べて給与ベースが低い」という不満を書いてくる場合もある。もちろん、根拠もなく「給料が低い」と言ってきた場合には対応できない。何と比べて低いと言っているのかによっても、話は違ってくる。隣で働いている人と比べてなのか、友人なのか、他の会社の人なのか……。

その人のいまの働きに給与が見合っているかどうかという視点をもって面談したり、事実関係を調べたりして、主張が正当であると判断できれば、ベースアップするなど調整する。当社でも、モラールサーベイの結果を受けて、このように個別に対応するパターンはけっこうある。

モラールサーベイは、会社側が社員の声を素直に聞き入れる気持ちがないとうまくいかない。もちろん、社員のわがままや理不尽《りふじん》な要求を聞き入れるわけにはいかないが、社員の声には、基本的にすべて対応するという前提で臨《のぞ》むことが大切だ。「何回も書いているのに、会社は何も対応してくれない」と不満をためることになれば、社員は本音を書いてくれなくなってしまう。そうなれば、せっかくのモラールサーベイも宝の持ち腐《ぐさ》れだ。

社員の不満を実際に解消できるかどうかは別として、なんらかのリアクションは返して、「キミの声は届いている」というメッセージを示す必要がある。意外と「不満を聞いてもらえた」というだけで満足する人は少なくない。

モラールサーベイの結果は幹部と共有する

実務的なことをいえば、モラールサーベイは社長一人だけでなく、幹部と協力して対応するのが原則だ。モラールサーベイを始めた当初は、社長である私だけが目を通すようにしていたが、フィードバックするのが難しかった。

現場を直接見ているわけではないので自ら問題解決に乗り出すことはできないし、問題を抱えている当事者の名前を幹部に明かすこともできないので「キミの部署で困っている人がいるみたいだよ」とあいまいな指摘しかできなかった。

そこで、現在では役員と事業責任者レベルまでは、モラールサーベイの結果を共有するようにし、社員にもそう周知している。

「役員や事業責任者もモラールサーベイの結果を見られるようにすると、本音で書いてくる人が少なくなる」と心配する人もいるようだが、「事業責任者以上が見ます」と事前に断っておけば、社員も見られる前提で書いてくるし、けっこうストレートに厳しい意見を言ってくるものだ。また、複数の幹部で分担できれば、社長の負担を減らすこともできる。

「社員の気持ちはよくわかっている」と言う経営者ほど、まわりがよく見えていないもの。ぜひモラールサーベイのような社員の本音を吸い上げる仕組みの導入を検討してみてほしい。

適材適所を実現する「自己申告制度」

社員が考えていることを知り、モチベーションを高めるための仕組みとしては、「自己申告制度」も、そのひとつだ。

モラールサーベイ分析と同じタイミングで、社員全員に「現在の仕事の満足度」「今後の配属希望」「健康状態」などを申告してもらっている。

経営側が適材適所で人材を配置しているつもりでも、全員がその部署で輝いているとはかぎらない。今の職場で不満を抱えて、くすぶっている社員もいるかもしれない。そのような社員を救い上げるのも、この制度の大きな目的である。

すべての配属希望に応えることは難しいが、前向きかつ明確な配属希望がある場合には、可能な範囲で対応するべきだろう。多角化・連邦化のメリットは、同じグループ内にさまざまな事業や職種があることだ。現在くすぶっている人材でも、別の事業や職種に配置転換することによって、輝きを取り戻せる可能性がある。このような多角化のメリットは、存分に活用すべきだろう。

また、健康状態がよくない、組織になじめていないといった兆候《ちょうこう》が申告書から読み取れるようであれば、個別に対応する必要がある。健康状態については、現在の健康状態で職務に「①十分耐えうる、②大体耐えうる、③やや耐えがたい、④耐えがたい」という選択肢が用意されているが、③やや耐えがたいを選んだ時点で、かなり無理をしていると想像できるので、早急な対応が必要になる。

こうしたモラールサーベイや自己申告制度の結果を受けて、面談、面接など面と向かって本音が言える場をつくっていくことが大事だ。

コミュニケーションがうまくいっていないばかりにボタンの掛け違いが起きていることはよくある。面談、面接などで相互理解を深めることで解決する問題も案外少なくない。こうしたコミュニケーションの場は多ければ多いほどいい。長時間で1回よりも、短時間でも複数回重ねたほうが互いに意思疎通がしやすいだろう。

なお、これからシステム経営を導入しようという企業であれば、スタートする前に社長が社員全員と面談をすることをおすすめする。

一対一で面と向かって話したほうが、社長の価値観や意思が伝わるし、社員が考えていることがよくわかる。システム経営はトップダウン経営ではなく、ボトムアップとのミックス型である。社員とのコミュニケーションを深めることで、システム経営への理解が深まり、スムーズに導入が図れるはずだ。

第30図　自己申告書

実施日　／　／

所属会社		氏　名	（満　　歳）
部　署		役職	
入社年月日	年　月　日	勤　続	年　月

担当職務に対して	担当職務の内容		現在の職務を担当している期間	年　カ月
	担当職務に対する希望	番号を選択して下さい	1）現在の職務を引き続き担当したい 2）できれば次の内容をもつ職種を担当したい 第一希望：　第二希望： 3）特に希望はない	
		理由		
	次の段階で担当したい職務(具体的に)		将来担当したい職種・職務または自己の進みたい方向について（具体的に）	
自己の能力および性格について特に優れていると思われる面を記述してください			さらにレベルアップ改善を要すると思われる能力、性格面について	
この1年間で会社に対して良い事をしたと思う点			この1年間で会社に対して迷惑をかけたと思う点	
現在の健康状態で現在の職務に耐えうるか		番号を選択して下さい	1）十分耐えうる　2）大体耐えうる 3）やや耐えがたい　4）耐えがたい	
会社、経営に対する要望、提案や何を変えたいか等の自由意見				

どうもありがとうございました。

3．大企業に負けない採用戦略

採用は「新卒中心」

当社では、新卒採用に力を入れている。近年は、毎年２０人以上の新卒社員が入社してくる。ノウハウや経験のある中途入社社員は重要な戦力だ。私たちの会社でも、新規事業の内容や業種に合わせて、経験者を採用している。しかし、私の経験からいうと、力のない新卒でも環境しだいで中途入社社員より大きく育つ。

先ほども述べたように、とくにシステム経営では、それ自体が能力開発システムになっているため、めきめきと若手が成長していく。

また、新卒採用の場合は、社風に合う人材をイチから育てることができる。中途採用だと、前の職場で身についた価値観や仕事のやり方に縛られてしまうリスクがつきまとう。トップダウンの会社で働いてきた人だと、社員が経営の一部を担うというシステム経営になじめないケースも少なくない。さらに、初めて働く会社には思い入れが強いので、企業への忠誠心が高まり、定着率が高くなるというメリットも新規採用にはある。

システム経営を導入し、企業の規模もある程度大きくなったら、新卒採用を積極的におこなって、自分たちの手で育てていくことを検討してみてはいかがだろう。教育のやり方しだいで、いずれ強力な経営幹部が育ってくるはずだ。

過去をさかのぼれば、私の父親が37歳で独立し、建材卸の会社を立ちあげた時、父親以外の社員は、新卒4人だけだった。

当時、建材卸は特殊な仕事で、建築資材の名前は知識を覚えるだけでも大変で、中途採用でも一人前になるのに3〜4年はかかっていた。それなら、給料が安くて済む新卒をイチから教育したほうがいいと考えたのだろう。そういうバックグラウンドがあるため、当社には新卒を採用するDNAが存在している、と私は思っている。

私自身も20代後半で父が経営する建材卸の会社に入社してから、新卒採用に積極的に関わるようになった。当時から毎年数人の新卒を採用していたが、現実にはなかなか優秀な人材をとれなかった。

そこで、いい人材から興味をもってもらえるように「イメージ戦略」を展開することに。たとえば、曖昧《あいまい》になっていた経営理念をきちんと定めたり、入社案内を作成したりした（当時、会社案内はあっても、入社案内がある会社はまれだった)。

また、トイレを改装して清潔感のある空間にするなど設備投資をおこなったり、初任給を他の会社と比較検討して適正なものにするといったこともした。今でいうところの「ブランディング」を率先して手がけていったのだ。当時は30名くらいの会社で、何でもやる「企画部長」のようなポジションだったこともあり、だいぶ自由にやらせてもらった。

何年か新卒採用に力を入れていると、優秀な人材が入社し、数年後には一人前の戦力として活躍してくれた。事業責任者に育つ社員もあらわれ始めた。新卒採用は力を入れれば入れるほど、成果としてあらわれる。「投資のしがいがある」というのが率直な感想だった。

当社は一貫して新卒採用を続けてきた。拓銀が破たんした1997年の後、数年は採用を一時中断せざるを得なかったが、この時期以外は、多少景気が悪くても毎年数人ずつ新卒を採用してきた。もちろん、コストもエネルギーもかかるが、将来会社を支えてくれる優秀な人材が入ってくることを考えれば、けっしてないがしろにはできない。

過去に新卒で採用した社員の多くが幹部として活躍してくれている現在の会社の姿を見ると、「新卒採用を続けてきたから会社は成長できた」と言い切ることができる。だからこそ、講演会や経営塾などでも私は、「中小企業こそ新卒採用すべき」と熱弁している。

もちろん、新卒採用をすることになれば、場合によっては大企業と勝負になる。売り手市場の昨今の就職市場では、中小企業は圧倒的に不利だ。ガチンコ勝負を避けるために秋採用で新卒をとるという手もある。実際、当社も最初の頃は秋採用に専念していた。

しかし、クオリティーの高い学生を採用したいなら、やはり春からガチンコ勝負を挑むほうがいい。だからこそ、当社はコストとエネルギーをかけて春の新卒採用に取り組んでいるのだ。また、学生は大企業志向ばかりではないことも事実だ。

事業環境によっては、新卒を採用するのが難しい時期もあるかもしれない。だが、少し無理をしてでも毎年1人、2人は新卒を採用したい。毎年、後輩がつながることで先輩も成長できるからだ。

採用市場では中小でも大企業に勝てる

全国的に人手不足が続く中、学生に有利な「売り手市場」が顕著《けんちょ》になっている。

売り手市場は、中小企業にとっては不利に働く。優秀な学生は大企業が多めに内定を出して囲い込んでしまうからだ。

当社のホームグラウンドである北海道も例外ではない。リーマンショック後の不景気の時期は大手企業が採用を控えていたので優秀な人材を採用することができ、私たちのような中小企業にとっては大チャンスだった。しかし、4年くらい前から大企業も積極的に北海道で採用活動をおこなうようになってきている。

6〜7年前に札幌ドームで開催された合同会社説明会では、90%は地元企業のブースで埋まっていた。ところが4年くらい前からは、東京の一部上場企業のブースが半数を占めるように。

学生の多くは、名前を聞いたことのある有名企業のブースから優先的に見ていく。何社かまわれば疲れるので、地元企業のブースを訪れる前に帰ってしまう。したがって、地元の企業の多くは新卒採用で大変苦戦していて、なかには20人に内定を出したのに、辞退者が相次ぎ、1人しか入社しなかった会社もあるほどだ。もちろん地域差はあるだろうが、全国的に中小企業は新卒採用に四苦八苦している状態だろう。

そんな中、当社はここ数年20人以上の新卒を採用し、2017年4月には21人が入社した。辞退者を見込んで内定は2〜3割多く出しているが、他の企業に比べれば、内定辞退者はだいぶ少ないほうだ。

手前味噌で大変恐縮だが、年々入社してくる学生の質、量ともに上がってきており、他社の経営者からもうらやましがられるほどだ。もちろん、私自身も新卒採用については、「いい人材がとれている」という手ごたえがある。

２０１４年に日本経済新聞社が主催した「北海道就職希望ランキング」では、ヤマチユナイテッドが１１位にランクインした。当然、他にランクインしている企業は北海道を代表する大手、有名企業ばかり。学生に無名な企業は当社だけだ。

当社の新卒採用がうまくいっているのは、多角化にまつわるブランディングをアピールするシナリオができていること、そして長年、新卒を採用し続けてきたことでノウハウが蓄積されてきたからだと考えている。

インターンシップで「ファン」をつくる

では、具体的にどうすれば優秀な新卒を採用できるのだろうか。

当然、企業規模や業種・業界によって状況は異なるとは思うが、参考までに当社の新卒採用のスケジュールと手法について紹介していこう。当社の取り組みでポイントとなるのは３つ。

１つめは、インターンシップで母集団をつくること。当社の場合、まずは大学3年の学生とインターンシップを通じてつながりをもっている。

1日限りのインターンシップを複数回開催し、それぞれ「住宅営業」「イベント事業」など5~6つのコースを用意している。なかには、何度も応募して、別の事業部のコースに参加する学生もいる。複数のコースを体験してもらえるのは、多角化企業ならではといえる。

インターンシップの募集は、2つのルートがある。ひとつは、「マイナビ」「リクナビ」などの就職情報サイトで募集する方法。もうひとつは、大学の就職課にインターンシップの案内をしてもらう方法だ。毎年100人以上の学生がインターンシップに参加してくれているが、やはり反応がいいのは情報サイトのほうなので、それなりにコストをかける必要がある。

インターンシップを成功させるコツは、会社のファンになってもらうこと。したがって、イキイキと働いているエース級の若手社員に担当させたり、講演をさせたりする必要がある。入社2~4年目くらいの年齢が近い社員のほうが親近感がわくし、「私もこの先輩のように輝けるかも」と近い将来のイメージもしやすい。

こうしてインターンシップで早い段階からファンの母集団を形成しておくことによって採用活動を有利にすすめることができるのだ。

会社説明会では社長自らが語りかける

２つめのポイントは、会社説明会では、社長自らが自分の言葉で学生に語りかけることだ。私は新卒採用を始めてから、ずっとこれを続けてきた。これだけは、幹部に丸投げしてはいけない。

当社は、解禁日である3月1日以降に会社説明会をおこなっている。つまり、2月末まではインターンシップで学生と接触を図り、3月から次の会社説明会の段階にすすむのだ。

手始めは、合同会社説明会だ。例年、札幌ドームで開催される合同会社説明会に参加しており、ここで５００～６００人の学生とコンタクトする。集客力のある大きなイベントなので、中小企業にとっては効率的に学生と接触することができる。「うちが募集しても誰も見向きもしてくれない」と嘆いている経営者もいるが、合同会社説明会であれば、それなりに集客することが可能である。

勝負はここからだ。その後、当社単独の会社説明会を4～5回に分けて開催し、学生の参加を募る。すると当社の場合、各回１００人前後、計４００～５００人近くの学生が参加してくれる。この時、インターンシップに参加し、当社に興味をもってくれている学生にも声をかけて参加してもらう。

この会社説明会では、私が1時間かけて講演（トップセミナー）をおこなう。もちろん、「こういう仕事があります」といった基本的な事業内容も話すが、それを淡々と説明しても、中小企業に応募してくれる学生はかぎられる。そこで、私は会社の魅力を感じ取ってもらえるように、おもに次のような話をする。各社、この内容に頭をひねってほしい。

①「100事業」を目指して多角化しているので選択肢が多い
②北海道から世の中を変えるというスケール感
③委員会など若手のうちから経営参加する仕組みがあるので個人の成長が早い
④就職人気企業ランキングで上位である
⑤社長自らフレッシャーズキャンプをおこなうなど教育に力を入れている
⑥若いうちからチャレンジする機会を提供する会社である
⑦一人ひとりを輝かせることを考えている会社である
⑧社員の仲がよく、フレンドリーな会社である

なかでも最も時間をかけて伝えているのは、会社のビジョンだ。

「こんな会社にしたい」と私自身の言葉で話し、「100事業を目指して多角化経営をしているので、チャンスのある会社であること」を伝える。100個の事業をつくることを目指していることが伝われば、「この会社なら、自分のやりたいことを実現できるかも」「この会社なら、私も社長や事業のトップになれるかも」と前向きな社風が伝わり、その社風にマッチするチャレンジ志向の学生が応募してくれる。

また、最近では「北海道からウェーブメイク」というミッションも伝えるようにしている。北海道の優秀な学生の多くは東京の大企業に就職するが、一方、北海道で働きたいという学生も少なくない。そういう学生に向けて「北海道から全国に向けて波を起こそう」と訴えるのだ。同時に「チャレンジしている元気な会社」というイメージも伝わるだろうから、一定の層には響くはずだ。

会社のビジョンを最も熱く語れるのは、その会社のトップである。京セラの創業者である稲盛和夫氏は、「人生・仕事の結果は、『考え方×熱意×能力』という方程式であらわすことができる」と述べているが、これは採用についても同じだ。情熱が欠けていたら、優秀な学生を惹きつけることはできない。

そのほか、私自身がどんな人生を歩んできたかについても話し、社長のキャラクターや考えていることをオープンにしている。よく話すのは、学生時代に3カ月間アメリカ大陸を一人旅したというエピソードだ。ダメな学生だった私が、一人旅をすることで今の事業につながるような体験をし、人生が変わったという話をすると、親近感をもってもらえるようだ。

このような「社長のトップセミナー」を会社説明会でおこなっている企業はとても少ない。大企業ではやらないだろう。だいたいは総務部長や人事部長が説明して終了。だから、社長自らが説明会で話をするだけでも差別化につながる。「この社長の下で働いてみたい」と思ってもらえれば、入社する大きな動機となる。

「社長が自ら語るべき」と私はいろいろな機会で話しているが、「人前で話すのは苦手だから」と躊躇《ちゅうちょ》する経営者も少なくない。重要なのは、話の上手い下手ではない。自分の言葉で情熱をもって語ることが大切で、必ずそれに共感してくれる学生はいる。かっこつける必要はないのだ。

新卒採用の実績やノウハウがないと最初は10人くらいしか集まらないかもしれないが、それでも説明会に参加した学生の中から、1人でも2人でも入社してくれれば、大きな自信になり、来年につながる。優秀な人材に来てもらうには、社長自らが積極的に採用に関わることが大切なのだ。

「リクルーター制度」で内定辞退を最小限に食い止める

３つめのポイントは、リクルーター制度である。

売り手市場になってからは、せっかく学生が自社に興味をもってくれても大企業に流れてしまったり、内定を出しても辞退されたりするケースが増えてきた。それでも当社に内定辞退者が少ないのは、リクルーターの努力の賜物《たまもの》だと思っている。

当社にはグループ管理本部に数人の新卒採用担当者がいるが、毎年、彼らが中心になって組織横断の「新卒採用プロジェクト」を立ちあげている。入社２～４年目の若手６０人ほどが各事業部からプロジェクトメンバー、あるいは「リクルーター」として選抜されて、採用活動に関わっている。

このプロジェクトは、委員会活動と同様、残業ではなく業務時間内に活動するのが原則だ。採用を全社イベントにすることで、社員の採用や経営に対する参画意識を高めることにもつながる。

リクルーターとして活動するメンバーは、インターンシップの時期から学生と頻繁《ひんぱん》に接触を図る。普通に就職相談に乗ることもあれば、当社に入社したいと考えている学生には具体的なアドバイスもする。

実は、インターンシップの後半では、「希望塾」という名のちょっとした勉強会を開催している。参加を希望する学生や、こちらが有望だと思った学生を勧誘し、リクルーターが面接試験の受け方や合格するための秘訣などをアドバイスするのだ。

たとえば、せっかく当社への志望度が高くても、口下手《くちべた》で面接でしどろもどろになってしまったらもったいない。そこで、リクルーターがコーチ役を買って出るのだ。

基本的には「どの会社でも受かる」ようにコーチをするので、「希望塾」に入っていても、結果的に他の企業に就職する学生もいる。しかし、希望塾を通してリクルーターとコミュニケーションをとることで、「ぜひこの先輩と一緒に働きたい」と思ってくれる学生も出てくるので、そのメリットは小さくない。

また、当社では第4次面接までおこなっているが、面接と面接の間が空いてしまうと、辞退者が多くなる。そのため、1週間ごとに面接を入れるのを原則としているが、ときに2週間ほど空いてしまうケースも出てくる。その時は、リクルーターが学生に電話をしたり、お茶をしたりしてフォローしている。

就職の決め手となるのは、「企業や事業の魅力」が半分、「人間関係」が半分だと考えている。ある学生が、大企業と中小企業の2つの内定を得た時、もし中小企業のリクルーターと仲良くなっていれば、情がわき、中小企業のほうを選ぶケースも現実にはあるのではないだろうか。

したがって、リクルーターは入社2〜4年目の若手社員が適任だ。学生にとっては親近感を抱きやすいし、若手社員は就職活動を終えたばかりなので、実体験を交えた的確なアドバイスもできる。また、リクルーターは自社のPRをすることになるので、会社に対するロイヤリティーが自然と高まると同時に、「後輩ができるからもっとしっかりしないといけない」という意識が芽生える、といった効果もある。

このように新卒採用で優秀な学生を採用するには、それなりのコストとエネルギーを費やす必要がある。

新卒採用の場合、コスト的には一人当たり50万〜100万円はかかる。当社の場合、ある年度は20人を採用するのに1500万円かけたので75万円だった。安くはない金額だが、将来の幹部候補を採用できると考えれば費用対効果は悪くない。採用活動が軌道に乗ってくれれば、一人当たりのコストも低くなるだろう。また、リクルーターの若手社員にとっても、学生と接することは成長する機会となり、会社の財産となる。

また、新卒採用コンサルタントを活用するのもひとつの手だ。それなりにコストをかければ、良い人材を採用する企画やイベントを提案してくれる。2～3年お願いすれば、社内にノウハウがたまり、自前でできるようになるだろう。まだ新卒採用を実施していない会社の経営者は、ぜひ一度検討してほしい。

4. 優秀な人材を確保する採用面接のポイント

優秀な人材を確保する！　採用面接のポイント

当社が新卒採用に力を入れていることもあって、経営者のみなさんから採用面接についてよく聞かれることがある。

「学生のどのような点を見ているのか？」「面接では、どういう質問をしているのか？」などなど……。

前項では、当社のインターンシップやリクルーターなどを活用した新卒採用戦略について紹介したが、ここでは新卒採用面接、とくに私が参加する最終面接（役員面接）のポイントについて触れておこう。

当社の新卒採用は、エントリーシートの提出から始まり、1次面接、2次面接、3次面接を経て、私をはじめ役員が参加する最終面接で内定を出している。ただし、はじめの書類選考で落とすことはない。全員が1次面接にすすむ。1次面接はグループディスカッションで選考しているが、こちらについても、よほどのことがないかぎり落とすことはない。95%

は合格とする。

もちろん、書類やグループディスカッションだけでは学生の本当の能力はわからないということもあるが、いちばんの理由は、応募してくれた学生たちは、将来当社のお客様になる可能性があるから。北海道の地元でビジネスをしている当社の場合、学生たちが将来、うちで住宅を建ててくれたり、家具を買ってくれたりする可能性が十分にある。

書類選考だけで落とされた学生の立場になれば、「紙一枚で何がわかるんだ」という気持ちになる。また、グループディスカッションは複数の学生を同時に見ることになるので、採用担当者が一人ひとりの学生をじっくりと評価するにも限界がある。

この場合も、落とされた学生は「ディスカッションだけで何がわかるんだ」という気持ちになるだろう。つまり、早い段階で落としてしまえば、学生に悪い感情を抱かせ、会社のブランディング上でも不都合が生じるのだ。

したがって、学生にとって本当の勝負は2次面接から。2次面接は現場のリーダークラス、3次面接は部長クラスが面接官を担当し、学生5人くらいのグループ面接をおこなう。グループ面接であれば、一人ひとり発言する時間もそれなりに確保できるので、もしここで落とされても学生はある程度納得してくれるだろう。

最終面接（役員面接）は、私のほか2名ほどの役員が参加し、学生1人ずつと面談する。30人に内定を出す予定の時は、だいたい40〜50人は役員面接に呼ぶようなイメージだ。役員面接は学生1人ずつだから、それなりに時間がかかる。きちんと評価するには、1人につき30分は確保したいので、1日9〜10人が限界。だから、役員面接に50人を残せば、丸5日間は面接にあてることになる。また、1日面接をしていたら、質問するだけでも喉《のど》が痛くなってくるから、なかなか大変な作業だ。

このように多くのエネルギーと時間をかけているのは、人材は会社の財産でもあり、そのくらい力を入れないと良い人材を大手企業にとられてしまうという危機感をもっているからだ。

学生にリラックスしてもらうのが第一

面接の仕方については、個人的にだいぶ研究してきた。世の中には、さまざまな面接のテクニックがある。あえて学生を困らせるような意外な質問をして臨機応変に答えられるかを見たり、圧迫面接に近いプレッシャーを与えたりする手法などなど。しかし、当社の場合、そのようなテクニックに走ることはしていない。

面接をするうえで第一に考えているのは、学生たちにリラックスしてもらうこと。当然、面接はこちらが学生を見極める場でもあるが、学生にとっても会社を選別する場だ。テクニックに走って、「あの社長、感じ悪かったな」「意地悪な質問をされた」などと不満をもって帰ってほしくはない。少し極端なことをいえば、面接試験は会社が応募者を見極める場だけでなく、「営業の場」としても考えているのだ。

だからこそ、お互いにフェアに向き合うことを大前提とし、学生にはリラックスしてもらうことを新卒採用面接の基本戦略としている。これまで数多くの面接をしてきたが、口から心臓が出そうなほど緊張している学生も多くいる。なかには緊張しすぎて意味不明なことを言う学生もいた。

本当はもっと優秀な学生のはずなのに、緊張のせいで本来の力の10分の1も出せない人もいる。あまりにもったいない。だから、リラックスできる環境をつくって、素を出してもらうことを目指している。そのほうが、学生の本当の能力を評価できる。

リラックスして面接に臨《のぞ》んでもらうために当社が取り組んできたことのひとつは、「雰囲気づくり」。面接会場にはボサノバなどのBGMを流して、カフェのようなリラックスできる雰囲気をつくり、壁に設置した黒板には、これまでお世話をしてきたリクルーターからのメッセージがチョークで書かれている。「○○さん、頑張れ」「○○くん、最後まで全力を尽くして！」などのメッセージを見て、学生は歓迎されていることを感じ取ってくれるのではないだろうか。

また、最終面接の直前にリクルーターとコーヒーを飲みながら雑談する時間も設けている。これまで面倒をみてくれたリクルーターに「これまで通りで大丈夫だから」と言ってもらえれば緊張もやわらぐ。さらに、面接の場でも堅苦しい雰囲気を出さず、面接官は冗談を言って笑いをとるように心がけている。もちろん、私も率先して場をなごませる冗談を言ったりしている。

このようにハード面でもソフト面でもリラックスできる環境づくりをしてきたが、2017年2月からは新しい試みも始めた。札幌の本社ビルのワンフロアに社員やお客様がリラックスできるようなサロンスペースがあるのだが、その一角に新しく面接専用の部屋をつくった。

先ほど話した通り、以前はふつうの会議室に音楽を流して、黒板にメッセージを書くなどしていたが、2017年からはその面接専用ルームで役員面接をおこなっている。

「グリーンハウス」と名づけられた部屋は、室内に観葉植物が飾られ、ちょっとしたジャングルのようなイメージ。ＢＧＭも流れていて、ガラス張りのオシャレな空間だ。まるでカフェのような雰囲気で、「チョコでも食べながら話そうよ」と面接の場で言っても違和感はないと思う。

会議室に硬い表情の面接官がずらりと並んでいたら緊張して自分を出せないが、このようなリラックスできる空間であれば、緊張しがちな学生たちも少しは落ち着いて面接に臨《のぞ》めるのではないだろうか。

採用基準は「彼から商品を買いたい」と思うかどうか

では、実際の役員面接では、学生のどのような点を見ているのか。

ひと言でいえば、学生のもっている雰囲気である。

当社では、学生にＳＰＩというリクルートマネジメントソリューションズが提供する適性検査を受けてもらう。これによって性格と能力の２領域をデータで測定することができる。その検査資料を選考の参考にしているので、それなりに能力のある人が最終面接にすすんでくる。

性格と能力が水準以上だとすれば、あとは実際に話してみたときの雰囲気が重要になってくる。少し話してみれば、感じがいいかどうかはわかる。だから、生理的にどうか、雰囲気がいいか、当社の社風に合うかどうか、といった点を中心に見ている。

もう少し具体的にいえば、「自分がお客で、彼(彼女)が営業マンだったら、彼(彼女)から買いたいと思うだろうか」という視点で見ている。そう思わせる雰囲気をもっているかどうかは、やはりビジネスの場では大きな強みになるからだ。

ちなみに、学生の雰囲気を事前に知るために、エントリーシートには証明写真だけではなく、スナップ写真も貼ってもらっている。証明写真からはその人の個性は見えないが、どんなスナップ写真を選ぶかで、どんな人柄かはなんとなく伝わってくるものである。

さらに、3次面接の前には、手書きでエントリーシートを書き直してもらう。面接がすすむにつれて会社への理解度も変わってくるから現時点での志望動機などを確認するという意味もあるが、手書きの文字からはその人のもっている人格や雰囲気が伝わってくるからである。これらは採用の現場に関わる社員にも好評である。

このように雰囲気重視だから、役員面接で学生に聞く質問もありきたり。それこそ「学生時代は何をやってきましたか?」「どんなことが得意ですか?」「当社のどんな点が良いと思いましたか?」「どこの部門に配属されるのを希望しますか?」といったよくある質問ばかりで、まったくひねりはない。

このように、当社の役員面接は、話し方や雰囲気、コミュニケーションの仕方でほぼ決まる。だから、一見明るくて社交的な学生に目が行きがち。実際、営業でお客様に好かれるタイプは明るい人なので、そういうキャラクターが半分くらい欲しいというのが本音だ。それは当社にかぎったことではなく、どの会社も基本的に元気で明るい学生が欲しいと思っているだろう。

しかし、当社の場合、そのようなタイプの学生だけでなく、他のキャラクターの学生にも注目するように気をつけている。組織には「ゴレンジャー」が必要だという立場だ。「ゴレンジャー」とは人気テレビ番組の「秘密戦隊ゴレンジャー」のヒーロー5人のことだ。アカレンジャーのようなリーダータイプのキャラクターだけでなく、キレンジャー、アオレンジャー、ミドレンジャー、モモレンジャーなどさまざまタイプがバランスよくいたほうが組織は強くなる。

したがって、口数は少ないけれど、心がやさしくて熱いハートをもっているタイプの学生や、笑顔は少ないけれど、よく考えて鋭いアイデアを出すタイプの学生も見逃さずにすくい上げたいと思っている。イケイケドンドンのリーダータイプばかりでは組織はまとまらない。男女やキャラクターなどバランスよく採用したいと考えているのだ。

こうしたキャラクターについては、SPI試験でおおよその傾向が見えるので、それを参考にしながら、バラエティー採用している。第一印象や雰囲気だけで採用しているわけではなく、積極性や社交性などはトレーニングしだいで身につく。実際、後述する新入社員向けのフレッシャーズキャンプでは、見違えるほど成長する社員もいる。

会社に対する「ラブ度」をはかる

もうひとつ面接で見ているのは、当社に対する「ラブ度」だ。

どうしてもヤマチに入社したいという気持ちが伝わってくる学生は、やはり一緒に働きたくなる。

採用の基準を満たした優秀な学生であっても、たまに当社に対するラブ度が見劣りするケースがある。出身大学の偏差値も高くて優秀で、ハキハキとした明るい性格……。どの企業でも欲しがりそうな人材だが、なかには滑り止めで受けているような学生もいる。

本当は第一志望ではなくても、ちょっと気の利く学生であれば、面接では「ヤマチに入りたい」と言ってくれるものだが、なかにはあえて「御社は第三志望なんです」と言う学生もいる。正直者といえばイメージはいいが、経営者の立場になれば、「それなら来てくれなくていい」というのが本音だ。

そういうタイプは、自信過剰か、もしくは素直すぎて駆け引きできないかのどちらか。それでは、企業としては困る。どんなに優秀でも通しにくい。それより、多少能力は落ちるとしても、「ヤマチが好きです。絶対にここで働きたいです！」という思いが伝わる人をとりたいと思うのが採用側の心理だろう。

ラブ度はすぐにわかる。エントリーシートの時点で「ヤマチしか受けません！」と書いてくる学生や、リクルーターとの面談や面接の席で、積極的にそれを伝えてくれる。実際、ヤマチしか受けていない学生が毎年2〜3割いる。

「落ちたらどうするの？」と聞くと、「一からやり直します」と答えるのだが、そうなると、こちらとしては落としにくいし、ひいきもしたくなる。実際には他社を受けているかもしれないが、したたかな心のもち主で、相手の心をつかむ能力をもっている証でもある。採用するなら、滑り止めの学生よりもこちらの学生だろう。

コンサルタント会社の船井総研では採用基準は、「会社好き、仕事好き、仲間好き」という言葉がよく使われている。

「この会社が好きなんです」「この仕事が好きなんです」「この仲間と一緒に働きたいんです」とアピールしてくれる人は通したくなるものだ。

当社の場合も「ヤマチの100ビジョンにほれました。私は最年少で事業部長を目指したいです」「この仕事は小さい時からずっとやりたかったんです」「リクルーターはみなさん輝いている人ばかり。だから、一緒に働きたいんです」と言ってくれる学生が多く、そういう学生を採用したほうが、結果的にお互い幸せだ。

最終面接とはいえども、志望する動機がぼんやりした学生が何人か紛れ込んでいるものだ。「なぜうちの会社に入りたいのか？」と聞いた時に、先の3つのうちどれかに対するアピールがないとなかなか採用には至らない。

役員面接が終わったら、私と役員のほか、3次面接を担当した部長クラスも参加して、それぞれの評価を突き合わせて合否を決めていく。それに加えて、役員面接前に、どの会社のどの部門で働きたいかリクルーターに事前申告してもらうことになっているため、その学生の希望と各事業部の採用枠を考慮しながら内定を出していくというイメージだ。

他の会議と同様に、基本的に合議制で決めるスタイルだが、大方の意見はまとまる。社長の私だけが推して他の社員全員が猛反対するようなことや、逆に社員たちが推して、私だけが反対するようなことは、これまでほとんどなかった。

ただし、私があまりゴリ押しをしないようには気をつけている。社長の私が「絶対Aさんがいい」と言えば、必ず他の役員や社員のほうが折れる。だから、あくまでも意見を聞きながら、「Aさんも捨てがたいぞ」と駆け引きをしながら最終的に決めている。

採用と教育は多角化経営をすすめていくうえで、大切な土台となる。社長自身が時間とエネルギーを割いて積極的に取り組むことが重要である。

5．「フレッシャーズキャンプ」で新卒を即戦力化

新卒社員を1年で一人前に育てる仕組み

先述したように、当社では新卒採用を重視している。ただ、新卒は会社にフレッシュな風を吹き込んでくれるが、すぐに成果を求めるのは酷だ。ノウハウも経験もないのだから当然だろう。そこで、新卒社員をできるだけ早く一人前にするための能力開発について説明しよう。

他の会社でもそうかもしれないが、かつての当社でも、新卒で入社した新人のほとんどは、1～2年の間は「お客様扱い」というのが現実だった。しかし、仮に「新人が2年間、成果を出せない」という場合、大きな問題がある。

なぜなら、入社2年目の社員が一人前になれず、成果を出せないと、翌年の新卒の社員が入ってきた段階で、成果の出ない社員が2倍に増えてしまうからだ。

私の会社では毎年約２０人以上の新卒を採用しているから、常時４０人の成果が出ない社員を抱えることになる。３年間お客様扱いしていれば、６０人の成果が出ない社員が生まれ

ることに……。こうした状況は、多角化経営を掲げ、常に変化している私たちの会社にとっては、大きなハンディキャップといえる。

多角化のために積極的に新規事業を立ちあげていれば、必然的に人材が不足する。しかも、新しい事業を軌道に乗せるには、やる気だけではなく、それをやりきれるだけのビジネス知識やノウハウも必要だ。新規事業の多くは当初、少数精鋭のチーム編成にならざるをえないから、責任と覚悟をもち、先頭に立って事業を引っ張っていくリーダーシップも求められる。さすがに、お客様扱いの新人には荷が重すぎるだろう。多角化経営を実践する会社にとっては、スピード感をもって、一人前の人材を育てることは避けて通れない道なのだ。

そこで思い至ったのが、「新卒の新人を1年以内で一人前に育てる」ための教育プログラム「フレッシャーズキャンプ」だ。

2012年、新卒の新人をビジネスのプロに鍛え、即戦力として働いてもらうために、独自の新人研修プログラムを開発した。

それまでもいくつかの社内研修を実施していたが、新卒の社員教育の大部分は外部の研修会社に任せていた。外部の研修は基本的なビジネスマナーや知識を学ぶにはある程度有効だったが、即戦力の人材を短期間で育てるには限界があると感じていたのが、フレッシャーズキャンプを立ちあげたきっかけだ。

大勢の人の前で話す機会が新人を育てる

私たちの会社に新卒で入社してくる２０人ほどの新人は、各部署に配属されて現場のＯＪＴ（オン・ザ・ジョブトレーニング）で仕事を覚えていくと同時に、全員が1年間、毎月1回のペースで開催されるフレッシャーズキャンプに参加する。

キャンプ中はいくつもの宿題が出されるので、通常の業務と並行しながら、新卒社員は忙しい日々を過ごすことになる。

おもなプログラムとしては、社長である私の基調スピーチに始まり、ビジネス書や『日本経済新聞』の読み解きとレポート、ゲストや先輩社員の講義、グループ討議や模擬プレゼンテーションのほか、夜は懇親会も開催している。

フレッシャーズキャンプの特徴のひとつとして、人前で発表やスピーチ、ディスカッションをする機会が多いことが挙げられる。たとえば、先輩が選んだ課題図書のビジネス書を読んでまとめたレポートや、『日本経済新聞』の中で気になった記事を選び、自分なりの考察を加えたレポートなどを毎月キャンプの参加者の前で発表してもらう。「読む、書く、話す」

という基本的な能力が、ビジネスで成功するために必要なことだと考えているからだ。

特に、人前で話す能力は、大きな武器となる。今の若者は、面接などの少人数の場ではあがらずに話ができても、大勢の人の前だと緊張してうまく自分の考えや意見を伝えられない人が多いように感じている。

しかし、フレッシャーズキャンプを通じて毎回、人前での発表をこなしていると、だんだんと慣れて、度胸がついてくる。多くの新卒社員が、キャンプの後半では伝え方も上手になり、イキイキとみんなの前で自分を表現できるようになる。

たとえば、ある理系出身の新卒社員は、当初、人前に立っただけで、手足がガクガクと震えて、まともに話ができなかった。泡を吹いて倒れてしまうのではないかと心配したくらいだ。ところが、入社から半年が過ぎた頃には、見違えるほどに発表やスピーチが上手になり、最終的には、キャンプで一番輝いていた人を相互投票で選出する「ＭＶＦ（MOST VALUABLE FRESHER）」を受賞するほどに変身を遂げたのだ。

キャンプで発表やスピーチを繰り返した新人の中には、「人前で話すことが楽しくて仕方がない」という社員がたくさんいる。多くの人の前で自分を表現し、伝える力は、場数を踏むことによって磨かれ、自信になっていく。新人のうちから人前で発表する機会を与えることは、成長を早めるうえでも効果的な方法だと思う。

先の理系出身の彼にかぎらず、フレッシャーズキャンプを通じて、新人たちは自信をつけて、ポジティブ思考になっていく。特に7月くらいから、見違えるほどに成長していくパターンが多い。

それを可能にしているのは、キャンプそのものの雰囲気も大きく影響しているのだろう。参加する新人には、次の3か条を守るように徹底している。

①超積極参加（わからなくても手を挙げるレベル）
②直球&素直（直球の厳しいフィードバックでも素直に聞く）
③段取り&時間厳守（成功は事前準備が90%）

こうしたルールがあるので、新人たちも物怖じせず、積極的に発言してくれる。もし「あれをやれ、これはするな」というトップダウンの研修だったら、新人は委縮し、その場しのぎの態度をとるだろう。前向きで明るい雰囲気づくりも重要なポイントである。

新卒社員が新規事業計画を策定する

フレッシャーズキャンプでは、会社の収益構造を学ぶプログラムがある。たとえ新人であっても、簡単なレベルの会計の知識をもち、計算力を身につけることが大切だと考えているからだ。

全社員が経営感覚をもっていることほど、強いことはない。そのために私たちの会社では、新人や若手にも経営のルールをはじめ、会社のB／Sや収益構造や売上、粗利益、営業利益、経費の内訳といった会社の数字も積極的に教えている。すると、どうすれば会社の業績がよくなり、利益を生み出せるのか。そして、自分たちの待遇をよくするにはどうすればいいかといったことを自主的に考え、行動してくれるようになる。

私は、「100事業100人の経営者をつくろう」という当社の経営ビジョン「THE 100 VISION」について、採用やキャンプの段階からしつこいほどに伝えている。将来、事業を立ちあげて経営幹部として活躍するには、早くから会社の数字をはじめ経営感覚を養っておくことが、新人にとって必ず役立つと信じているのだ。

また、フレッシャーズキャンプには、「新規事業案の企画提案」もプログラムの中に組み込まれている。5人1組でイチから新規事業計画を作成し、経営幹部や上司の前で発表するコンテストを開催している。ビジネスの経験がほとんどない若者なので、さすがに即採用できるような事業案を仕上げることはできないが、テーマは自由なので発想力に富んだユニークな事業案が出てくる。

昨年の優勝チームは、コインランドリーを核とした多角的複合店ビジネスを提案してくれた。グループの遊休地を活用してコンセプト店を建て、その後多店舗展開するという。ビジョンのキャッチは「北海道から洗濯機をなくす」。今までにないサービスが付加されたアイデア、そしてプレゼンのクオリティーは、新卒の新人とは思えないレベルだった。手前味噌であるが、頼もしいかぎりである。

ただ、ここで大事なのは、事業計画を策定していくプロセスだ。中間発表などで先輩たちから「本当に利益は出るのか?」「組織編成についてはきちんと考えているのか?」などといった厳しい指摘を受けながら、自分たちの頭で考えながら事業計画書を仕上げていく。このプロセスを経て、事業をつくることの楽しさや大変さといった感覚を体験すると同時に、ビジネスの視点や自信を深めていくのだ。

こうしたフレッシャーズキャンプでの経験は、新人たちの成長スピードを向上させていると実感している。新人の直属の上司たちも、「入社当時とは見違えるように変わった」「自信がついてしっかりしてきた」といった感想を漏《も》らしている。

フレッシャーズキャンプを始めてから、新人の定着率もあきらかにアップしている。毎月、定期的に同期で集まって一緒にワークをすすめていく過程で、仲間の絆《きずな》のようなものが生まれるのだろう。LINE《ライン》や飲み会などを通じて、仕事の悩みを相談したり、励まし合ったりしているようだ。

また、新卒の定着率を向上させるという意味では、「里親制度」も効果を発揮している。これは、新卒社員1人につき先輩社員が2人「里親」としてつく制度で、毎月の面談で悩みごとなどをヒアリングし、アドバイスをしている。直属の上司や先輩には言えないことも、別の部署の先輩社員には打ち明けやすいようで、新卒の定着率にも貢献している。里親制度も委員会のメンバーが中心になって運営してくれている。

事務局は入社2~3年のメンバー中心

フレッシャーズキャンプのプログラムは、社長の私が中心になって開発した。特に1年目はすべて私がつくり、運営したが、2年目以降は、基本的に事務局の社員たちに改善と運営は任せている。

事務局のメンバーは、フレッシャーズキャンプの卒業生が中心。したがって、入社2～3年の若手社員が、新卒の新人にさまざまなことを教えることになる。新人たちの発表やスピーチに対して、「よくできているね」と評価したり、「この点が足りない」と指導したりと、まさに「先生」の役割を果たすのだ。

こうして若手社員に新人教育を、ある意味「丸投げ」することは、教える側の社員の成長スピードを上げることにもつながる。人に何かを教えようと思えば、自分も勉強しなければならず、「○○しなさい」と指導したことは自分も実践しなければ示しがつかない。そういう意味では、フレッシャーズキャンプは、2～3年目の社員を育てる場でもあるのだ。

キャンプの運営は社員に任せているとはいえ、私も月1回のキャンプには参加している。基調スピーチをおこなって私の価値観を感じてもらう以外は、キャンプの様子を隅《すみ》で見ているだけだが、こうして新卒の新人社員と一緒に時間を過ごすことは、コミュニケーション面での効果を生んでいる。

キャンプを始める前は、新卒の社員とコミュニケーションをとるのは、採用の最終面接の時くらい。だから正直いって、現場で社員の顔と名前が一致しないということもよくあった。社員にとっても、めったに顔を合わせることのない社長だから、コミュニケーションのとり方もよくわからないから、話も弾《はず》まない。要は、社長と若手社員の間に大きな距離があったのだ。

しかし、キャンプを開催するようになってからは、新人の顔と名前が一致するようになったのはもちろんのこと、「Aさんは、こんなキャラクターだ」「Bさんは、こんな能力をもっている」ということもわかるように。また、キャンプで一緒だった社員は、その後も社内で積極的に私に話しかけてくるようになった。新人との間でコミュニケーションが活発化したのも、キャンプの大きな成果だと実感している。

6.「社風経営」が社員のやる気を高める

「楽しさ」が業績アップにつながる

社員の能力を引き出すうえで、当社が特に重視しているのが「社風」だ。

近年では、「システム経営」「連邦・多角化経営」に並ぶ成功要因のひとつとして、「社風経営」を掲げているほどである。

一般の会社はあまり社風について意識していないかもしれないが、社風がよい会社ほど社員がイキイキと働き、好業績にもつながっているものだ。さらに、社員の定着率がアップし、口コミで優秀な人材が採用に応募してきてくれる。当社も長年、社風づくりに力を入れてきたが、その効果を実感している。

当社の社風改革のキーワードは、「楽しむこと」だ。多角化をすすめるには、社員がポジティブな気持ちで、仕事も遊びも何でも楽しむような雰囲気や、新しいことにチャレンジするような社風であることに越したことはない。ネガティブで、失敗を恐れてリスクを冒さないような社風では、新規事業を立ちあげるのは難しい。

経営(仕事)は「楽しくすればうまくいく」とはかぎらないが、「楽しくしなければ、うまくいかない」。

どんなにすばらしいビジネスモデルでも、どんなに能力の高い人たちがそろったチームでも、そこに「楽しさ」がないと成功しない。これが、当社の基本的なスタンスである。

実は、私自身も会社を引き継いでからしばらくは、仕事に追われるばかりで「仕事を楽しむ」とは程遠い状況だった。とにかく会社を潰《つぶ》さないように、目の前の経営課題をクリアすることに一生懸命だったのだ。

しかし、「このままでは会社の未来は暗い。何か新しいことを始めなければならない」という状況に追い込まれ、アメリカの住宅建材を輸入する新規事業をスタートさせた。

若いころにアメリカを放浪して以来、アメリカ人の豊かなライフスタイルに憧《あこが》れを抱いていたことが発想の原点だった。「どうせなら自分が楽しめる仕事をしよう」という思いで始めたのが功《こう》を奏《そう》したのか、みるみる目の前の仕事が楽しくなっていき、それに比例するかのように、事業も売上も拡大していった。私にかぎらず、多くの経営者は「仕事を楽しむと業績は良くなっていく」という経験をしているはずだ。

2017年、日本経営合理化協会の「多角化経営者クラブ」の会員のみなさんと一緒に、アメリカ・ネバダ州の「Zappos（ザッポス）」という会社を視察してきた。同社はもともと95％がWeb受注という靴の通販会社で、年商3000億円を稼ぐ急成長企業である。現在は、ファッションや不動産開発など多角化もすすめている。その勢いには、アマゾンも恐れを抱いたとの評判だ。

同社の経営の特徴は、「幸福を配達する」というミッションの下、社員と顧客の幸せを追求していること。マニュアルなしで組織が自主的に運営されていたり、社員向けに楽しいイベントが年300回開催されたりするなど、仕事を楽しむ文化が組織に浸透している。私たちが会社視察ツアーに参加した際にも、その自由で楽しい雰囲気を垣間見ることができた。

このツアーを通じて、職場の楽しさと生産性が正比例することを実感し、「社風経営」こそ企業が成功するための重要なファクターであるという思いを強くしたのである。

「顧客満足」より「社員満足」が先

顧客満足は重要であることはいうまでもないが、社員が自分たちの仕事や職場に満足していなければ、顧客に喜んでもらおうという気持ちにはならない。

本来、社員満足を実現できなければ、顧客満足もおぼつかないのだ。

たとえば、7章で「顧客満足委員会が中心となってお客様向けのイベントを企画している」という話をした。住宅販売をおこなうジョンソンホームズが毎年開催している「ジョンソンソン夏祭り」もそのひとつ。

ジョンソンホームズで家を購入してくれたお客様の家族や取引先など、毎年約1500人を無料で招待し、社員がバーベキューなどの料理をふるまったり、参加型のイベントで一緒に楽しんでもらったりするのが恒例になっている。

本来、顧客満足のためのイベントなのだが、実は社内的には社員満足が裏テーマである。営業や設計などの部門は、一度家を販売したらお客様と関係が切れてしまうのが常であるが、こうしたイベントを定期的に企画・実施することで、ずっとお客様と接点をもつことができる。久しぶりにお客様と再会した社員の中には、引き渡しの時にお客様に喜んでもらった感動がよみがえり、仕事のモチベーションが上がった、と語る者も少なくない。

社員満足といっても、甘やかすような「ぬるい経営」をすることではない。「楽しい経営」をすることによって、社員のモチベーションが向上し、生産性や業績の向上につながるのである。

実は、多角化・連邦経営を導入すること自体が、「楽しい社風」を実現することになる。

たとえば、システム経営では幹部や社員に権限委譲するが、自分に決定権があることは、仕事の楽しさにつながる。トップダウンで上司の指示をこなすだけの仕事に楽しさを見出せる人はほとんどいないだろう。

また、多角化が会社のビジョンなので、社員は自分のやりたいこと、試したいことにチャレンジできる。委員会などで若手のうちから活躍できる場が与えられていることも楽しさに直結するだろう。さらに、連邦化によって他のグループ社員との交流がもてることも、大きな刺激やモチベーションになる。

システム経営が機能すればするほど、どんどんポジティブな社風に変わっていくことを実感してもらえるだろう。

コミュニケーションの基本は「褒《ほ》める」

ふだんのコミュニケーションの良し悪しで会社の雰囲気は変わる。

上司が部下をガミガミと叱ってばかりいるような職場は、どんどん雰囲気は悪くなり、部下も委縮《いしゅく》していく。失敗を恐れて、新しいことにチャレンジすることもなくなるだろう。

しかし、当社の場合も最初から明るく、楽しい雰囲気だったわけではない。社風を意識していない頃は、オフィス内もどんよりと重たい空気に支配されていた。そんな時、ある女性社員が入社してきた。

彼女は底抜けに元気で、「なんで朝から暗い顔をしているの！　私たちお客様に喜ばれる立派な仕事をしているんだから、明るく楽しく仕事しようよ！」と呼びかけるようなキャラクターだった。

彼女が入社してから、その明るさは組織に伝播《でんぱ》していき、職場は花が咲いたように楽しい雰囲気に変わっていった。今も彼女は当社で働いてくれているが、会社にとって命の恩人だったと感謝している。

その後、トップである私自身が楽しそうに仕事をしないといけないと思い至り、１０年以上前から、朝出社したら職場の一人ひとりとハイタッチをすることを習慣にし、今も続けている。

不思議なもので、不機嫌そうな顔をしていても、ハイタッチをすれば自然と笑顔になる。笑顔で楽しそうに振る舞っていれば、心も楽しくなってくるものだ。手と手が触れ合う効果もあるのかもしれないが、社員間の距離が縮まり、それまで以上にコミュニケーションも密になっていった。

また、朝礼で小言《こごと》を言うこともやめた。昔は厳しいことを言うのが社長の役割だと信じていた。「世の中の景気は厳しいから、もっと頑張らないといけない！」と発破《はっぱ》をかけていたが、そんなことで社員が頑張ってくれるなら苦労はない。たいていは社長の自己満足で終わってしまう。そのことに気づいてからは、朝礼ではポジティブな発言を中心にし、気持ちよく働いてもらうようにした。そのほうが、よほど生産性は上がる。

ただ、個の力で社風を変えるのは限界がある。先ほど紹介した底抜けに明るい女性社員からは、社風は一人のキャラクターで変わることを教えてもらったが、彼女のような〝スーパースター〟はいつ現れるかはわからない。また、社長自身がもともとおとなしい性格の場合も、「楽しい」雰囲気をつくるのには限界があるだろう。

そこで、おすすめしたいのは、組織として社風改革に取り組むことだ。

システム経営を導入しているなら、委員会活動の一環として、社員にイニシアティブを握ってもらうといいだろう。委員会は各事業部や部門からメンバーが選ばれるので、グループ全体に社風改革を促すにはもってこいの存在である。

当社の場合は「社風向上委員会」のメンバーが中心となって、社内の雰囲気を楽しくする

（下の２図）「ほめ達」の社風ポスター（実物は A4 サイズ・カラー）

（下の３図）「笑顔」の社内ポスター（実物は A4 サイズ・カラー）

ための知恵を絞っている。その成果のひとつが「社風ポスター」だ。

たとえば、相手の意見を否定せずに受け入れることで議論が活発になり、職場の雰囲気も明るくなっていくということを表現したポスターを作成し、社内に掲示している。

こうした啓発ポスターを見た社員が日頃のコミュニケーションの仕方を意識するのはもちろん、ポスターを目にしたお客様や取引先のみなさんには、「楽しい雰囲気の会社なんだな」という印象を与えることができる。

社風向上委員会では、2014年から「褒《ほ》める」ことを会社の文化にする取り組みもおこなっている。具体的には、褒《ほ》める達人になるための資格「ほめ達検定」を実施している一般社団法人「日本ほめる達人協会」の札幌支部として活動し、社員全員が「ほめ達3級」の資格をもっている。

褒《ほ》めるには、相手の良いところにフォーカスする必要がある。そのため、前向きに物事をとらえ、性格的にも明るい社員が増え、まわりの人を認めることが社風になっていく。

実際当社でも、社内コミュニケーションの基本を「褒《ほ》める」ことに位置づけてから、私を含めて上司は部下をむやみに叱りつけることは激減した。一方的に部下の失敗を責めないことにより、自分の意見を言いやすい環境がつくられ、社内の雰囲気は良くなっていった。

もちろん、部下に「社長、失敗しました！」と明るく報告されると、心中穏《おだ》やかではないが、それを顔に出すことなく「ナイス、失敗！　一緒に取り返そう！」と言えるくらいになれば、ほめ達の上級者といえるだろう。

こうした社内に根づいた良い文化は、お客様や取引先にも前向きに伝わるもの。特に、最近は社風の良い会社から商品・サービスを購入したい、あるいは会社として取引したいというお客様が増えていることを実感している。「褒《ほ》める」ことにコストはかからない。楽しさにあふれる社風をつくりたいなら、まずは「褒《ほ》める」ことをコミュニケーションの基本として位置づけることをおすすめしたい。

＊

以上、4章から8章まで、当社が取り組んでいるシステム経営の概要を述べた。

先にも述べたとおり、会社の置かれた状況や成長スピードは会社ごとに異なる。これから多角化に取り組む会社もあれば、すでに多角化をすすめている会社もある。あるいは、現在トップダウン型の経営をしている会社もあれば、すでにボトムアップ型の経営を一部取り入れている会社もあるだろう。

巻末に、システム経営の発展段階を一つの表にまとめた資料を添付した。その表で自社がどのレベルにあるかを確認しながら、段階を踏んでシステム経営を導入していくといいだろう。

著者／山地章夫（やまち あきお）氏について

50事業、年商160億円のヤマチユナイテッド代表。日本で最も多角化に成功しているオーナー経営者。

学生時代に世界冒険旅行を決行し、豊かな住文化、ライフスタイルに強い影響を受け、日本の住空間環境を変えたいと夢を抱く。明治大学卒業後、大手経営コンサルタント会社を経て、28歳で父親が札幌で創業した建材問屋・山地商事に入社、次々と新規事業を立ち上げる。

注文住宅、貿易事業、建築資材商社、住宅フランチャイズ本部、デザインリフォーム、輸入インテリアショップ、機能訓練専門デイサービスフランチャイズ本部、子供向け英会話＆アフタースクール、イベント企画施工、レストランカフェ事業など、50以上の事業をあたかも一つの会社のように運営する「連邦・多角化経営」を確立し、多くの経営者に影響を与えている。

現在は、100事業、100人の経営者を創出する「THE 100 VISION」の実現に全力投球する傍ら、多角化を進める会社を支援する「連邦・多角化経営実践塾」を主宰。

2015年度グレートカンパニー大賞受賞（船井財団主催）。日経新聞北海道就職希望ランキング11位（2014年）。札幌市注文住宅年間着工棟数第2位（2015年）。

座右の銘は、「経営と人生をとことん楽しむ」「右手にロマン、左手にソロバン」「変化こそ常道」。

主な著書に、『年商100億円の社長が教える丸投げチームのつくり方』『コンサルタントは教えてくれない社長のルール』『会社を強くする多角化経営の実戦』など多数。

〈著者および連邦・多角化経営実践塾の連絡先〉
株式会社ヤマチマネジメント（担当 石崎貴秀）
札幌市中央区北一条西10丁目1・17
TEL011（261）9988
FAX011（261）9990
100v-info@y-united.co.jp

連邦・多角化経営

定価：本体 一三、五〇〇円（税別）

二〇一八年 二月二十六日 初版発行
二〇二〇年 十月三十一日 三版発行

著　者 山地章夫
発行者 牟田太陽
発行所 日本経営合理化協会出版局
東京都千代田区内神田一―三―三
〒一〇一―〇〇四七
電話 〇三―三二九三―〇〇四一（代）

装　丁 美柑和俊
編集協力 高橋一喜
印　刷 精興社
製　本 牧製本印刷

 ISBN978－4－89101－398－1 C2034

2章 第6図　多角化ワーク　発想を変える質問集

事業(業種)　date　name

	変えてみる着眼点	常識的に	非常識に
(1)細分化による	1. 市場をもっと小さく分けられないか？		
	2. 専門化してみたら？		
(2)商品開発による多角化	3. トータルパックにできないか？		
	4. 追加で買ってもらえるものは？		
	5. 商品を変えてみたら？		
	6. 商品の意味を変えてみたら？		
	7. 顧客にとっての価値をあげるには？(価格無用)		
	8. 品質を変えてみたら？(ほどほど品質)		
	9. 価格を変えてみたら？（半額、3倍)		
	10. 工程を変えてみたら？		
	11. 顧客にとってより深いニーズは？(事情)		
	12. 顧客の面倒なことを代行できないか？		
	13. 顧客のやるプロセスで何か改善できないか？(不動産を見つける、ワンストップ)		
(3)市場開拓による多角化	14. 市場を変えてみたら？		
	15. 商品の用途を変えてみたら？		
	16. 素材を変えてみたら？		
	17. 販路を変えてみたら？		
	18. 川上、川下に行けないか？		
	19. FC本部化できないか？		
	20. 一歩上の価値で売れないか？(コンサル)		
	変えてみる着眼点	常識的に	非常識に
(4)飛躍による多角化	21. 不動産を活用してみたら？		
	22. 異業種をやるとして違和感がないのは？		
	23. FCに加盟するとしたら？		
	24. 追加で買ってもらえるものは？		
	25. その事業を止めたらどうなるか？		
(5)その他の質問①	26. 見せ方を変えてみたら？		
	27. 営業方法を変えてみたら？		
	28. 収益源を変えてみたら？		
	29. 人を変えてみたら？		
	30. 複合化してみたら？		
	31. 連携(コラボ)してみたら？		
	32. 徹底して真似するのは誰か？(創造的模倣)		
	33. 経由会社をつくれないか？		
	34. 地域独占代理店になれないか？		
	35. M&Aするならいくらで、どんな事業？		
(6)その他の質問②	36. 予期しない偶然の出会いは多いか？		
	37. 既存事業の中で予期しない成功をあげよ		
	38. 他社の予期しない成功は何か？…その成功を事業部化できないか？強化できないか？		
	39. 業界で予期しない変化はないか？		
	40. 気になる業界で予期しない変化は何か？		

※141％拡大してＡ３用紙にコピーしてお使いください

2章 第7図　強みシート

ヒト（経営、社員、協力業者）
モノ（商品、技術、不動産）
カネ（使用可能金額、調達力）
情報（情報源、人脈）
ブランド（信用、約束の範囲）

2章 第8図　多角化戦略シート（新規事業開発・既存事業革新）（※①～⑬の順番に記入する）

氏名：

⑫事業名：

⑬キャッチフレーズ：

①コンセプト：
(1) この事業はこうである･･･
(2) 顧客が得たい結果･･･

②ミッション：
(1) 社会的使命･･･
(2) 会社のミッション(整合性チェック)･･･
(3) 私達がやる意味･･･

③事業に使える自社固有の強み(独自資源)：
(1)
(2)
(3)
(4)
(5)

④連携や提携の可能性先：
(1)
(2)
(3)
(4)
(5)

⑤ペルソナ(代表的な顧客像、ターゲットを1人に絞る)：
(1) 氏名･･
(2) 年齢･･･
(3) 職業･･･
(4) 家族構成･･･
(5) 収入など･･･
(6) ライフスタイル･･
(7) 趣味、ライフワーク･･･
(8) 生活信条･･･
(9) 好み･･･

※ペルソナ(顧客)ニーズ：

⑥他社との差別化の核（顧客からの目線で）：
(1) 差別化1･･･
(2) 差別化2･･･
(3) 差別化3･･･

⑦顧客に提供する魅力（自社を選ぶ理由）：
(1) 機能的な魅力･･･
(2) 経済的な魅力･･
(3) 感情的な魅力･･･

⑧ビジネスモデル：(誰に何をどのように売るか)
(1) 誰に･･･
(2) 何を･･
(3) どのように売るのか･･･
(4) 集客方法･･･
(5) 広告や販促･･
(6) 収入源＋コスト構造･･･
(7) 販売、提供方法･･
(8) 商品・サービス構成･･
(9) 商品価格・価格設定･･･
(10) 流通経路･･･
(11)WEBの活用方法･･

※マーケティング(市場性の確認、売れる背景、市場環境)：
(1) 顧客の有無･･･
(2) マーケット調査･･･

⑨ビジョン：(事業の未来の姿、理想像、事業の完成形)：
(1) 売上･･･
(2) 営業利益･･･
(3) 社員数･･･
(4) 客数、事業所数など規模･･･
(5) 社風など･･･
(6) 社会的評価･･･

⑩3カ年事業収支計画

	初年度 年計画	2年目 年計画	3年目 年計画	備考
売上高				
粗利益				
粗利率				
人件費				
他経費				
他経費合計				
営業利益				
営業利益率				
人員数				
1人当営業利益				
1人当人件費				
労働分配率				

⑪投資回収見込み

(1) 初期投資額：

(2) 投資回収年数：

※141% 拡大して A3 用紙にコピーしてお使いください

２章 第９図　多角化戦略シート記入例

氏名：

⑫**事業名：** inZONE TABLE（カフェ＆ダイニング）

⑬**キャッチフレーズ：**「心地よいあったかさ届けます」

①**コンセプト：**美味しい料理と素敵なインテリアのある空間で、心地よさとあたたかさがある「暮らし」の体感。
(1) この事業はこうである・・・飲食を通じて、幸せな「時間」と「体感」を届ける。
(2) 顧客が得たい結果・・・「モノ」の提供だけでなく、「ライフスタイル」の発信と提供を拡大していく。

②**ミッション：**
(1) **社会的使命・・・大切な人と時間を共有し、「豊かなライフスタイル」を感じられ、自分らしくいられる楽しい場所を創ること。**
(2) **会社のミッション(整合性チェック)**・・・私たちは、いつまでも続く自分らしい幸せな暮らしをお届けします。
(3) **私達がやる意味**・・・「モノ」の提供だけでなく、「ライフスタイル」の発信と提供を拡大していく。

③**事業に使える自社固有の強み(独自資源)：**
(1) inZONE のインテリア
(2) グループ各事業部の既存顧客
(3) マーケティング室
(4) ライフスタイルクラブでのイベントノウハウ
(5) ショップを通じた集客力

④**連携や提携の可能性先：**
(1) 家具や雑貨の物販
(2) ワークショップやセミナーの開催
(3) 撮影場所としての貸スタジオ
(4) お土産ブランディング化(焼き菓子、シュークリームなど)
(5) オリジナルグッズ(マグカップ、エプロンなど)

⑤**ペルソナ(代表的な顧客像、ターゲットを１人に絞る)：**
(1) **氏名**・・・長谷川ちはる
(2) **年齢**・・・33 歳
(3) **職業**・・・主婦
(4) **家族構成**・・・夫(38 歳)、娘(４歳)
(5) **収入など**・・・世帯年収 600 万円
(6) **ライフスタイル**・・・ファッションや飲食の雑誌をよく読む。週末は家族と過ごす。友達が多い。母親とも仲が良い。
(7) **趣味、ライフワーク**・・・スマホいじり(SNS)、TV を見る事、ファッション
(8) **生活信条**・・・おしゃれで楽しいこと。
(9) **好み**・・・シンプルなファッション(特に水色が好き)。雑貨。家族はもちろん、友達との時間も大切にしたい。

※**ペルソナ(顧客)ニーズ：**「おしゃれで楽しい時間を家族や友達と共有したい」そんな願望はあるが、現状の生活はどこか普通。自分らしさを感じられるライフスタイルを発見したい。

⑥**他社との差別化の核（顧客からの目線で）：**
(1) **差別化１**・・・inZONE のインテリアをつかった上質で心地よい空間。
(2) **差別化２**・・・食器やカトラリーにもこだわった、おしゃれだけど気取らない創作料理。
(3) **差別化３**・・・あたたかさと親しみのある接客。

⑦**顧客に提供する魅力（自社を選ぶ理由）：**
(1) **機能的な魅力**・・・お家の心地良さを感じられる「一軒家カフェ」
(2) **経済的な魅力**・・貸切やパーティー利用などでは臨機応変な対応を行う。(予算に応じた料理内容など)
(3) **感情的な魅力**・・・おいしい料理と、おしゃれで楽しい時間の実感と満足。

⑧**ビジネスモデル：(誰に何をどのように売るか)**
(1) **誰に**・・・豊かなライフスタイルを求めている人
(2) **何を**・・・食事、空間(時間)
(3) **どのように売るのか**・・・トレンドをつかんだメニュー開発で、発信を拡大し、あたたかく丁寧な接客でリピーターをつくる
(4) **集客方法**・・・ＳＮＳ、系列インテリアショップの既存顧客への発信
(5) **広告や販促**・・・ファンの口コミ、リピーター特典、ＷＥＢ広告媒体
(6) **収入源＋コスト構造**・・・売上：飲食代金、コスト構造：(原価 30%・人件費率 32%・家賃10%～13%)＋その他経費
(7) **販売、提供方法**・・・店内での料理提供、オードブルやケータリングの販売
(8) **商品・サービス構成**・・・ストウブ料理がメイン、ランチ、スイーツ、ディナー、オードブル(ディナータイムはお酒も提供)
(9) **商品価格・価格設定**・・・ランチ客単価 1,300 円、ディナー客単価 3,300 円　貸切＆パーティープラン (4,000 円～)
(10) **流通経路**・・・直営
(11) **WEB の活用方法**・・・インスタ、Facebook、ＨＰ、LINE@、飲食専門 WEB 媒体（inZONE ショップ WEB 発信との連動も行う）

※**マーケティング(市場性の確認、売れる背景、市場環境)：**
(1) **顧客の有無**・・・インゾーネインテリアショップ既存顧客：約３万人、円山エリア 25 歳～49 歳：約３万５千人
(2) **マーケット調査**・・・インゾーネインテリアショップ既存顧客の８割が女性。　円山に住む人口の男女比は女性 100 対男性34。インゾーネの既存顧客、おしゃれな街円山に住む人という「ライフスタイルに関心が高い女性」がメインターゲットとなる。

⑨**ビジョン：(事業の未来の姿、理想像、事業の完成形)：**
５年後ビジョン
(1) **売上**・・・600,000(千)／年
(2) **営業利益**・・・70,000(千)／年
(3) **社員数**・・・約 100 名(アルバイト含む)
(4) **客数、事業所数など規模**・・・札幌市内 10 店舗の展開
(5) **社風など**・・・スタッフ一人ひとりの意見を反映し、「みんなでつくるお店」を追求する
(6) **社会的評価**・・・札幌で随一のライフスタイルカンパニーが行っている、幸せな暮らし提案を実現している飲食店

⑩**３カ年事業収支計画**

(単位＝千円)

	初年度 2018年計画	２年目 2019年計画	３年目 2020年計画	備　考
売上高	40,000	43,000	45,000	※1 店舗あたり
粗利益	27,200	29,240	30,600	
粗利率	68.0%	68.0%	68.0%	
人件費	13,500	13,500	14,500	
他経費	10,000	10,000	10,000	
他経費合計	23,500	23,500	24,500	
営業利益	3,700	5,740	6,100	
営業利益率	9.3%	13.3%	13.6%	
人員数	12人	12人	12人	
1人当営業利益	308	478	508	
1人当人件費	1,125	1,125	1,208	
労働分配率	49.6%	46.2%	47.4%	

⑪**投資回収見込み**
(1) **初期投資額：** 30,000(千)
(2) **投資回収年数：** ５年

※141% 拡大して A3 用紙にコピーしてお使いください

　※141% 拡大してA3用紙にコピーしてお使いください

	業務の遂行と目的達成責任	学習と部下育成責任	コミュニケーション・チーム志向・報告責任	ビジネス知識・マネジメント・経営感覚	業務開発・構造改善提案責任	情意項目
8（執行役員）	1 会社利益の管理 2 当期経営計画の立案と進捗管理 3 中長期経営計画の立案と進捗管理 4 会社代表として外部との渉外 5 経営懸念事項の問題解決（確かな判断力と決断力） 6 資金繰り管理	1 経営ビジョンの作成と徹底 2 人事考課（昇進、昇格、解雇、異動） 3 人材開発・能力開発の立案と実施 4 全社人事管理 5 全社員の評価、成果配分の決定 6 課長職以上との意思疎通と人心把握（定期面談・モチベーションアップ）	1 社長への報告及び情報発信 2 社長の補完業務と代理業務 3 各種申請決裁（契約、人事、財務等） 4 経営会議、全体会議等の企画、運営 5 グループ経営推進会議への参加	1 コーチング能力 2 ファシリテート能力（会議） 3 関連法規に関する知識 4 キャッシュフロー改善能力 5 マネージメントサイクルPDCA 6 マネージメント研究会参加 7 全社ビジョン指向型問題解決能力 8 9 10	1 会社内の業務改善 2 会社内の人材有効配置 3 顧客構造の見直し、改善案提出 4 商品構成の見直し、改善案提出 5 財務構造の見直し、改善案提出 6 新規事業のアイデア立案及び実行管理 7 新規事業のプロジェクトリーダー選出	1 2 3 4 5 6 7 8 9 10
	業務の遂行と目的達成責任	学習と部下育成責任	コミュニケーション・チーム志向・報告責任	ビジネス知識・マネジメント能力・経営感覚	効率化・業務開発・構造改善提案責任	情意項目
7（部長）	1 全社経営計画の進捗管理 2 事業計画の作成・実施と進捗管理 3 得意先の維持管理 4 部門代表として外部との渉外 5 部門回収管理 6 部門与信管理 7 各担当者の人事 8 マーケティングと情報収集 9 重要顧客の管理 10 人脈開発 11 中長期（ビジョン）の戦略戦術の作成実行 12 仕入先の維持管理	1 部内モチベーション維持管理 2 部員の指導、育成（面談、OJT実施） 3 部員の勤怠・労務管理 4 部員の評価、査定、（昇格推薦含む） 5 委員会活動の状況把握 6 外部研修参加 7 ビジネス書定期購読	1 上司への報告及び情報発信 2 週報フィードバック 3 部門会議の企画、運営 4 他部門との連携、調整 5 部の業績報告及び業務資料作成 6 モラールサーベイ（面談）	1 コーチング能力 2 ファシリテート能力（会議） 3 関連法規に関する知識 4 キャッシュフロー改善能力 5 マネージメントサイクルPDCA 6 マネージメント研究会参加 7 部門ビジョン指向型問題解決能力	1 部内の業務改善 2 会社内の業務改善 3 新規事業の企画・立案 4 部内情報の分析・活用 5 部内マニュアル見直し・改善・作成 6 備品・資産の管理	1 積極性：常に自己啓発に努める 2 積極性：部門外への業務協力に取り組む 3 積極性：対外的交流を行う 4 協調性：他部門への協力を積極的に行う 5 協調性：チームのコミュニケーションづくり 6 責任性：常に部門目標達成意欲がある 7 進んで上位の仕事へ取り組む 8 部署内の健康管理を行っているか
	業務の遂行と目的達成責任	学習と部下育成責任	コミュニケーション・チーム志向・報告責任	ビジネス知識・マネジメント能力・経営感覚	効率化・業務開発・構造改善提案責任	情意項目
6（次長）	1 全社経営計画の進捗管理 2 事業計画の作成・実施と進捗管理 3 部門（営業、仕入等）ルートの維持管理 4 部門代表として外部との渉外 5 部門回収管理 6 部門与信管理 7 各担当者の人事 8 マーケティングと情報収集 9 重要顧客の管理 10 人脈開発 11 中長期（ビジョン）の戦略戦術の作成実行	1 部内モチベーション維持管理 2 部員の指導、育成（面談、OJT実施） 3 部員の勤怠・労務管理 4 部員の評価、査定、（昇格推薦含む） 5 委員会活動の状況把握 6 外部研修参加 7 ビジネス書定期購読	1 上司への報告及び情報発信 2 週報フィードバック 3 部門会議の企画、運営 4 他部門との連携、調整 5 部の業績報告及び業務資料作成 6 モラールサーベイ（面談）	1 コーチング能力 2 ファシリテート能力（会議） 3 関連法規に関する知識 4 経営分析能力 5 マネージメントサイクルPDCA 6 マネージメント研究会参加 7 部門設定型問題解決能力	1 部内の業務改善 2 会社内の業務改善 3 新規事業の企画・立案 4 部内情報の分析・活用 5 部内マニュアル見直し・改善・作成 6 備品・資産の管理	1 積極性：常に自己啓発に努める 2 積極性：部門外への業務協力に取り組む 3 積極性：対外的交流を行う 4 協調性：他部門への協力を積極的に行う 5 協調性：チームのコミュニケーションづくり 6 責任性：常に部門目標達成意欲がある 7 進んで上位の仕事へ取り組む 8 自己健康管理を行っているか
	業務の遂行と目的達成責任	学習と部下育成責任	コミュニケーション・チーム志向・報告責任	ビジネス知識・マネジメント能力・経営感覚	効率化・業務開発・構造改善提案責任	情意項目
5（課長）	1 全社経営計画の把握 2 部内事業計画の把握 3 チーム計画の立案と進捗管理 4 チーム内得意先管理 5 チーム内回収管理 6 チーム内与信管理 7 顧客情報の収集、提供 8 顧客・取引先との折衝力 9 マーケティングと情報収集 10 個人目標の達成 11 人脈開発	1 チーム内部下の教育計画の設定と実施 2 チーム内部下の成長目標の設定と指導 3 課員の指導、育成（面談、OJT実施） 4 チーム内モチベーション維持、管理 5 課員との意思疎通と人心把握 6 課員の評価、成果報酬の査定 7 社内規則・ルールの教育指導 8 入社社員の面接、選考 9 課員の労務・勤怠管理 10 社外セミナー・研修への参加 11 ビジネス書定期購読	1 上司への報告及び情報発信 2 課員の日報（週報）フィードバック 3 チーム内会議の企画、運営 4 チーム内の業務連携、調整 5 他チームとの連携、調整 6 課の業績報告及び業務資料作成 7 社内ルールの率先垂範	1 コーチング能力 2 ファシリテート能力（会議） 3 関連法規に関する知識 4 決算書の分析能力 5 マネージメントサイクルPDCA 6 所属部署の収益構造の理解 7 チーム内予算管理 8 課内設定型問題解決能力	1 部内の業務改善提案 2 課内の業務改善 3 新規事業の企画・立案・市場調査 4 課内情報の分析・活用 5 課内マニュアル見直し・改善・作成 6 課内の美化及び設備・備品の保全	1 積極性：常に自己啓発に努める 2 積極性：担当外の業務へ積極的に取り組む 3 積極性：進んで上位の仕事やPJに取り組む 4 積極性：対外的交流を行う 5 協調性：他部門への協力を積極的に行う 6 協調性：チームのコミュニケーションづくり 7 責任性：常に部門目標達成意欲がある 8 責任性：部下に対して適正な評価をする 9 規律性：会社の諸規定を守る 10 自己健康管理を行っているか 11 部下への指示・指導は適切か
	業務の遂行と目的達成責任	学習と部下育成責任	コミュニケーション・チーム志向・報告責任	ビジネス知識・マネジメント能力・経営感覚	効率化・業務開発・構造改善提案責任	情意項目
4（係長）	1 全社経営計画の把握 2 部内事業計画の把握 3 チーム計画の立案と進捗管理補助 4 チーム内営業先行管理補助 5 顧客情報の収集、提供 6 顧客・取引先との折衝力 7 顧客満足の推進 8 個人目標の達成 9 チーム目標達成に向けた提案・実施の率先垂範	1 課員の指導、育成（OJT実施）補助 2 社内規則・ルールの教育指導 3 チーム内モチベーション維持 4 下位職者への指導、育成 5 課員との意思疎通と人心把握 6 担当業務に関連する高度な知識の習得 7 社外セミナー・研修への参加 8 チーム内育成目標の作成補助と実施 9 ビジネス書購読	1 上司への報告及び情報発信 2 会議の進行補助 3 チーム内の業務連携、調整 4 他チームとの連携、調整 5 正確な業績報告及び業務資料作成 6 協調的なチームづくり 7 社内ルールの率先垂範	1 コーチング能力 2 ファシリテート能力（会議） 3 関連法規に関する知識 4 決算書の理解 5 マネージメントサイクルPDCA 6 所属部署の収益構造の理解 7 設定型問題解決能力	1 チーム内の業務改善提案 2 新規事業の企画・立案・市場調査 3 チーム内情報の分析・活用 4 チーム内マニュアル見直し・改善・作成 5 委員会への参加 6 チーム内の美化及び設備・備品の保全	1 積極性：常に自己啓発に努める 2 積極性：担当外の業務へ積極的に取り組む 3 積極性：進んで上位の仕事やPJに取り組む 4 積極性：対外的交流を行う 5 協調性：他部門への協力を積極的に行う 6 協調性：チームのコミュニケーションづくり 7 責任性：常に部門目標達成意欲がある 8 規律性：会社の諸規定を守る 9 規律性：見本となる勤務態度か 10 自己健康管理を行っているか 11 部下への指示・指導は適切か
	業務の遂行と目的達成責任	学習と部下育成責任	コミュニケーション・チーム志向・報告責任	ビジネス知識・マネジメント能力・経営感覚	効率化・業務開発・構造改善提案責任	情意項目
3（主任）	1 経営計画書（方針・対策）の把握 2 事業計画の把握 3 個人目標の達成（星取表） 4 自己業務の管理（量と時間） 5 他部・課との連携、協力 6 社内ルールの理解と実行 7 課内目標達成貢献	1 担当業務に関連する高度な知識の習得 2 後輩の指導、育成 3 上位職者業務補助 4 ビジネス書購読 5 社内外セミナーへの参加 6 パソコン・オフコンの操作（パワーポイント・指導できるレベル）	1 適切な報告・連絡・相談ができる 2 日報・週報の提出 3 会議での積極的発言 4 チームのことを考えて判断・行動できる 5 上司の指示を適切に受けることができる 6 正確な業績報告及び業務資料作成	1 スケジュール管理 2 コスト意識 3 所属部署の収益構造の理解 4 社員としての身嗜み、服装を心得ている 5 礼儀正しく、挨拶ができている 6 正しい電話応対ができる 7 ビジネス文書・報告書が正しく書ける 8 課内発生型問題解決能力	1 チーム内の業務改善提案 2 自己の業務改善 3 委員会への積極的参加 4 役立つ情報の収集、提供 5 身の回りの整理整頓ができる	1 積極性：進んで上位の仕事に取り組む 2 協調性：課内・部内の社員と協力をする 3 協調性：会社行事に積極的に参加 4 責任性：常に目標達成の意欲がある 5 責任性：仕事の約束をきちんと守る 6 責任性：自己健康管理の意識の有無 7 規律性：無断欠勤をしない。時間を守っている 8 指導に対する素直さ 9 委員会の取り組みに協力する
	業務の遂行と目的達成責任	学習と部下育成責任	コミュニケーション・チーム志向・報告責任	ビジネス知識・マネジメント能力・経営感覚	効率化・業務開発・構造改善提案責任	情意項目
2（主任補）	1 経営計画書（方針・対策）の理解 2 事業計画の把握 3 個人目標の達成（星取表） 4 担当業務を正確にこなす 5 自己業務の管理（量と時間） 6 社内ルールの理解と実行 7 課内目標達成補助	1 担当業務の基礎知識の習得 2 後輩の指導、育成 3 上位職者業務補助 4 YUグループについての知識 5 社内業務把握 6 ビジネス書購読 7 社内外セミナーへの参加	1 適切な報告・連絡・相談ができる 2 日報・週報の提出 3 会議での積極的発言 4 上司の指示を適切に受けることができる 5 会議や打合わせ時に自分の意思をわかりやすく表現できる 6 議事録の作成ができる	1 スケジュール管理 2 コスト意識 3 所属部署の収益構造の理解 4 社員としての身嗜み、服装を心得ている 5 礼儀正しく、挨拶ができている 6 正しい電話応対ができる 7 ビジネス文書・報告書が正しく書ける 8 発生型問題解決能力	1 チーム内の業務改善提案 2 自己の業務改善 3 委員会への積極的参加 4 役立つ情報の収集、提供 5 身の回りの整理整頓ができる	1 積極性：進んで上位の仕事に取り組む 2 協調性：課内・部内の社員と協力をする 3 協調性：会社行事に積極的に参加 4 責任性：常に目標達成の意欲がある 5 責任性：仕事の約束をきちんと守る 6 責任性：自己健康管理の意識の有無 7 規律性：無断欠勤をしない。時間を守っている 8 指導に対する素直さ 9 委員会の取り組みに協力する
	業務の遂行と目的達成責任	学習と部下育成責任	コミュニケーション・チーム志向・報告責任	ビジネス知識・マネジメント能力・経営感覚	効率化・業務開発・構造改善提案責任	情意項目
1（一般）	1 経営計画書（方針・対策）の理解 2 事業計画の理解 3 個人目標の達成（星取表） 4 担当業務の日常の遂行 5 自己業務の管理（量と時間） 6 社内ルールの理解と実行	1 担当業務の基礎知識の習得 2 パソコン・オフコンの基本操作（ワード・エクセル・メール） 3 YUグループについての知識 4 部内業務把握 5 ビジネス書購読 6 社内外セミナーへの参加 7 担当業務について後輩の指導、育成	1 適切な報告・連絡・相談ができる 2 日報・週報の提出 3 わからないことは質問できる（質問力） 4 上司の指示を適切に受けることができる 5 会議や打合わせ時に自分の意思をわかりやすく適切に表現できる 6 議事録の作成ができる	1 スケジュール管理 2 社員としての身嗜み、服装を心得ている 3 礼儀正しく、挨拶ができている 4 正しい電話応対ができる 5 ビジネス文書・報告書が正しく書ける	1 役立つ情報の収集、提供 2 委員会への参加 3 身の回りの整理整頓ができる 4 担当業務の改善・工夫ができる	1 積極性：進んで上位の仕事に取り組む 2 協調性：課内・部内の社員と協力をする 3 協調性：会社行事に積極的に参加 4 責任性：常に目標達成の意欲がある 5 責任性：仕事の約束をきちんと守る 6 責任性：自己健康管理の意識の有無 7 規律性：無断欠勤をしない。時間を守っている 8 指導に対する素直さ 9 委員会の取り組みに協力する 10

※141% 拡大して A3 用紙にコピーしてお使いください

実施日　　年　　月　　日

ヤマチユナイテッドモラールサーベイ〈組織診断シート〉

会社は望む成果（目標）に対して、結果を出す組織ですが、そのプロセスにおいてどんな雰囲気、組織で成果を出していくのかが問題です。ヤマチユナイテッドのモラールや組織状況を把握し、すばらしい風土の会社にしていく参考にしたいと思いますので、アンケートをお願いします。

※このシートは、組織改善、新年度の事業計画づくりに反映させるための資料ですので、率直な（本音）ところを記入願います。
※このシートは、G管理本部取扱いとし、社長及びグループ役員会議へフィードバックいたします。
また記載内容について記載者に不利がないことをお約束します。

所属部署		氏名	フリガナ

グレーのセルに番号を入力してください。

A: 所属部署の雰囲気について

a)	協力度について		左記回答のコメント
1	全員協力的でない		
2	大部分の人が協力的でない		
3	普通		
4	大部分の人が協力的である		
5	全員協力的である		
b)	楽しさについて		左記回答のコメント
1	全く楽しくない		
2	あまり楽しくない		
3	普通		
4	比較的楽しい		
5	非常に楽しい		
c)	仕事に対する意欲について		左記回答のコメント
1	全くやる気がない		
2	少しやる気に欠けている		
3	普通		
4	相当やる気がある		
5	やる気に満ち溢れている		
d)	部署全体の規律について		左記回答のコメント
1	非常に甘い		
2	やや厳しさが不足している		
3	普通		
4	やや厳し過ぎるが納得できる		
5	納得できる		
e)	部署全体のコミュニケーションについて		左記回答のコメント
1	非常に悪い		
2	やや悪い		
3	普通		
4	比較的に良い		
5	非常に良い		

A: 職場の雰囲気について

f)	相対評価		左記回答のコメント
1	大いに改善を要する部署		
2	多少改善を要する部署		
3	普通		
4	比較的良い部署		
5	非常に良い部署		

B: 現在担当している仕事の満足度及び適性

a)	仕事内容を質的に見て【（　）内の□のどちらかにチェックを付けて下さい】		左記回答のコメント
1	不満　（□難しい or □優しい）		
2	やや不満　（□難しい or □優しい）		
3	ちょうど良い		
4	まずまず納得（□難しい or □優しい）		
5	納得できる　（□難しい or □優しい）		
b)	仕事量について【（　）内の□のどちらかにチェックを付けて下さい】		左記回答のコメント
1	不満　（□難しい or □優しい）		
2	やや不満　（□難しい or □優しい）		
3	ちょうど良い		
4	まずまず納得（□難しい or □優しい）		
5	納得できる　（□難しい or □優しい）		
c)	性格から判断して		左記回答のコメント
1	全く合っていない		
2	あまり合っていない		
3	普通		
4	だいたい合っている		
5	ぴったり合っている		
d)	自己の能力について		左記回答のコメント
1	全く活用できない		
2	あまり活用できない		
3	普通		
4	相当活用できる		
5	充分活用できる		
e)	担当している仕事への興味について		左記回答のコメント
1	全くない		
2	あまりない		
3	普通		
4	相当ある		
5	大いにある		
f)	担当している仕事へのやりがいについて		左記回答のコメント
1	全くない		
2	比較的ある		
3	普通		
4	相当ある		
5	大いにある		
g)	自己能力開発の余地について		左記回答のコメント
1	限界を超えている		
2	現在が限界である		
3	もう少しある		
4	かなりある		
5	まだ大いにある		

※141% 拡大して A3 用紙にコピーしてお使いください

B: 現在担当している仕事の満足度及び適性

h)	担当している仕事の満足度について		左記回答のコメント
1	非常に不満である		
2	多少不満である		
3	普通		
4	相当満足している		
5	非常に満足している		
C: 処遇			
a)	自己の能力に対しての現在の給与について		左記回答のコメント
1	非常に不満である		
2	多少不満である		
3	普通		
4	まずまず納得できる		
5	納得できる		
b)	昇進について		左記回答のコメント
1	非常に不満である		
2	多少不満である		
3	普通		
4	まずまず納得できる		
5	充分納得できる		
c)	残業について		左記回答のコメント
1	非常に不満である		
2	やや不満である		
3	普通		
4	やむを得ない		
5	現状で納得できる		
d)	処遇面相対満足度について		左記回答のコメント
1	非常に不満である		
2	多少不満である		
3	普通		
4	まずまず納得できる		
5	充分納得できる		
D: 会社全体の評価			
a)	会社の将来性について		左記回答のコメント
1	期待できない		
2	あまり期待できない		
3	期待できる		
4	かなり期待できる		
5	非常に期待できる		
b)	現在の会社評判について		左記回答のコメント
1	かなり低いと思う		
2	未だ低いと思う		
3	普通		
4	比較的上位にあると思う		
5	トップクラスにあると思う		

E: 上司との関係性

下記にあなたの直属の上司をご記入ください。

		直属の上司 (上司の名前を記入)	
a)	意見の取り上げ方について		左記回答のコメント
1	意見を聞いてくれない		
2	意見をあまり聞いてくれない		
3	意見を聞いてくれる		
4	意見を大体よく聞いてくれる		
5	意見をよく聞いてくれる		
b)	自分への理解度		左記回答のコメント
1	理解されていない		
2	もう少し理解してほしい		
3	普通		
4	大体理解してくれている		
5	自分の考えをよく理解している		
c)	仕事の指導監督力		左記回答のコメント
1	指導不足である		
2	やや指導不足である		
3	普通		
4	指導は良いほうである		
5	大体よく指導してくれる		
d)	上司の自分に対する評価		左記回答のコメント
1	全く納得できない		
2	やや納得できない		
3	普通		
4	ほぼ納得している		
5	納得している		
e)	上司とのコミュニケーション		左記回答のコメント
1	とれていない		
2	あまりとれていない		
3	普通		
4	とれている		
5	よくとれている		

※ 小計 ※

A		/30		
B		/40		
C		/20		/125
D		/10		
E		/25		

8章　システム経営の発展段階モデル

	三大自主システム			サポートシステム					
	①経営計画システム	②業績管理システム	③成果分配システム	④会議・報告システム	⑤自主運営システム(委員会)	⑥人事・能力開発システム	その他検討項目	ポイント	連邦経営システム
第1段階	1.トップビジョンの作成 2.経営理念・社是・社訓の制定 3.トップ・最高幹部立案型経営計画（当期分） 4.全体利益計画 5.トップによる中期経営計画策定	1.全体売上管理（商品別・得意先別・担当別） 2.年次予算または、半期予算管理 3.事務フローと業績管理資料づくり	1.月次報奨制度 2.成果分配システムの立案（基準づくり）	1.経営会議 2.幹部会議 3.全体会議 4.全体朝礼 5.日報・週報・月報制度 6.業績検討会議 7.経営推進会議	1.経営改善委員会 2.社員満足委員会(ES)	1.基準行動の設定 2.身だしなみチェック制度 3.モラールサーベイ分析	トップ専権ルール、権限規程 幹部権限委譲業務の明文化 各人の業務分担の明確化、明文化 幹部と管理部によるルール整備 新卒の採用準備 経理公開制度の準備・教育 社風の改善目標設定	1.トップの決断と宣言（目的・ビジョン） 2.管理会計の体制づくり 3.目標管理の訓練 4.全体コミュニケーションのレベルUP 5.計数管理の基礎知識の積み上げ	1.グループ共通ビジョンの設定 2.持ち株会社の設立 3.事業子会社の独立採算管理 4.グループ経営推進会議の設置 5.報告制度（日報・週報） 6.月次・年次業績報告制度 7.グループ業績管理 8.グループ管理会計の導入 9.グループ管理本部の設置
第2段階	1.部課別利益計画 2.年間行事スケジュール 3.経営計画書の作成と配布 4.経営計画発表会の実施 5.経営計画策定スケジュールの作成	1.粗利益管理(部課別含む) 2.週次売上管理 3.月次予算、月次決算(5日)体制 4.原価管理 5.在庫管理(実調棚卸と会計の照合) 6.仕入管理(発注権限、買掛管理) 7.債権管理(売掛回収、与信管理)	1.報奨制度(月次・年次) 2.年次表彰制度 3.成果分配制度の導入 4.成果分配制度の明文化	1.部課別会議 2.課別朝礼 3.部課別報告制度 4.月例全体報告制度 5.月例交流会 6.合宿制度	1.収益管理委員会 2.合理化委員会（又はQC委員会） 3.車輌保安管理委員会 4.人材育成委員会 5.社内美化委員会 6.経費削減委員会 7.顧客満足委員会(CS) 8.安全衛生委員会	1.自己申告制度 2.改善提案制度 3.内部研修制度 4.里親制度 5.星取表制度 6.合宿研修制度 7.各種個人面談制度	就業規則の見直し 旅費規程の見直し 慶弔規程の見直し 諸制度の成文化 稟議制度の見直し 決裁承認制度の見直し 新卒採用開始 経理公開制度のスタート（社内教育継続）	1.部分経営参加への動機づけ 2.部課別目標管理 3.部課別コミュニケーション 4.全体情報の共有化 5.ルールと責任・権限の明確化	1.グループ執行役員制 2.グループ執行役員会議 3.グループ経営会議 4.グループ管理部幹部会議 5.グループ共通委員会・PJ 6.グループ中長期計画の策定 7.グループ共通ルールの設定 8.グループキックオフの実施 9.グループ経営計画の作成、配布
第3段階	1.中間幹部参加型経営計画 2.組織運営計画 3.会議制度設計	1.経常利益管理(全社) 2.日次売上管理 3.費用分解法による予算管理 4.行動分析・管理 5.コンピュータトータル管理 6.業務品質管理 7.事業部別営業利益管理 8.管理指標推移管理	1.部門別業績評価基準の策定 2.法定外福利制度の導入 3.インセンティブ給与制度 4.全社業績基準の設定	1.職階級別会議 2.クレーム報告制度 3.成功・失敗報告制度 4.会社行事 5.家族交流会	1.給与特別委員会 2.社風改善委員会 3.見える化委員会	1.外部研修制度 2.職階級別職務職能基準書 3.中期研修計画 4.資格取得補助制度 5.職務給、職能給、成果給の導入	経理・経営情報の公開（オープン経営の促進） 人事評価制度・賃金制度の見直し 新人教育システム	1.個人別目標管理 デイリーチェック体制 2.個人別能力開発 3.個人別コミュニケーション 4.内部統制チェック体制	1.グループ共通人事制度 2.退職金制度の統一化 3.成果分配ルールの協議 4.決算検討会の実施 5.グループ共通行事の実施 6.グループ新卒採用 7.グループ合同新卒研修
第4段階	1.幹部主導型経営計画 2.財務改善計画 3.スタッフ部門計画 4.幹部主導による中期計画策定 5.生産性目標計画 6.処遇改善・会社発展目標 7.R&D計画 新規事業・投資計画	1.個人別営業利益管理（必要に応じて） 2.管理可能、不能費別経費予算管理 3.幹部主導による業績管理 4.幹部による経常利益・税引前利益管理 5.業績速報配信(1日)、全社公開共有	1.部門別・個人別利益分配制度 2.退職金制度 3.幹部による業績評価	1.部課別朝会議 2.社内報の発行 3.年度決算報告、業績報告書	1.褒賞懲罰委員会 2.広報委員会 3.新卒採用委員会	1.部門別研修制度 2.内部資格制度 3.業務監査制度 4.相互評価システム 5.海外研修制度 6.新給与体系(業績連動) 7.役員職務基準書作成	社内ネットワークシステム再構築 イントラネット整備	1.信賞必罰体制のルール化 2.相互チェック・牽制システム 3.外部による会計監査・税務監査	1.G共通研修の実施 2.グループ間人事異動制度 3.グループ間留学・育成制度 4.グループ役員制度の整備 5.グループ監査制度
第5段階	1.各部署積上型経営計画 2.社員全員参加型経営計画 3.幹部主導・社員参加による将来ビジョン策定、ミッション策定	1.幹部による税引後利益管理 2.キャッシュフロー管理	1.部門長・役員による成果分配決定システム	1.部門長による事業部全体管理	1.事業企画開発委員会 2.役員・幹部による全体業務管理制度	1.部門長による人事評価 2.役員登用制度 3.定年再雇用制度 4.後継者育成制度	社外ブレーン制度(リスト化)（士業、コンサル、相談先）		1.新規事業開発の仕組み構築 2.管理部門の集約 事業承継の準備・対策

※第３段階と第４段階の間の差が大きい。第３まではトップダウンが残っているイメージで第４段階からは社長の手を離れる段階

※141％拡大してA3用紙にコピーしてお使いください